高等职业院校基于工作过程项目式系列教材
企业级卓越人才培养解决方案“十三五”规划教材

网店运营案例分析
项目实战

天津滨海迅腾科技集团有限公司　编著

图书在版编目(CIP)数据

网店运营案例分析项目实战 / 天津滨海迅腾科技集团有限公司编著. — 天津 : 天津大学出版社, 2020.3（2022.8重印）

高等职业院校基于工作过程项目式系列教材　企业级卓越人才培养解决方案“十三五”规划教材

ISBN 978-7-5618-6641-2

Ⅰ. ①网… Ⅱ. ①天… Ⅲ. ①网店－运营管理－高等职业教育－教材 Ⅳ. ①F713.365.2

中国版本图书馆CIP数据核字(2020)第034396号

WANGDIAN YUNYING ANLI FENXI XIANGMU SHIZHAN

出版发行	天津大学出版社
地　　址	天津市卫津路92号天津大学内(邮编:300072)
电　　话	发行部:022-27403647
网　　址	www.tjupress.com.cn
印　　刷	廊坊市海涛印刷有限公司
经　　销	全国各地新华书店
开　　本	185mm×260mm
印　　张	17.75
字　　数	452千
版　　次	2020年3月第1版
印　　次	2022年8月第2次
定　　价	59.00元

高等职业院校基于工作过程项目式系列教材
企业级卓越人才培养解决方案“十三五”规划教材
指导专家

基于工作过程项目式教程
《网店运营案例分析项目实战》

主　编： 柴佳振　石　烁

副主编： 贾　强　李增绪　赵晓红

樊永霞　刘　卿　符玉亭

前　言

电子商务以迅雷不及掩耳的速度融入当今社会，已成为IT行业最为热门的话题和竞争的焦点之一。越来越多的传统企业依靠电商平台与供应商及客户保持连接，实现电子信息化交易。电子商务的优势在于超越了传统商务跨地域性和多样性。越来越多的人习惯于电商平台购买商品，享受着由电子商务带来的乐趣与便利。本书从企业商家运营网店的各个维度进行详细讲解，针对实际开店的过程及各项环节均有实战案例解析指导。

本书主要以网店运营实战案例为主线，对企业从开店筹备、人员招聘、战略方向规划、整体结构策划到店铺运营过程的实际操作贯穿全书进行讲解。全书的知识点均围绕每一章主题开展讲解，使读者都能有所收获，也保持了整本书的知识深度。

本书主要涉及五个章节，即网店前期筹备优化、人员培训、营销方法、营销关键点、盈利关键点，严格按照现实中网店实战操作对本书知识体系进行讲解。

本书中每个模块都设有学习目标、学习路径、任务描述、任务技能、任务实施和任务总结，结构条理清晰、内容详细。任务实施可以将所学的理论知识充分地应用到实际操作中，适合想在网上开店的店主、已在网上开店，但想提高店铺销售业绩的店主、电商专业的学生和社会职业培训的相关人员、想从事运营岗位，但缺乏行业经验和实战经验的读者。

本书由柴佳振、石烁共同担任主编，贾强、李增绪、赵晓红、樊永霞、刘卿、符玉亭担任副主编，柴佳振负责整书编排，项目一由石烁、贾强负责编写；项目二由贾强、李增绪负责编写；项目三由赵晓红、樊永霞负责编写；项目四由刘卿、符玉亭负责编写；项目五由柴佳振负责编写。

本书理论内容简明扼要、实例操作讲解细致，步骤清晰，实现了理实结合，内容环环相扣，每一步操作都配有图示，并对操作步骤有详细解释，方便读者能深层次地理解并执行操作。

天津滨海迅腾科技集团有限公司
技术研发部
2019年10月

目　录

第一章　前期筹备

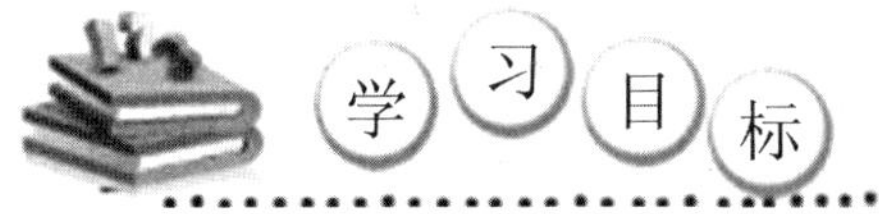

本章节重点学习开店的前期筹备规划，了解开店前都需要筹备什么，了解市场定位的方法，熟悉商品的进货渠道及选品的方法，掌握网店费用及预算分配，具有运营团队筹备的能力。在任务实现过程中：

● 了解市场定位；
● 熟悉产品布局的方法；
● 掌握网店费用及预算分配；
● 具有运营团队筹备的能力。

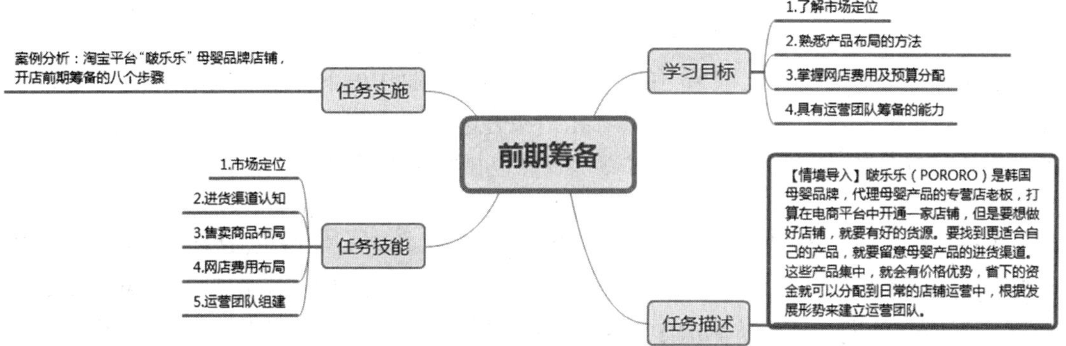

【情境导入】

小企鹅啵乐乐（PORORO）是一个韩国母婴品牌，在韩国人气很高，被称作“孩子们的总统”（啵总统），小企鹅形象的母婴产品在线下推出不久，就占据了大部分的市场份额。作为一家代理母婴产品的专营店老板，想要用多代理一些知名品牌来拓宽收入渠道，打算在电商平台开通一家店铺，但是因为线上与线下的售卖方式区别明显，所以前期的筹备规划就显得尤为重要，基础打不好，后期运作得再好，也不易弥补前期筹备不足带来的损失。要想做好店铺，就要有好的货源。市场中母婴品类云集，要想在众多的母婴产品中，找到更适合自己的产品，就要留意母婴产品的批发市场、货品集中地和进货渠道。在这些产品集中，选择有价格优势的产品，省下的资金可以分配到日常的店铺运营中并根据发展形势来建立运营团队。

本章节主要通过对市场定位、进货渠道与选品、分配预算、组建团队的介绍，学习开店前的筹备工作。

技能一　市场定位

了解售卖品牌的产品在市场中的定位，更有利于企业作出下一步决策，一个好的定位可以影响消费者的购物行为，可以让消费者在购买时选择此品牌，不需要的时候也能记得此品牌。市场定位是指为使产品在目标消费者心目中相对于竞争产品而言占据清晰、特别和理想的位置而进行的安排。了解市场定位，能够很好地找到自己的位置，从而快速抢占市场份额。小企鹅啵乐乐（PORORO）是一个韩国母婴品牌，在韩国人气很高，被称作“孩子们的总统”。小企鹅形象的母婴产品推出不久，由于企业定位于母婴中的高端品牌，针对人群为儿童和宝妈，产品主打卡通萌宠，市场中相关的竞争产品较少，受到了母婴市场的热捧，从而占据了大部分的市场份额。市场定位主要从企业定位、产品定位、竞品定位和消费者定位等四大方向进行分析。

一、企业定位

企业定位是指企业通过产品及品牌，基于顾客需求，将企业独特的个性、文化和良好形象，塑造于消费者心目中和市场中，并占据一定位置。企业定位主要从创新、迎强、避强、退进四个方向进行定位，如图 1.1 所示。

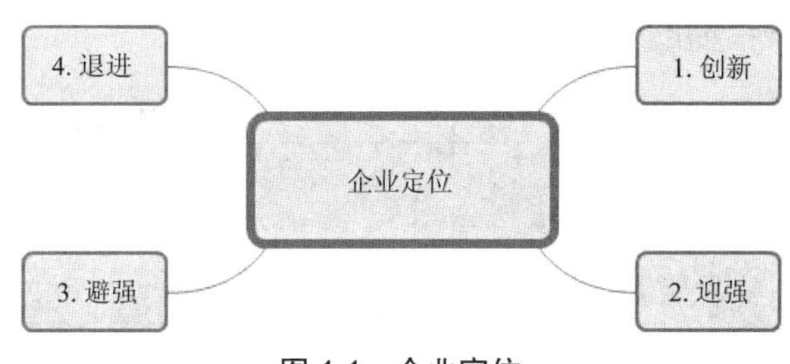

图 1.1　企业定位

1. 创新

创新者寻找尚未被占领但有潜在市场需求的位置，填补市场空缺，生产市场上没有的或具有某种特色的产品。如当下流行的纳米银奶嘴、奶瓶，填补了二胎政策开放后，婴儿用品市场的空缺，并对其进行不断创新。

专为宝宝设计的纳米银材质奶嘴（如图 1.2 所示），以创新材料的方式来竞争母婴市场的占有率，采用这种定位方式时，公司应明确创新的产品在技术上、经济上是否可行，有无足够的市场容量，能否为公司带来合理且持续的盈利。

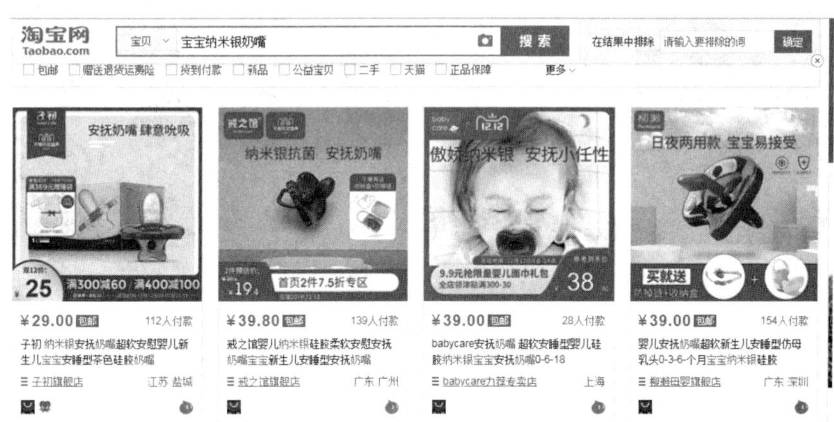

图 1.2　宝宝纳米银奶嘴

2. 迎强

迎强者根据自身的实力，为占据较佳的市场位置，与市场上实力较强的竞争对手竞争，而使自己的产品进入与对手相同的市场位置。竞争过程往往引人注目，产生所谓的轰动效应，使企业及其产品可以较快地为消费者或用户所了解，易于达到树立市场形象的目的。如图 1.3 所示，当搜索“奶瓶”时，按销量排序，可以看到以排名第一位为竞争对手的其他商家，也用着迎强的定位方式保持着相对较大的销量，从而快速地打进市场。

3. 避强

避强者避免与实力较强的其他企业发生竞争，将自己的产品定位于另一市场区域，使自己的产品在某些特征或属性方面与对手有比较显著的区别。避强能使企业较快地在市场上站稳脚跟，并能在消费者或用户中树立形象。

如图 1.4 所示，可以看出排名靠前的商品利益点是月销量 1.5 万的网红断奶神器，其他商家合理运用避强的方法突出的卖点分别为“豪华七件套”和“轻松过渡，一杯两用”，合理运用差异化的方式实现产品的不同价值。

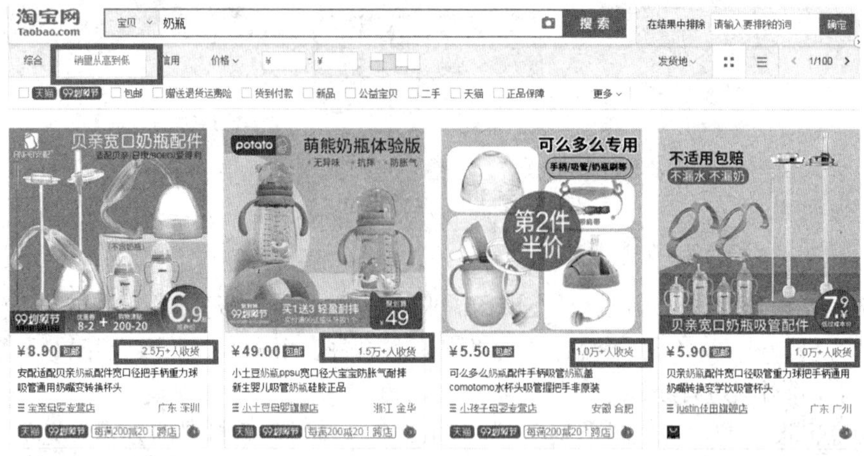

图 1.3 迎强

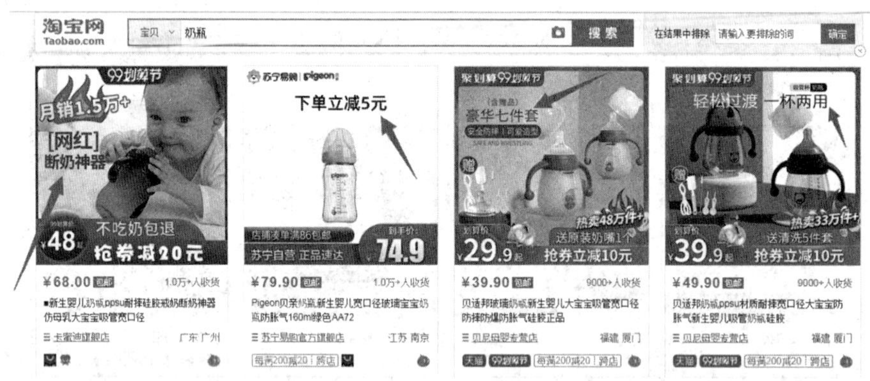

图 1.4 避强

4. 退进

退进的目的是要更加有效地为企业定位，同时也要运用以退为进的定位方式。如果公司已确定市场定位的大方向，在市场变化的过程中，企业定位可能会变得不准确或虽然开始定位得很完善，但市场时刻都在发生着变化。如果竞争对手的定位与本企业接近，侵占了本公司部分市场，或由于某种原因消费者或用户的偏好发生变化，转移到竞争者方面时，可考虑重新定位。

香烟龙头企业万宝路，在刚刚进入美国市场时，是以女性为目标市场的，万宝路打出的卖点是像 5 月的天气一样温和。当时经美国统计局分析，美国的吸烟者年年都在上升，但是万宝路的销量却始终一般。后来万宝路请到了广告大师李奥·贝纳为其做广告策划，如图 1.5 所示，他将万宝路这个品牌重新定位为男子汉香烟，并将它与最具男子汉气概的西部牛仔形象联系起来，树立了万宝路自由、野性与冒险的形象，使其从众多的香烟品牌中脱颖而出。自 20 世纪 80 年代中期到现在，万宝路一直居世界各品牌香烟销量首位，成为全球香烟市场的领导品牌。

图 1.5　退进

二、产品定位

以迎合消费者需求为目的，产品定位要在产品最开始的研发或设计，以及产品在市场营销的过程中，通过产品的广告和其他推广营销手段使得产品在顾客心中形成认知度和形象，让顾客在购物时更快下单。产品定位以满足顾客需要和偏好为基础，产品要在目标客户的心目中形成一种特色的形象，并占有一定位置。产品要依靠市场容量、蓝海产品、差异化价值点以及产品组合营销进行具体定位（如图 1.6 所示）。

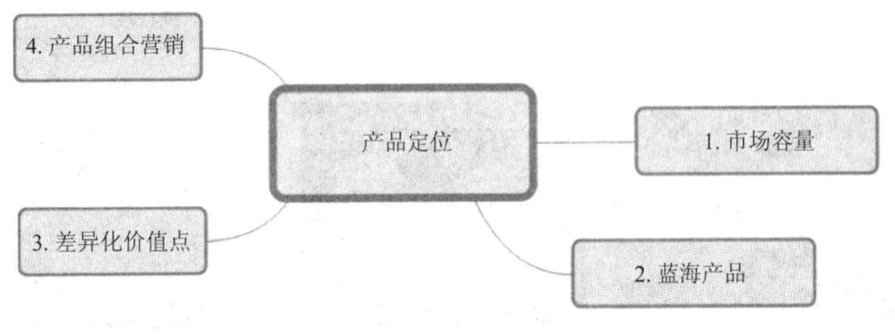

图 1.6　产品定位

1. 市场容量

市场容量越大产品销量相对越容易提升。查看市场容量的方法为“天猫后台—生意参谋—市场大盘—行业趋势—按月查看大盘趋势”。下方的月度环比箭头可反映出当前月较上月的上升及下降比例。

如图 1.7 所示，月度曲线有明显上升的趋势，结合产品分析，这个行业目前不仅属于旺季，而且经过比较发现市场容量也很大。

如图 1.8 所示，如果没有生意参谋，可以直接在淘宝搜索关键词，看销量分布情况。提示：并不是搜索人气越高，宝贝的市场就越好，还要综合看竞争环境。

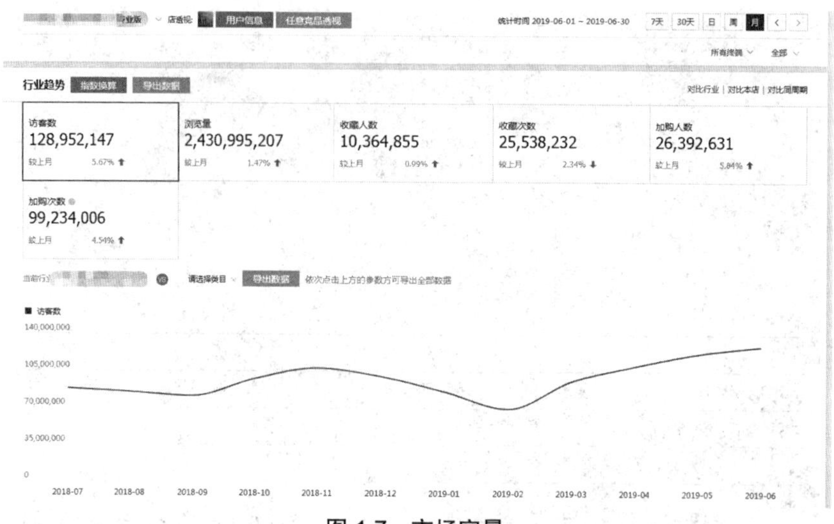

图 1.7 市场容量

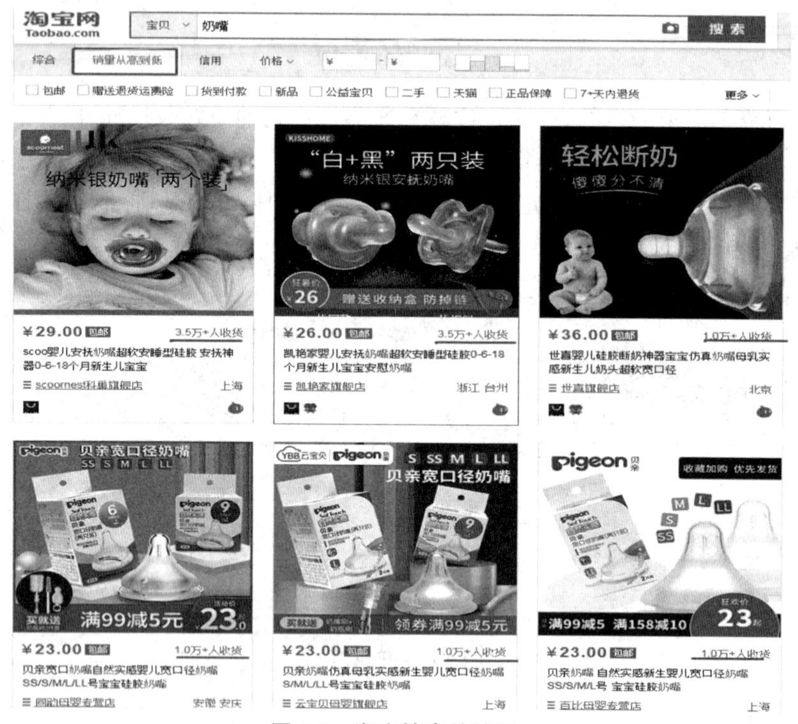

图 1.8 淘宝搜索关键词

2. 蓝海产品

首先要明白，产品关键词的搜索人数越多，证明消费者的需求量越多，在线售卖的商品数越少，证明竞争也就越小，其竞争度比值越大，则证明该产品属性在市场中越具有竞争优势，即为蓝海商品。反之，则优势不明显。我们可以根据市场竞争度的热搜词来作为一项判断指标。

如图 1.9 所示，打开生意参谋—市场—搜索分析—输入品类关键词“奶嘴”—相关分析—时间选择近 30 天—勾选搜索人气和在线商品数。

图 1.9　生意参谋后台

如表 1.1 所示，导出数据表格，按照搜索人气与在线商品数的比值，得出竞争度并进行降序排序；依照这类搜索词的属性，进货或研发高相关属性产品在店铺中售卖，会更容易成为爆款。

表 1.1　导出数据

搜索词	搜索人气	在线商品数	竞争度
鸭嘴奶嘴	13844	4143	=B22/C22
安抚奶嘴 新安怡	11281	3749	3.009069085
安抚奶嘴儿 贝亲	13451	5209	2.582261471
安抚奶嘴新安怡	9488	3749	2.530808216
奶嘴仿真母乳实感	11912	4723	2.522125768
nuk安抚奶嘴	9840	4257	2.311486963
安抚奶嘴收纳盒	9058	4190	2.161813842
黑超奶嘴	15267	9251	1.650308075
贝亲奶嘴儿 宽口径	21786	13335	1.633745782
贝亲安抚奶嘴	19922	13321	1.495533368
奶嘴贝亲	18826	13475	1.397105751

如图 1.10 所示，商城点击占比越高，说明天猫店铺涉及的店铺越多，如果商城点击占比高于 50%，说明同行商家一半为天猫店铺，由此可见竞争较激烈。淘宝小商家在竞争环境激烈的情况下相较于天猫商家，很难有长期发展。但也有特殊的情况，有些类目商城点击占比虽然很大，但是只要款式和价格有绝对的优势，也是可以做下来的。

在线售卖的商品数越多的类目竞争也就越大，但是在线商品数只是表现了一个竞争的趋势，并不是绝对。有些宝贝虽然发布了，但是没有任何的运营，所以仅限于参考。

在线售卖的商品数较少、搜索人气指数较高、天猫商城较少，但店铺还是没有起色，那可能因为同行业的竞争商家实力更强，其产品的主图、详情的卖点以及评价和销量都比自己的产品更具有优势。这时要更加注意店铺产品的细节，只要在主图、创意和其他店铺内功方面多下功夫，就有机会超过竞争对手。

具有季节性的产品，比如月饼、大闸蟹、羽绒服等季节性较强的产品，在季节来临之前，因为同行也没有任何销量和权重，所以只要将店铺内的细节工作做好，即便是淘宝店，也有机会和天猫平台竞争。这类产品需要提前做好布局，在策划和内功上赶超同行，有季节性的宝贝，即使是新手卖家也有比较好的选择和机会。

搜索词	搜索人气	在线商品数	商城点击占比
安抚奶嘴	70,377	51,978	80.27%
贝亲奶嘴	67,040	13,475	86.22%
奶嘴	63,631	341,959	73.66%
安抚奶嘴超软 婴儿	61,653	52,148	82.78%
奶嘴 宽口径	34,347	334,514	69.79%
可么多么奶嘴	33,236	4,885	71.67%

图 1.10 商城点击占比

如图 1.11 所示，搜关键词“羽绒服”可以看出，全年从 9 月开始有明显上升趋势，说明从 9 月开始，羽绒服商家陆续开始有规划地去做销量了。9 月属于秋季，还没有开始变冷，但是市场一定要提前观察、规划，否则当店铺想大力推广时，才发现竞品销量早已遥遥领先。

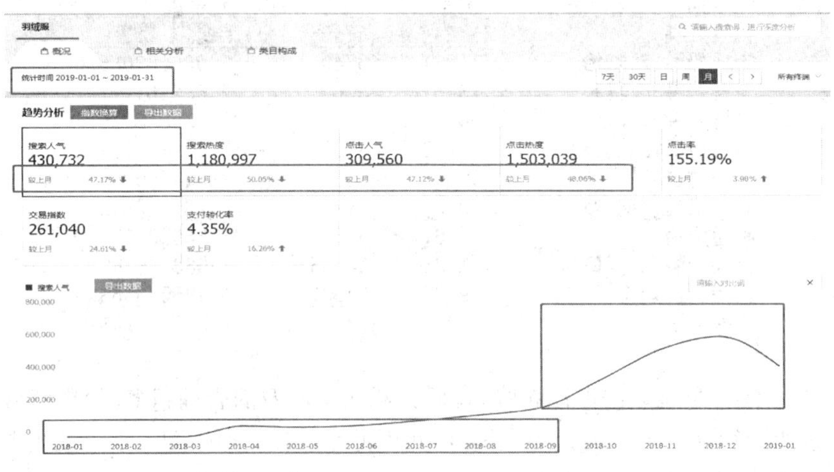

图 1.11 羽绒服搜索人气趋势

通过淘宝网上关键词的搜索可以了解到，非季节性宝贝的市场，一般都是被天猫卖家和天猫超市占领了，所以前期想要把市场做起来是非常困难的，不过市场打开以后会比较轻松，运营方法是用大量的资源把销量冲起来，持续引流、持续优化和维护。

在淘宝网搜索关键词，按销量排序（如图 1.12 所示），价格分布广泛的宝贝具有很高的溢价空间（如茶叶、化妆品等）。这类产品需要做到人群的精准定位。溢价空间不高的产品，需要在渠道、策划、资源、推广等方面下功夫。

3. 差异化价值点

产品定位非常重要的一点就是产品的差异化价值点，它目的是区别于行业中其他产品，但可以用它独特的优势来满足有需求的客户群体。它一般从产品的特征、用途、性质、样式、设计和包装等方面进行差异化。而差异化价值点可以从品质、价格、包装、服务，功能、用途、价值差异化这 7 点进行体现。

图 1.12　茶叶的价格区间

如图 1.13 所示，以手机类目的产品为例，对于同一行业的竞争对手来说，手机的核心价值是基本相同的，不同的是性能和质量，在满足顾客基本需要的情况下，为顾客提供独特的产品，是差异化战略追求的目标。

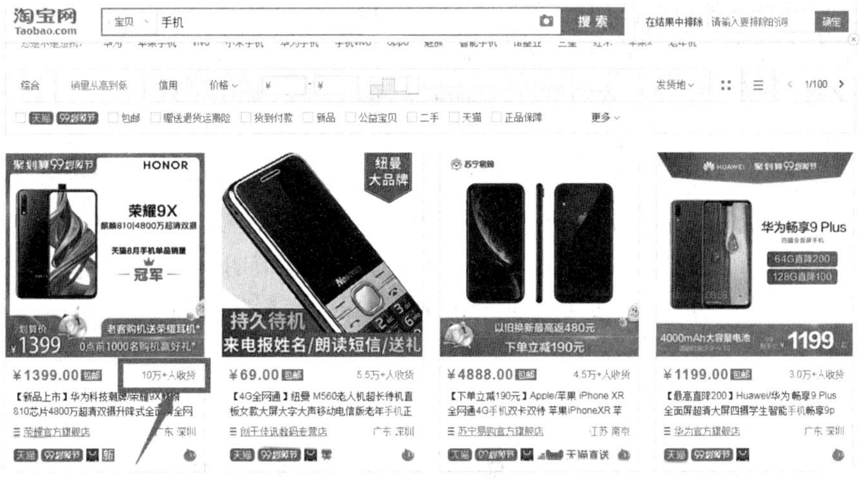

图 1.13　手机差异化价值点

1）品质差异化

本企业如果有产地或者成本上的优势，即可挑选或者生产出品质更好的产品，做到“人无我有，人有我优”，然后再结合价值包装，店铺的产品自然就更加具备竞争优势。

如图 1.14 所示，虽然第二个奶嘴的利益点足够大“买二送二、7 个装、宽扁口、9.9 元等”，但是产品的包装设计并没有左图精致和体现出“安全感”，并且母婴类目产品的受众是婴儿，很多消费者都会把安全和质量放在首位。这类产品在某种程度上价格低也不会完全占有优势。

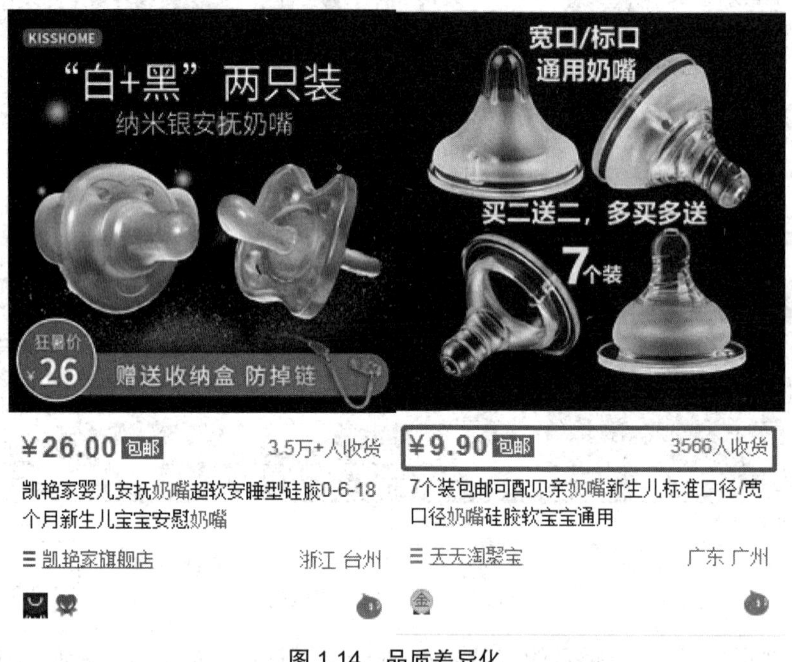

图 1.14 品质差异化

2）价格带差异化

“价格带”是指该品类产品热销的价格区间，比如奶瓶产品在市面上的价格区间是 77~185 元，而没有其他价格，这时此类产品就存在价格空白带，比如 49 元，甚至 200 元以上的奶瓶。价格带的差异化相对于冷门行业而言比较容易实现，同时也可以避开竞争，可以根据淘宝价格带，××% 用户喜欢的价位，从而制定价格差异（如图 1.15 所示）。

3）包装差异化

包装的差异化，在某种程度上可以反映商家的实力，有经济实力的商家会挑选更有特色的包装，它可以作为附加值对品牌和产品进行提升。

如图 1.16 所示，左侧和右侧是不同商家的晒图对比。很明显，左侧产品的包装看起来更好，给宝宝用也会更放心。其他店铺的包装做工很粗糙简陋，而自己的产品包装结实安全，造型富有美感。或者同样是礼品，别人的包装很精美，但是还可以包装得更搞怪，更有特色，等等。

4）功能差异化

强调功能性一般的差异化在电子产品及 App 软件行业运用得比较广泛，比如两个品牌的高端手机，它们总是有自己的亮点存在，功能上有差异，比如专门用来拍照或者专门用来听歌的手机等。

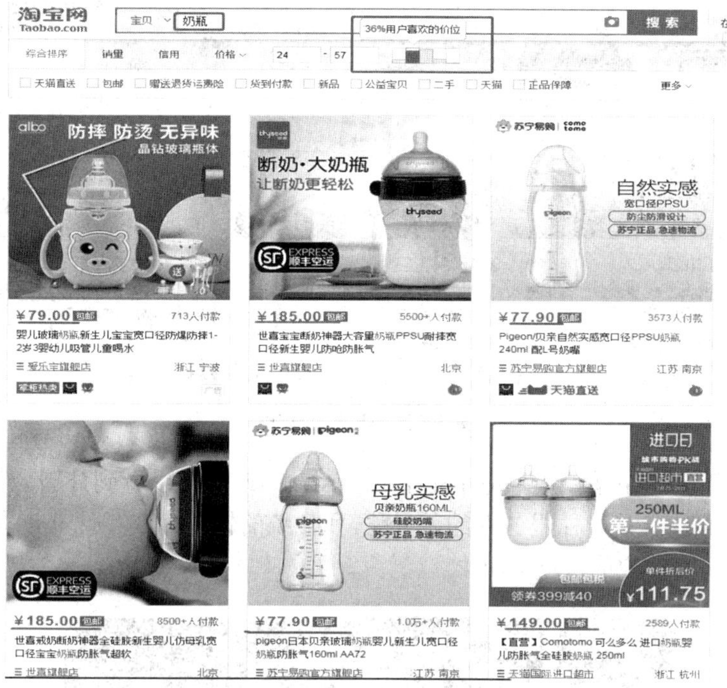

图 1.15　价格带差异化

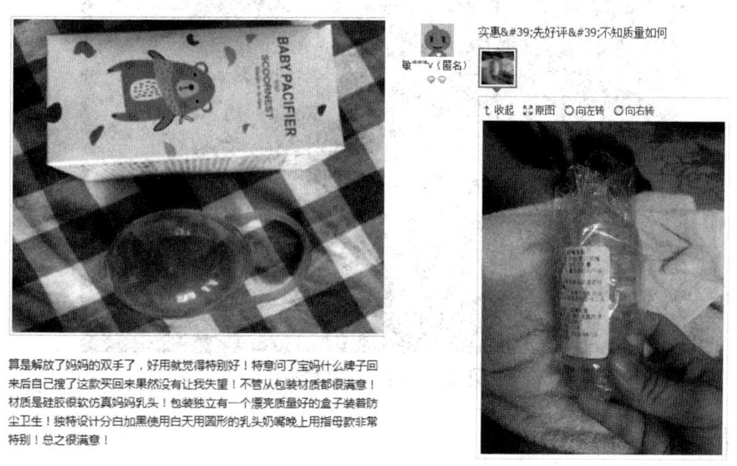

图 1.16　包装差异化

在母婴—奶瓶行业中（如图 1.17 所示），通过主图中这些卖点，虽然都是奶瓶可以满足宝宝喝奶的基本需求，但是它们又突出了其他的功能性差异化特点，“断奶·大奶瓶”“宽口径防胀气”“德国进口 PPSU”，这些都是功能差异化的体现。

5）服务差异化

服务的差异化会提升买家的购物体验。客户咨询时，与客户风趣地聊天，及时感性地回复客户的评价，都是服务差异化的表现。

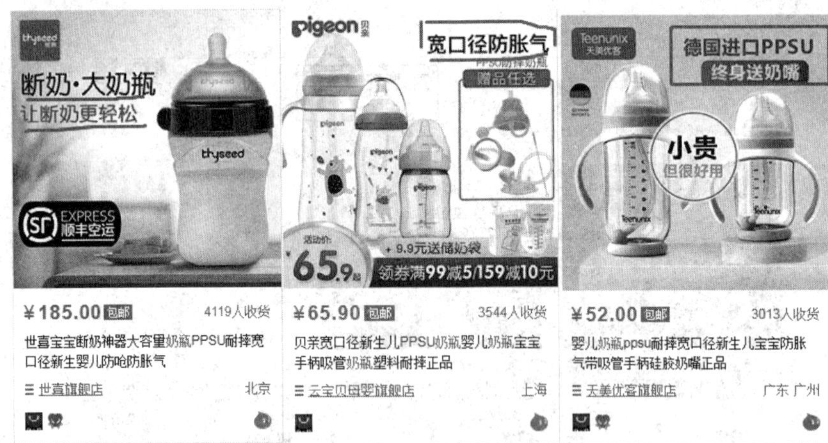

图 1.17　功能差异化

如图 1.18 所示，在抖音、快手或者是各门户 App 网站都可以看到外国人卖土耳其冰激凌恶搞的小视频，这就是一种服务性的差异化，和传统的销售模式相比非常有趣，把销售和娱乐融合到一起，有一定的市场竞争力。

图 1.18　服务差异化

6）用途差异化

产品的用途多样性，是店铺在运营中应该多方面思考的问题。比如风靡全球、洗脑的脑白金产品广告："今年过年不收礼，收礼只收脑白金"。如图 1.19 所示，它主要是用来送礼，而不是将产品买来自己使用的。当然也不排除使用者购买后自己使用，但相对来讲是少数。

7）价值差异化

产品价值差异化可由品牌、特色、产地、工艺、技术等价值观的描述塑造出来，依云矿泉水（evian）一瓶可以卖到几十元，就是运用了价值差异化的产品定位。

图 1.19　用途差异化

如图 1.20 所示，价值差异化的主要原因是它将产品注入了多年的品牌灵魂，也就是多年积累的品牌文化。依云水来自海拔 3 000 米的阿尔卑斯山，雪山融化后和雨水常年聚集的山脉腹地，经过长达 15 年的天然过滤和冰川砂层的层层矿化与自然净化，形成了依云水。

图 1.20　价值差异化

4. 产品组合营销

产品组合营销作为产品定位的重要组成部分，是指将产品可控的基本营销措施组成一个整体性活动。其主要目的是便捷、快速地满足消费者的多样化需求，通过产品不同的组合形式提供给不同的消费者，也是从中赚取利润的一种营销方式。

如图 1.21 所示，进入店铺后台—店铺营销工具—搭配宝进行设置。它可以通过店铺后台设置营销活动，设置后在淘宝详情页的展示样式如图 1.22 所示。

图 1.21　搭配宝

图 1.22　详情页组合营销

三、竞品定位

将市场上与自己产品性质相符的产品设定为竞品，将竞争对手或市场的竞品进行客观分析，找到竞品或自己的优势与不足，从而分析出优化方式，确定切入角度，为下一步决策提供科学依据。从这个角度看，竞品分析的过程就是知己知彼的过程。如图 1.23 所示，竞品可从竞争对手的条件和多元化竞品分析来进行定位。

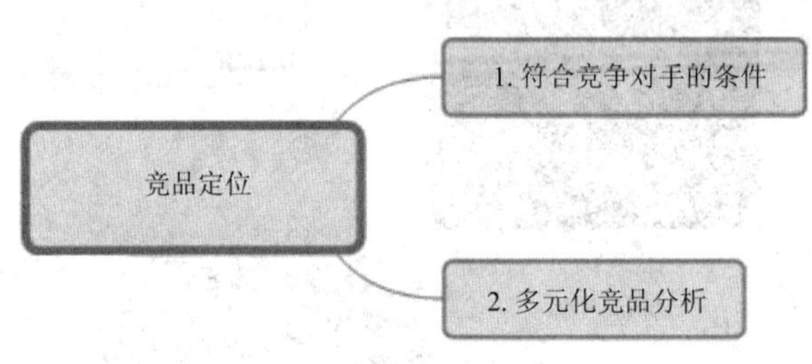

图 1.23　竞品定位

1. 符合竞争对手的条件

①品牌规模：要找相近规模的品牌店铺产品，小品牌不要盲目定位为已占有多年市场份额的大品牌，层级跨度太大，没有太多参考意义。

②客单价：要找售价、功能、性能尽量相近的产品，这类价格段同时也可以反映出对应的人群与淘宝默认的热搜价格和匹配情况。

③排名：要找销量排名相对靠前且位置稳定的产品。这类产品一般都有稳定的销售额、销售量和确认收货数。一旦确认为竞品，企业的目标就是要超越他，即要经常关注对方动态，学习竞品的操作思路并运用到自己产品上，快速超越竞品。排名不稳定，或靠后的产品，不具备竞品参考价值。

④通过生意参谋—市场—市场排行—选择子类目—商品—高交易，找到符合自己同品类的产品进行筛选（如图 1.24 所示）。

2. 多元化竞品分析

1）前台数据

（1）竞品的属性。

在店铺宝贝的详情页中可以看到产品的细节属性是比较多的，买家购物时看到产品的属性也是非常直观的。如图 1.25 所示，对竞品进行一个全面细致的了解是很有必要的，要找出竞品的优势与不足，方便对产品的卖点进行提炼，知己知彼才能百战不殆。

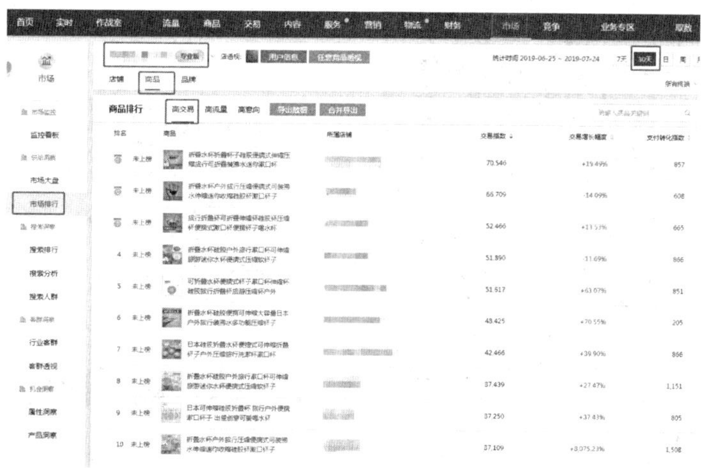

图 1.24　生意参谋找竞品

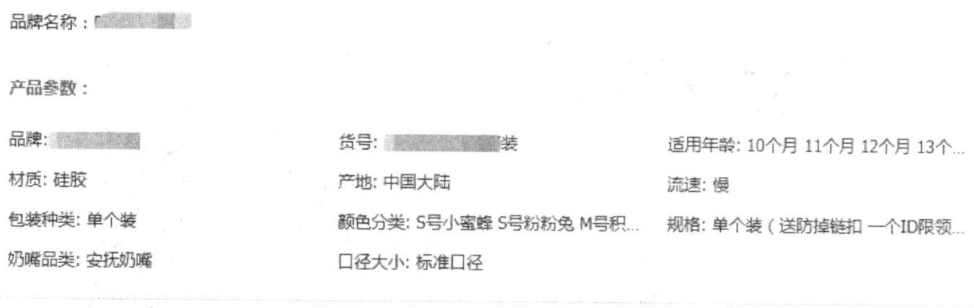

品牌名称：

产品参数：

品牌:　　　货号:　　　装　　　适用年龄: 10个月 11个月 12个月 13个...

材质: 硅胶　　　产地: 中国大陆　　　流速: 慢

包装种类: 单个装　　　颜色分类: S号小蜜蜂 S号粉粉兔 M号积...　　　规格: 单个装（送防掉链扣 一个ID限领...

奶嘴品类: 安抚奶嘴　　　口径大小: 标准口径

图 1.25　竞品属性

（2）竞品的视觉。

主图：要重点看前三张。前三张主图要清晰地表达出卖点和优势，可以让买家更快地作出决策。

整体风格：通过详情可以看到产品原片的拍摄角度、上传到详情页的图片是否精修、是否有修饰物，是白底图、场景图还是特效合成图。

文案：看竞品的文案主要突出哪些方面，结合实际的产品再决定要突出品牌还是质量，或者是优惠力度。

颜色搭配：主要看详情页的风格，背景颜色、装饰颜色、文字颜色的整体搭配。图 1.26 为竞品的主图、整体风格、文案及色彩搭配。

详情页是内容的体现，构成它的有促销、关联、特点、功能、细节、实物展示参数等。详情要有条理，把买家最关心的问题放在最前面，只有打消了客户的顾虑，才能让客户更进一步地了解产品。如图 1.27 所示，竞品的详情通过和市场其他产品比较的方式，体现了他们的产品是德国进口，并且通过仪器测试证明，这款奶嘴是健康安全的。

SKU 布局是指竞品在 SKU 名称和 SKU 图里是否有适用人群、场景、规格参数的标注（如图 1.28 所示），这样做可以让买家更清晰地了解产品，给客服减少工作量，也能更快地促进买家下单。

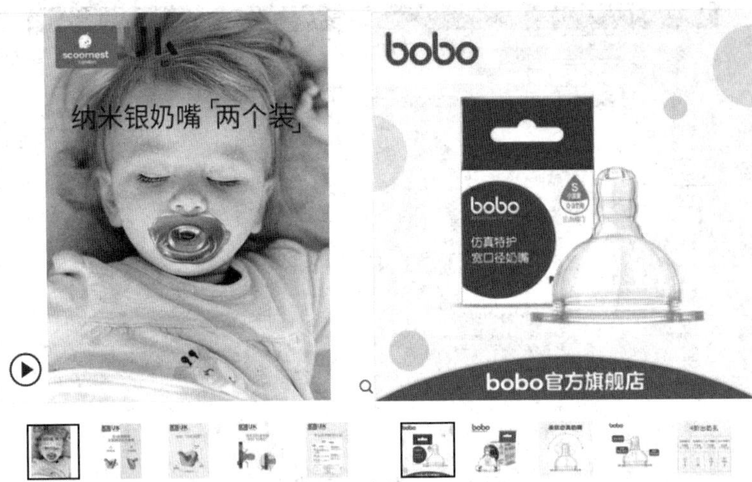

图 1.26　竞品的主图、文案、色彩搭配

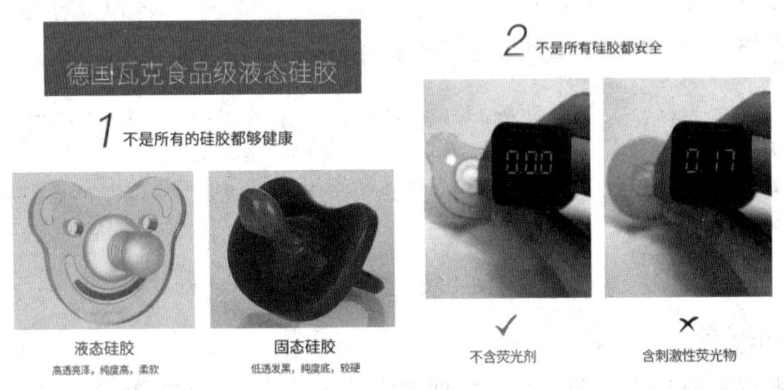

图 1.27　竞品的详情页

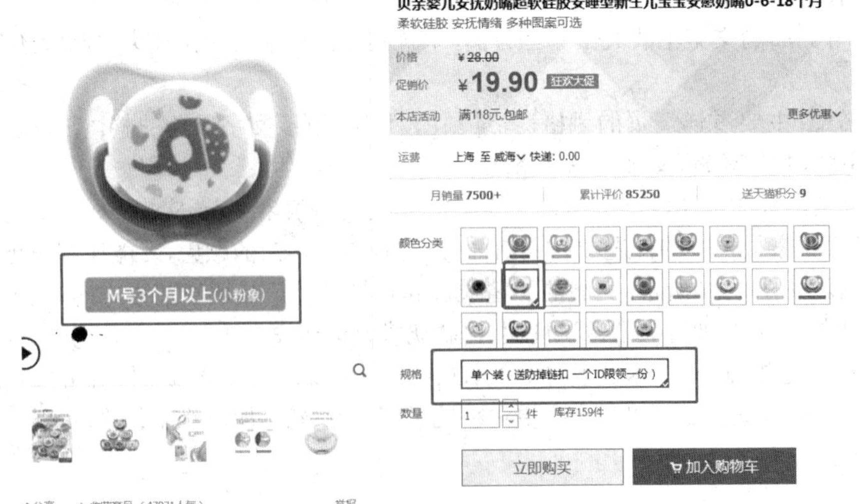

图 1.28　竞品的 SKU 布局

（3）竞品的包装。

包装的细节侧面反映商家的实力，以及对感性营销的能力，直接影响客户对产品的评价和复购率。

（4）竞品的评价。

评价：是用户对竞品综合表现的一个评判，通过评价可以收集买家最关心的问题。注意把评价按照时间排序，如果按默认排序，权重高的评价会排在前面。还要自己排除里面的“水分”，不然影响分析调研的结果。

问大家：“问大家”上方显示的标签，是买家问问题时出现频率最多的关键词，它排在“问大家”的最前面，也是消费者最关心的问题。如图 1.29 所示，“多久、充电、太阳能”是被买家问到最多的词，可以先记录下来，最终产品的第一卖点，可以参考此类或者综合其他方面再进行决策。

图 1.29　竞品的评价

2）后台数据

竞品起量分析：生意参谋—市场—市场排行—子类目选择—商品，随意点一款产品，如果发现如图 1.30 所示的短期内成为爆款的产品，就是我们要找的目标竞品。通过分析它是如何短期做爆的，流量结构如何，就可以基本了解其操作方向。

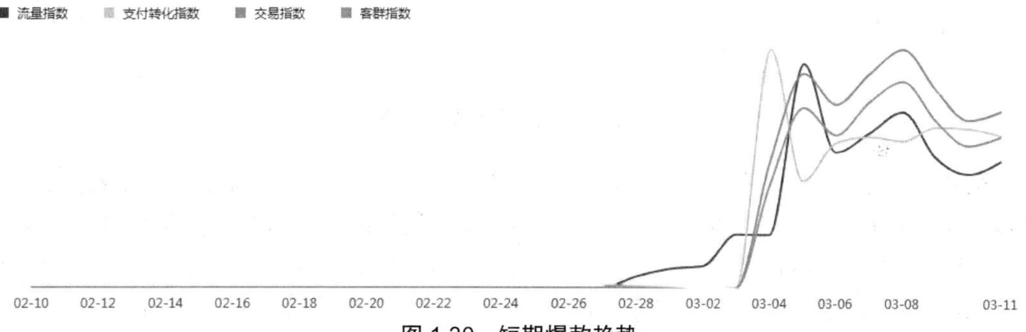

图 1.30　短期爆款趋势

还有另一种趋势图（如图 1.31 所示），基础销量爆款趋势在区间性波动，并无较突出的峰点和谷点，所以它应该是有一定基础销量的老产品，不是短时间内做起来的。

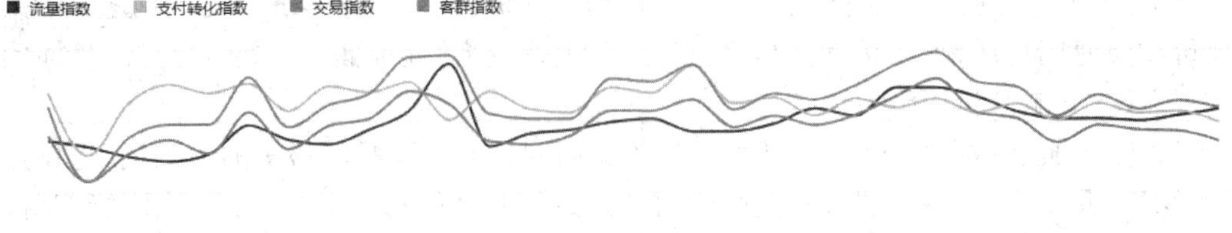

图 1.31　基础销量爆款趋势

由图 1.32 可以看出，这款商品的深色曲线"流量指数"和浅色曲线"支付转化指数"波动的范围比较稳定，如果这段时间竞品的流量和其他数据都高于自身店铺那么就需要去了解对方的访客结构。学习竞争对手在此期间的流量操作，掌握学习方法，即使过年期间是全年销量的低谷，转年也能有好的走势。

竞品结构分析：要从单品总体的流量指数、交易指数、搜索访客、收藏人气、加购人气以及支付转换指数着手展开分析。图 1.32 为竞品基本数据趋势，重点要看竞品的流量结构，从图中可以看出竞争对手的主要流量渠道。方法为：生意参谋—竞争—竞品分析—选择近 30 天—选择竞品—下拉至产品的入店来源。

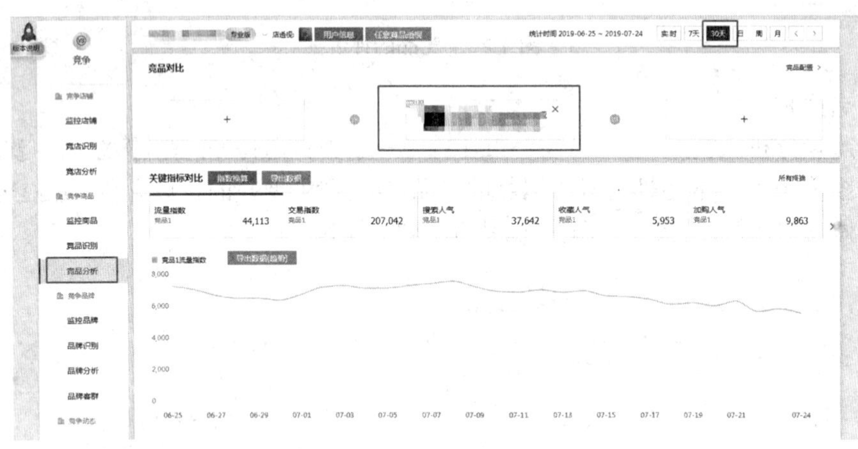

图 1.32　竞品基本数据趋势

竞品渠道分析：虽然关注竞品的时候主要看对手的销量变化，但流量更是需要注意的，尤其是来源渠道。要注意对手的流量入口，现在的流量分布碎片化，分析竞品流量来源渠道时，要从免费渠道自然搜索流量和付费渠道直通车推广引流这两个入口出发（如图 1.33 所示）。其中也要注意一些流量大的渠道，比如大量流量汇集的手淘首页等，然后再分析产品对应的销量、客单价、图片、转化等。

图 1.33　竞品渠道分析

竞品的主要流量来源于自然搜索，那么就要从分析竞品的自然搜索流量的来源入手，对数据进行逐条分析，更重要的是关注竞品的入店搜索词（如图 1.34 所示）。因为搜索都是从关键词开始的，不同的关键词搜索权重不同。

竞品分析的过程中，经常发现有的竞品主要流量来源于淘宝内的付费推广平台，“直通车”“钻石展位”或者“达人直播”等推广手段，此时要根据店铺的经济实力来决定，是否要投入较高的资金去做推广。

入店搜索词　引流关键词　成交关键词　　淘宝 | 天猫　无线端

关键词	访客数
[illegible]	246
婴儿浴巾	210
[illegible]	127
浴巾婴儿	102
婴儿浴巾纯棉纱布	84
纱布浴巾	77
浴巾	66
婴儿毛巾	61
[illegible]	60
宝宝浴巾	58

图 1.34　竞品关键词访客数

四、消费者定位

消费者定位是指对产品潜在的消费群体进行定位，依据消费者的心理与购买动机，掌握其不同的需求并不断地给予满足。如图 1.35 所示，可以通过了解产品的消费者是谁，客户的需求是什么，哪些产品能满足客户的需求来进行消费者定位。

1. 产品的消费者是谁

通过生意参谋—市场—客群洞察—客群分析 / 行业客群了解客户的年龄段、工作职位、兴趣爱好、消费水平等（如图 1.36 所示）。在操作店铺过程中，这类人群就是店铺的人群画像，同时这部分人群的转化率较高，付费推广的时候也可以精准定位，官方会将此类人群打上标签，淘宝系统的个性化千人千面机制也把商品优先展示给带有标签的客户。

图 1.35　消费者定位

图 1.36　客群分析

2. 客户的需求是什么

客户的关注点和最需要解决哪方面的问题是做定位的时候必须要想透的。如图 1.37 所示，图中为天猫店铺的奶嘴产品评价页面，我们可以通过商品的差评，总结原因并加以优化。如果买家一致反馈店铺销售的奶嘴容易被咬烂，这属于产品问题，要及时解决，马上升级产品。

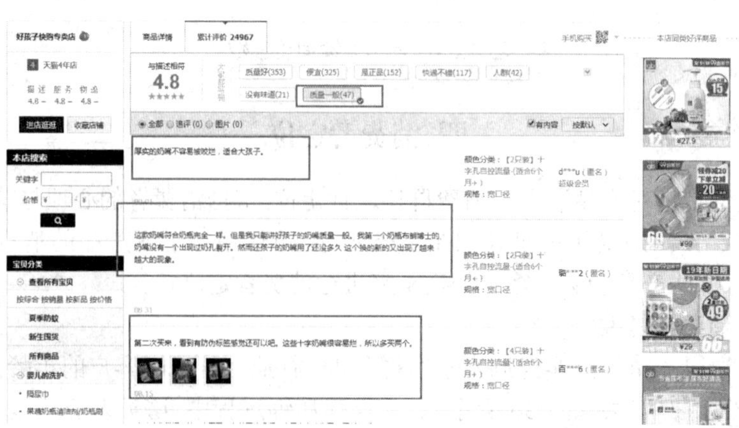

图 1.37　差评分析客户需求

3. 现有的库存中哪些产品能满足客户的需求

如图 1.38 所示，不同的客户画像，会有不同的购物需求，对于不同的人群，则需要店铺能拿出满足客户需求的产品，这也是企业必须具备的。真正帮助客户解决问题，让客户满意，超出客户的预期效果，客户才会愿意购买。

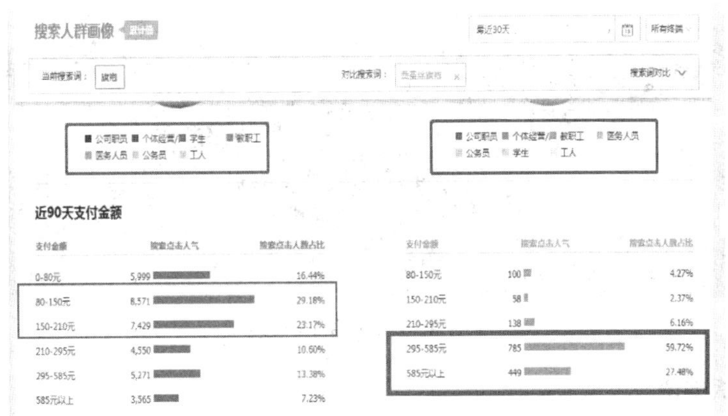

图 1.38　搜索人群画像

本节通过企业定位、产品定位、竞品定位、消费者定位四个方面对市场定位与分析进行深入了解，从而让我们在实战中具有合理选品并且能够掌握消费者心理和购买动机的能力。

技能二　进货渠道认知

通过学习实体进货渠道、网络进货渠道（如图 1.39 所示）这两大知识点对进货渠道进行深入了解。

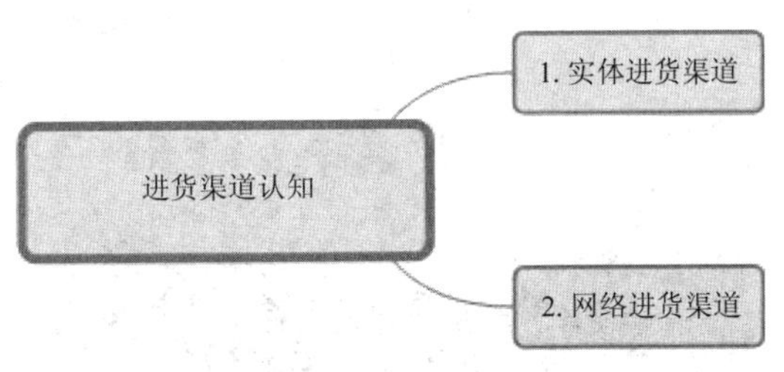

图 1.39　两大进货渠道

1. 实体进货渠道

（1）货源方式：实体考察（如图 1.40 所示）、朋友介绍、街边传单、广告等。

（2）优势：面对面交易、诚信可靠，更容易了解商品属性，是当前主要的进货方式。

（3）缺点：根据当地产业带选取售卖货源，选择性小，目标单一，进货渠道长，进货成本高，效率低。跨区域进货增加车旅费用及额外成本，同时对商品的种类有局限性，如果商品种类众多可能需要到不同的区域进货。

图 1.40　工厂实体考察

2. 网络进货渠道

（1）货源方式：1688（阿里巴巴平台）主流货源平台（如图 1.41 所示），支持全国产业带货源，可分销，可代理，可以通过淘货源设置一键铺货到自己的淘宝、天猫店铺（如图 1.42 所示），与厂家申请一件代发，也可以通过采源宝对阿里巴巴的产品进行一键转发微信朋友圈，还有慧聪网、多商网等其他电商。

（2）优势一：可跨地区打样，多工厂进行比较，能进到当地没有的货源，覆盖面广，性价比高，可找到较为合适的货源进行深度合作。

（3）优势二：进货效率高，不受时间限制，随时可以“逛商店”，获得大量商品信息。

（4）优势三：网上支付更加安全，避免现金丢失。

（5）优势四：从订货、买货到货物上门无须亲临现场，网络商城聊天直接对接工厂，价格低，省掉中间商差价，既省时省钱又省力。

图 1.41　阿里巴巴平台首页

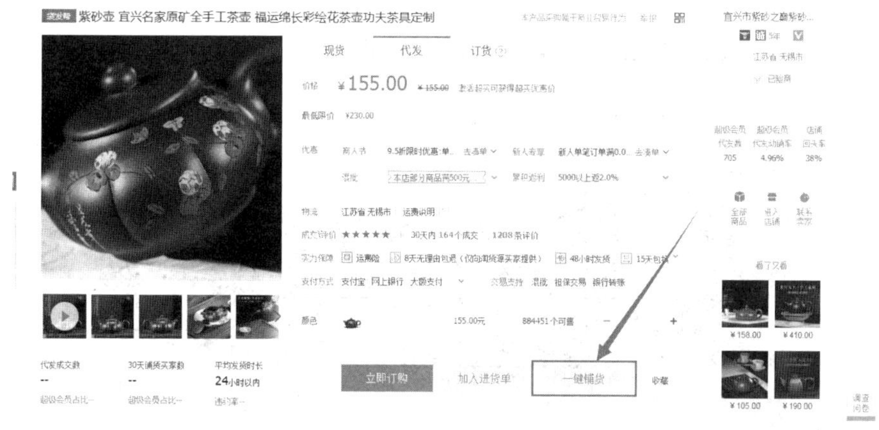

图 1.42　一键铺货一件代发

技能三　售卖商品布局

在经营范围内，将售卖的商品定义为若干款式，以及各款式在商品总构成中的比重。划分售卖商品往往是根据数据的表现来划分的，主要以点击率和加购率为主进行划分，售卖商品布局主要包含标品、非标品、爆款、引流款、利润款、日常款、滞销款这七类商品，具体如图 1.43 所示。

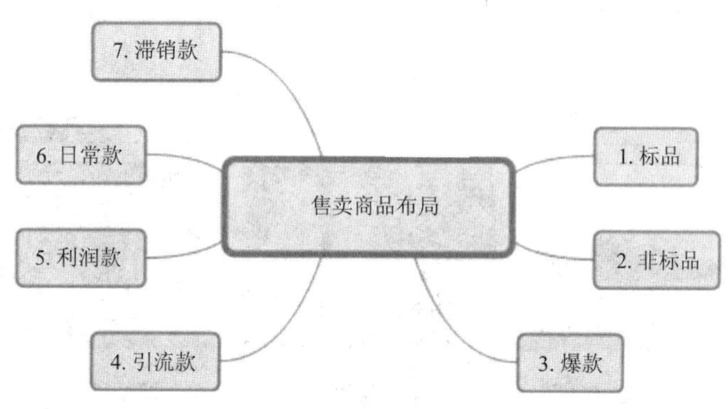

图 1.43　售卖商品布局

1. 标品

一般有官方明显规格型号的产品，功能、款式、外观大致相同。通俗讲，在淘宝上搜一个产品，差不多都是一样的（如图 1.44 所示），搜出来的结果都是保温杯的普遍样式。

标品具有的特点如下。

（1）搜索关键词少，整个行业可能不到 10 个关键词。

（2）外观差不多，比如榨汁机、电视、笔记本电脑。

（3）销量为王，控制好评价，销量越高，转化越好，图片点击率与位置有关，位置越靠前，点击率越高。

（4）客户对价格敏感，多出现价格战，低价转化明显提升。

图 1.44　保温杯搜索结果页

2. 非标品

不是按照国家颁布的统一的行业标准和规格制造的产品或设备，而是根据自己的用途需要，自行设计制造的产品或设备，且外观或性能不在国家设备产品目录内，比如女鞋、女包（如图 1.45 所示）。

图 1.45　女鞋搜索结果页

非标品的特点如下。

（1）搜索的关键词多，各种形容词都可以找到它。

（2）外观不一样，款式多元化。

（3）款式为王，客户下单不仅仅关注销量，更重要的是款式是客户喜欢的。

（4）客户对价格不敏感，相同的产品，50 元能卖，100 元能卖，300 元以上也能卖。

3. 爆款

点击率高，加购率高的产品，可做主推爆款。此类产品在销售过程中，往往在销量或者销售额中占优势。

如图 1.46 所示，除个别类目以外，通常占比达到 30%~50% 以上。这种款的库存一定要充足，防止断货的情况。

商品访客数	支付金额	支付转化率	操作
67,591 +57.48%	478,995.49 +156.36%	1.44% +82.28%	详情　关注
113,888 +30.27%	395,867.46 -22.75%	1.01% -32.67%	详情　关注
52,139 +46.49%	388,985.80 -10.44%	1.25% -30.17%	详情　关注
54,190 +46.09%	338,247.67 +32.93%	2.56% +3.64%	详情　关注
14,568 +1,609.86%	197,855.76 +23,204.57%	1.80% +1.400.00%	详情　关注

图 1.46　爆款产品

4. 引流款

如图 1.47 所示，点击率高，访客多，加购率低，这种宝贝引流能力强，可以当作店铺引流款。此款式具备爆款潜力，还需多优化宝贝详情、评价、买家秀、客服聊天技巧等。

商品访客数	商品加购件数	支付件数	支付金额	支付转化率	操作
19,902 +2.07%	1,534 +6.01%	601 +9.87%	205,059.55 +13.12%	2.95% +8.06%	详情 关注
19,325 -9.77%	14 0.00%	0 -	0.00 -	0.00% -	详情 关注
11,162 -1.49%	528 2.58%	100 +3.09%	51,237.50 +3.59%	0.87% +3.57%	详情 关注
10,232 -1.98%	1,125 3.18%	219 -1.79%	54,774.35 -1.90%	2.02% +1.00%	详情 关注

图 1.47　引流款

5. 利润款

如图 1.48 所示，点击率低，加购率高的商品可做利润款，这种宝贝吸引流量能力虽然比较弱，但一旦有流量进来，便可以成交和转化，所以可在引流款的详情页里加上关联促销，或者做搭配套餐进行关联销售，促进更多商品成交。此款式也具备爆款潜力，主要方向先从优化宝贝标题和主图创意着手。

6. 日常款

如图 1.49 所示，日常款点击率和加购率都表现平平，日常销量很少，但每天基本稳定出单，不温不火。

商品访客数	商品加购件数	支付件数	支付金额	支付转化率	操作
19,902 +2.07%	1,534 +6.01%	601 +9.87%	205,059.55 +13.12%	2.95% +8.06%	详情 关注
10,232 -1.98%	1,125 -3.18%	219 -1.79%	54,774.35 -1.90%	2.02% +1.00%	详情 关注
185 +5.11%	952 +5.66%	5,578 -1.36%	5,718.46 -1.33%	89.19% -0.65%	详情 关注
8,882 +0.37%	794 -4.57%	340 +1.80%	114,809.43 +2.32%	3.66% +1.67%	详情 关注
2,759 -1.64%	608 -4.10%	220 +4.27%	9,484.51 +4.38%	6.49% +9.63%	详情 关注

图 1.48 利润款

商品访客数	商品加购件数	支付件数	支付金额	支付转化率	操作
819 -1.56%	8 -11.11%	2 0.00%	2,818.00 0.00%	0.12% 0.00%	详情 关注
812 -3.91%	21 +10.53%	1 0.00%	609.00 0.00%	0.12% 0.00%	详情 关注
808 +2.02%	19 0.00%	3 +50.00%	319.38 +48.29%	0.37% +48.00%	详情 关注

图 1.49 日常款

7. 滞销款

如图 1.50 所示，访客少，点击率、加购率都非常低，连续数周或数月销售件数为 0，应以月为单位来检查并重新规划布局上架此类产品。

商品访客数	商品加购件数	支付件数	支付金额	支付转化率	操作
37 +2.78%	0 -	0 -	0.00 -	0.00% -	详情 关注
285 +1.06%	3 0.00%	0 -	0.00 -	0.00% -	详情 关注
460 -2.34%	8 +33.33%	0 -	0.00 -	0.00% -	详情 关注
421 -1.41%	16 +6.67%	0 -	0.00 -	0.00% -	详情 关注

图 1.50 日常款

技能四 网店费用布局

通过学习对软件成本、硬件成本、运费、产品包装、人员工资、推广费用、团队培训拓展、福利等费用有了初步了解(如图 1.51 所示),就可以合理规划网店费用布局的重心。

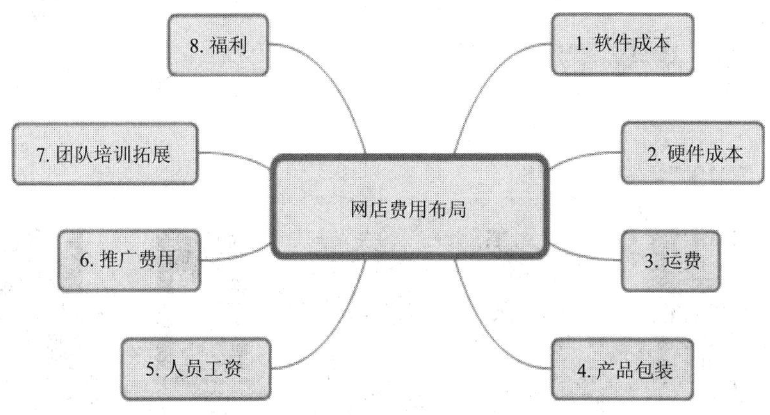

图 1.51　网店费用布局

假设以一家千万级天猫母婴店为例,需要大约 25 人的团队,年销售额 2 000 万,利润率为 50%,则毛利润为 1 000 万(毛利润 = 销售额 - 货品成本金额 - 扣点金额 - 退货退款金额),以下都按照毛利的方式来计算。

1. 软件成本

(1)保证金 + 服务费:包括 5 万保证金(关闭店铺时会返还), 3~6 万元技术服务年费。如表 1.2 所示,每个月均摊 5 000 元。费用是开店铺上架产品前就要缴纳的,虽然年费在完成目标时会按比例折扣返还,但预算费用的时候还是要加上,共 11 万元。占比毛利润: 1.1%。

表 1.2　年费

天猫经营大类	一级类目	软件服务费费率	二级类目	软件服务费费率	三级类目	软件服务费费率	四级类目	软件服务费费率	软件服务年费(元)	基础服务考核分标准	享受 50% 年费折扣优惠对应年销售额(元)	享受 100% 年费折扣优惠对应年销售额(元)
	奶粉 / 辅食 / 营养品 / 零食	2%							30 000	2.7	180 000	600 000
	童装 / 婴儿装 / 亲子装	5%							60 000	2.8	180 000	600 000
	童鞋 / 婴儿鞋 / 亲子鞋	5%							60 000	2.7	180 000	600 000

(2)装修模板 + 小工具:年费 2 000 元。占比毛利润:0.02%,如图 1.52 所示。

(3)ERP 库存管理系统:年费 4 万元左右。占比毛利润:0.4%,如图 1.53 所示。

(4)生意参谋:标准包 0 元 + 数据作战室 6 888 元 + 市场洞察 9 000 元 + 流量纵横专业版 3 888 元 + 品类罗盘专业版 6 888 元,合计 26 664 元。占比毛利润: 0.27%,如图 1.54 所示。

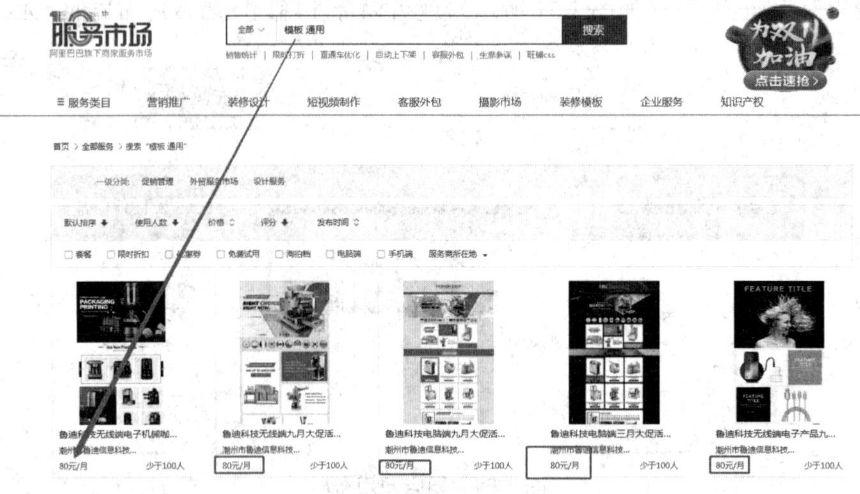

图 1.52 装修模板

图 1.53 ERP 库存管理系统

图 1.54 生意参谋

软件成本：合计 178 664 元，占比毛利润：1.79%（如表 1.3 所示）。

表 1.3　软件成本

软件成本					
扣费项目	①保证金 + 服务费	②装修模板 + 小工具	③ ERP 库存管理系统	④生意参谋	合计
软件成本	110 000	2 000	40 000	26 664	178 664
毛利润	10 000 000	10 000 000	10 000 000	10 000 000	10 000 000
占比	1.10%	0.02%	0.40%	0.27%	1.79%

2. 硬件成本

（1）桌椅：25 人办公桌椅 300 元一套，共 7 500 元。占比毛利润：0.08%，如图 1.55 所示。

图 1.55　桌椅

（2）电脑：美工电脑 3 500 元一台，4 台共计 14 000 元。普通电脑 2 500 元一台，17 台共计 42 500 元。合计 56 550 元，占比毛利润：0.57%，如图 1.56 所示。

图 1.56　电脑

（3）影棚、相机：20 000 元。占比毛利润：0.2%（如图 1.57 所示）。

图 1.57　影棚

（4）办公消耗 + 打印机 + 打单机 + 其他：10 000 元。占比毛利润：0.1%（如图 1.58 所示）。

图 1.58　打印机、打单机

硬件成本合计 94 050 元，共占比毛利润：0.94%（如表 1.4 所示）。

表 1.4　硬件成本

硬件成本					
扣费项目	桌椅	电脑	影棚、相机	办公消耗等	合计
硬件成本	7 500	56 550	20 000	10 000	94 050
毛利润	10 000 000	10 000 000	10 000 000	10 000 000	10 000 000
占比	0.08%	0.57%	0.20%	0.10%	0.94%

3. 运费

假设年度平均客单价 130 元，可得出一年需发出 153 850 单，运费平均 10 元，年度运费 1 538 500 元，按照比例分配，占比毛利润：15.39%（如图 1.59 所示）。

4. 产品包装

产品本身的 PP 袋算产品成本，产品发货的包装如果是纸盒，加印刷加售后服务保障卡。一个的成本大约在 1.8 元（春夏小，冬装大，取平均值），若产品一年发出 153 850 单，需要 276 930 元的产品包装费，占比毛利润：2.77%（如图 1.60 所示）。

图 1.59　快递

图 1.60　产品包装

5. 人员工资

（1）运营总监 1 人：年薪约 25 万以上。占比毛利润：2.5%。

（2）运营店长 2 人：年薪约 30 万以上。占比毛利润：3%。

（3）视觉主管 1 人：年薪约 10 万。占比毛利润：1%。

（4）美工和摄影 3 人：年薪约 18 万元。占比毛利润：1.8%。

（5）客服主管 1 人：年薪约 6 万。占比毛利润：0.6%。

（6）客服 6 人：年薪约 22 万。占比毛利润：2.2%。

（7）主播 1 人：年薪约 7 万。占比毛利润：0.7%。

（8）主播助理 1 人：年薪约 4 万。占比毛利润：0.4%。

（9）站外渠道建设三人，年薪约 22 万。占比毛利润：2.2%。

（10）仓库 6 人：年薪约 22 万。占比毛利润：2.2%。

人员年工资共 1 660 000 元，占比毛利润：16.6%（如表 1.5 所示）。

表 1.5　人员工资

人员工资											
职位	运营总监	运营店长	视觉主管	美工摄影	客服主管	客服	主播	主播助理	站外渠道建设	仓库	合计
人数	1	2	1	3	1	6	1	1	3	6	25
人员工资	250 000	300 000	100 000	180 000	60 000	220 000	70 000	40 000	220 000	220 000	1 660 000
毛利润	10 000 000	10 000 000	10 000 000	10 000 000	10 000 000	10 000 000	10 000 000	10 000 000	10 000 000	10 000 000	10 000 000
占比	2.50%	3.00%	1.00%	1.80%	0.60%	2.20%	0.70%	0.40%	2.20%	2.20%	16.60%

6. 推广费用

推广费用包括直通车、钻展、品销宝、超级推荐、人为干预、第三方等，金额控制在 150 万元以内，占比毛利润：15%（如图 1.61 所示）。

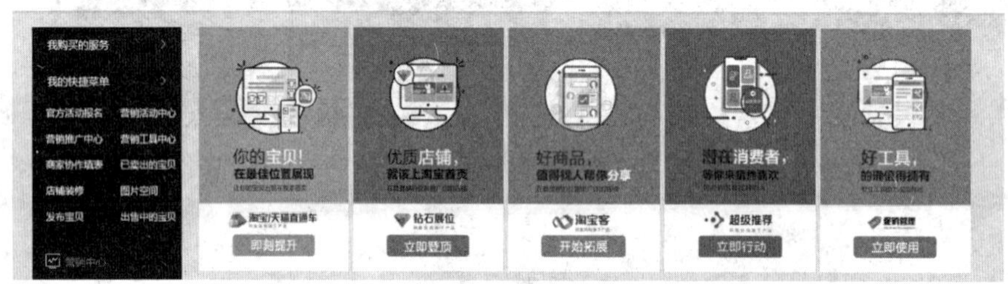

图 1.61　推广费用

7. 团队培训拓展

高层人员需要出去培训上课，年度预算 5 万。占比毛利润：0.5%（如图 1.62 所示）。

图 1.62　团队培训

8. 福利

年度预算 5 000 元 ~10 000 元（因公司而异），占比毛利润：0.1%（如图 1.63 所示）。

9. 总结

举例：假如年销售额 2 000 万的母婴店，年毛利润 1 000 万，费用预算为 5 309 000 元，占比毛利的 53.09%，如表 1.6 所示。可根据不同公司结构，拟定不同的预算方案或通过减少不必要的环节来节省开销，合理分配预算从而达到使公司盈利的目的。

图 1.63　公司福利

表 1.6　总成本

总成本									
扣费项目	软件	硬件	运费	包装	工资	推广	培训	福利	合计
占比	1.79%	0.94%	15.39%	2.77%	16.60%	15.%	0.50%	0.10%	53.09%
毛利润	10 000 000	10 000 000	10 000 000	10 000 000	10 000 000	10 000 000	10 000 000	10 000 000	10 000 000
成本	179 000	94 000	1 539 000	277000	1 660 000	1 500 000	50 000	10 000	5 309 000

技能五　运营团队组建

通过对运营部、视觉部、新媒体部、客服部、仓库部、财务部、研发部等工作职责和工作要求的学习（如图 1.64 所示），了解网店内各部门的工作分工情况，可帮助店铺清晰规划当前所需要的人才，并合理组建运营团队。

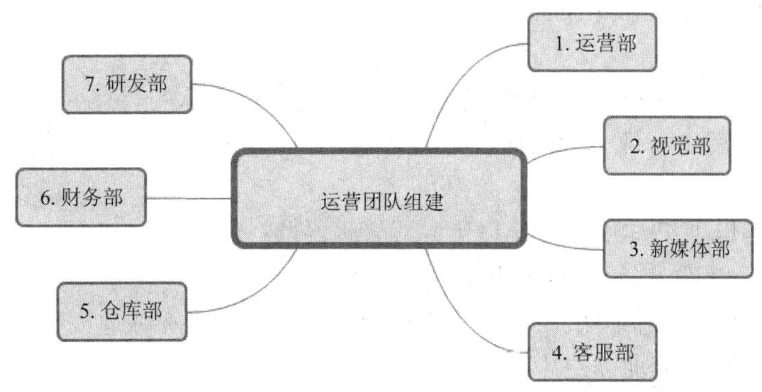

图 1.64　运营团队组建

当前互联网创业非常火爆，不少大学生毕业后都开起了网店，要想把网店做好，一个好团队是必不可少的，那么在组建团队前如何规划团队里的每一个角色和职能呢？接下来带大家一起来了解下团队各岗位的职能。

1. 运营部

运营部是企业的核心部门（如图1.65所示），是公司正常运作的领导团队。运营部对公司经营管理的全过程进行计划、执行和控制；对公司的经营行为及业务、财务等运营流程和相互衔接进行具体的指导、协调和监督；保障店铺各部门或者某个项目的正常运转，持续为企业盈利。

图1.65　运营部

1）运营总监

（1）岗位职责：

①全面领导企业管理团队和进行市场运作；

②完善企业的各种规章制度，参与整体策划和运营；

③大力推动企业销售业务，推广产品，以及组织完成整体业务计划；

④建立企业各种系统机制，推进财务、行政、人力资源的管理；

⑤负责安排各岗位工作，并且设立高效的团队协作机制；

⑥制定与考核企业各部门的工作绩效。

（2）任职要求：

①教育背景：大学专科以上，管理类、电商类相关专业；

②培训经历：受过行政、工商、店铺运营管理、财务管理、管理学、领导艺术、生产作业管理等知识培训；

③经验：6年以上工作经验，5年以上高级管理经验；

④技能：善于管理，具备领导才能和良好的商业理念；

⑤拥有较强的逻辑思维能力；具有很强的组织及策划能力和临危应变的沟通技巧，以及团队协作精神；可以与企业高层广泛接触，并深入沟通；

⑥个性特征：具有超强的执行力，可以承受较大的工作压力；办事认真严谨；追求成功，

精力充沛。

2）运营店长

（1）岗位职责：

①负责配合运营总监完成销售目标，管理团队；

②负责执行运营总监的工作安排，策划网站营销活动方案，并推进执行；

③负责网店日常的推广项目，旺铺、店铺与标题关键字策略、搜索引擎营销、淘宝直通车、淘宝客等，并进行店铺自身的各类营销推广，达到降本增效的效果；

④负责店铺每日数据的汇总与分析；

⑤负责网店的营销管理，包括网店流量、订单等效果数据统计分析等；

⑥负责竞品的监控与分析。

（2）任职要求：

①大专及以上学历，2 年以上网店工作经验；

②熟悉 SEO 搜索优化、网店评分、店铺运营等各种操作规则，对店铺促销活动有较强的策划与组织能力；

③熟练使用 Excel，具备系统的数据解读能力，具有较强的方案制作能力；

④积极主动、擅长沟通、责任心强，具有良好的沟通表达能力，条理清晰、擅长归纳总结；具有强烈的自我驱动力和学习应用能力；

⑤具有较强的统筹能力和团队管理能力，具备处理突发事件的灵活应变能力和高效执行力；

⑥熟悉电子商务平台的操作和各种营销工具的使用。

3）运营推广

（1）岗位职责：

①熟悉平台的推广手法以及规则；

②根据销售目标制定推广费用并进行合理投放，以辅助完成目标销售量为目的；

③负责对应平台的站内、站外推广，提高店铺访客、点击率、投入产出比、监控店铺流量数据，总结优化广告效果；

④负责各推广工具的投放，做好（访客、兴趣定向、种子店铺、各溢价的调整、投放的位置以及推广图的调整）增加投入产品比，总结并分析报表；

⑤合理安排美工制作推广图和页面；

⑥通过对行业销售趋势、分析竞争对手、自身店铺的各项推广数据的收集，提出初步分析建议，总结经验，为达到销售目标提供决策数据信息；

⑦完成上级领导交办的其他工作。

（2）任职要求：

①大专及以上学历，计算机网络技术、电子商务、市场营销专业优先；

②熟练掌握平台的推广工具，熟悉各电商平台店铺后台操作；

③对数据敏感，对竞品和行业数据进行分析，懂得如何控制投放成本，获取更多的流量；

④富有激情，有较强的沟通能力和学习能力，思维活跃，紧跟平台快速变化的步伐，且有很强的创新和执行力；

⑤熟练使用 Excel，具备系统的数据解读能力，具有较强的方案制作能力。

4）活动运营

（1）岗位职责：

①负责平台的营销活动和官方活动的报名及方案制定并实施完成店铺销售目标；

②通过策划各类活动，结合各种资源进行有效的宣传和折扣促销；

③负责店铺日常维护、产品更新，能独立操作店铺陈列，以增强店铺吸引力、提高产品销量；

④每日监控营销数据、交易数据、商品管理、顾客管理等数据；

⑤负责店铺各类产品的宣传和店内促销活动的推广；

⑥推动团队业绩增长，完成店铺销售目标，提升公司品牌；

⑦完成上级安排的其他任务。

（2）任职要求：

①1年以上网店运营经验；

②熟悉各电商平台的规则，深度了解全年度活动节奏，并能准确把握网购人群的购物习惯和购物心理；

③工作耐心细致，有较强的沟通能力和团队精神；学习能力强，有事业心，能承受较大的工作压力；

④活动产品策划有灵感、有创意、有思路，能够拿出具体有效的活动方案并能付诸行动；

⑤熟练使用Excel，具备系统的数据解读能力，具有较强的方案制作能力。

5）文案策划

（1）岗位职责：

①从用户角度深入地观察、思考、挖掘用户的需求，协助部门完成营销活动的策划；

②负责公司项目文案策划及撰写，包括落地活动方案、线上活动文案、产品宣传推广文案、活动规划等；

③负责产品卖点挖掘，对产品进行富有吸引力的文案策划；

④参与营销活动的主题创意，配合各项活动流程的执行；

⑤配合公司运营、推广、新媒体等各渠道的运营管理。

（2）任职要求：

①具备较强的文字功底和多角度的创意能力，执行力强，有良好的策略思考能力并能独立撰写方案；

②熟练使用Excel、Word，2年以上文案策划撰写经验，有文案撰写，或者写作从业经验者优先；

③熟悉社交媒体多种内容形式和写作风格，优秀的文字表达能力，对新媒体有一定运营经验的优先；

④了解当今流行的互联网语言特点和网络营销风格；

⑤积极主动，责任感强，具备良好的团队协作能力。

6）数据分析

（1）岗位职责：

①负责对市场大盘、子类目大盘、店铺数据、爆款数据、竞店数据、竞品数据、活动数据等进行记录分析；

②对店内流量结构，整体销售数据，产品效果分别按日、月、年度进行统计并分析；

③分析得出符合实际的结论，为店铺的下一步发展起到辅助重大决策的作用；

④完成上级领导交办的其他工作。

（2）任职要求：

①1年及以上工作经验，大专及以上学历，会计、电子商务、市场营销专业优先；

②熟悉各电商平台店铺后台操作的优先；

③对数据敏感，可以深度对竞品和行业数据进行分析，并得出有效结论；

④富有激情，有较强的沟通能力和学习能力，善于思考和总结经验；

⑤熟练使用 Office 工具，具有数据解读的基本能力，善于沟通，思维活动，敢于提出自己的想法。

2. 视觉部

视觉部是电商企业中非常重要的部门，不仅负责店铺装修、宝贝详情页设计，而且要承担推广图片及活动落地页的策划和执行等工作（如图 1.66 所示），其工作成果既有基础层面，又有营销层面。

图 1.66　视觉部

1）视觉部主管

（1）岗位职责：

①对店铺制定严格的视觉规范，要求整体风格一致性，要对下属提出工作要求；

②店铺布局合理分析，并指导下属设计完成；

③审核各商品图片及活动图片的创意，并对文案提出建议；

④对完成的图片、定期总结的数据进行分析并提出优化方案；

⑤辅助营销部门完成所需的图片设计。

（2）任职要求：

①专科以上学历，3 年以上工作经验，2 年以上年销售过千万元的电商品牌视觉经验；

②有丰富的团队管理经验，有较强的执行力；

③熟悉平台规则，对视觉包装与提升全店转化率具有独特见解；有扎实的美术功底，对画面的光影、色彩等有较强理解和把握能力；

④精通各种设计软件，有扎实的美术功底、独特的视觉表现力及艺术理解力，对于色彩的搭配有独到的见解和体会，善于色彩搭配，思维活跃，有创意，有较强视觉效果表现能力；

⑤有优秀的沟通协调能力、团队管理能力及团队合作精神，工作责任心强，乐于接受挑战，抗压能力强。

2）平面美工

（1）工作职责：

①根据店铺整体风格进行店铺首页、宝贝详情页、分类页、承接页、推广图等其他页面的布局和设计；

②对店铺品牌定位有深刻理解，对同行店铺装修有分析能力；

③宝贝详情页需配合文案突出宝贝卖点；

④按时完成主管分配的任务；

⑤针对网店所用的图片进行整体归类及备份。

（2）任职要求：

①视觉、平面、网页等相关专业毕业；

②熟悉天猫商城网店装修设计，在淘宝店担任过产品、页面设计，了解淘宝后台的操作，有过淘宝或天猫美工经验的优先；

③有一定的文字功底，能配合运营人员制作店铺每一版的促销图片、促销商品图片、产品内容页等，有较强的团队意识与管理能力；

④精通美工软件 Photoshop、IIlustrator、CoreIDRAW、Dreamweaver 等。

3）摄影师

（1）工作职责：

①负责产品拍摄主题策划并实施；

②针对客户的要求对产品和卖点进行布光布景，体现产品意境；

③视频脚本的编写、策划。

（2）任职要求：

① 3 年以上电商摄影工作经验，热爱摄影，时尚触觉敏锐；

②有较强的美术功底，对色彩感觉强烈，视觉表达方面有个人独特观点；

③熟练使用 PS、AI、AE、PR 等平面、视频后期处理软件；

④熟练使用佳能，尼康、索尼单反进行拍摄和视频的录制；

⑤工作认真细致、有责任感、注重效率，按时完成领导派发下来的任务。

4）3D 建模师

（1）工作职责：

①根据产品实物进行 3D 模型建立、UV 分解、贴图绘制、补光等；

②配合摄影师、美工，完成活动场景氛围图的补充；

③配合视频编辑，完成 3D 动画的制作；

（2）任职要求：

①动漫设计或影视后期相关专业，大专以上学历，两年以上相关经验；

②具备一年以上行业制作经验，有成熟作品者优先；

③有扎实的美术基础与模型制作能力，对色彩有独特的见解；

④熟练使用 3DS Max、maya、Zbrush、Photoshop 等主流制作软件；

⑤能按时完成团队负责人的具体需求和指派的任务。

5）视频编辑

（1）工作职责：

①负责企业宣传片和产品详情、主图的脚本撰写、拍摄、剪辑、后期制作等；

②配合市场进行线上线下的品牌宣传及各需求部门进行视频的后期制作；

③积极参与公司组织策划的活动，并对活动拍摄的视频进行后期编辑；

④收集公司影像资料，定期整理；

⑤对各种素材包括文字、图片、视频等按照编辑规定进行有效处理；

⑥协调与沟通制作过程中的相关环节，保证成片质量与效率。

（2）任职要求：

①具有两年以上视频制作工作经验；

②熟练掌握主流视频剪辑软件，对相关宣传片、录制短片节奏把握能力强；

③熟练操作摄像设备，如色彩、构图、镜头等；

④语言的表达能力、沟通能力强；

⑤有团队合作意识，能适应高强度的工作压力。

3. 新媒体部

新媒体部门作为新时代的产物，衍生的媒体平台越来越多，创造的价值也越来越大，带来的影响力不容小觑。新媒体营销战略在一定程度上是可以带动公司的整体规划和布局的（如图 1.67 所示）。产品可以在新媒体平台进行多元化营销，策划品牌相关的、优质、有高度传播性的内容和线上活动。

图 1.67　新媒体部

1）活动推广

（1）工作职责：

①负责部门微博、微信公众账号的日常运营、内容策划与更新，提高图文阅读量与转发量；

②定期策划开展微信线上线下互动活动，增加粉丝黏性；

③与多渠道多平台进行深度合作，例如微信、微博、KOL、卷皮网、折八百、有好货、值得

买、小红书、抖音、快手、头条、知乎、直播、论坛、SNS，创建活动玩法，增加店铺的产品销售业绩或为店铺清理库存做准备；

④定期根据数据分析报告进行运营总结，检验推广方案，提出相应的优化办法并将下一阶段运营的具体方案作为战略性的参考意见；

⑤紧跟新媒体发展趋势，广泛关注各大新媒体，积极探索其运作模式。

（2）任职要求：

①对新媒体运营感兴趣，思维活跃；

②有一定的文字功底，了解并熟悉运用当下流行网络用语；

③有上进心，学习适应能力强，全日制统招大专及以上学历。

2）商务拓展

（1）工作职责：

① 对市场上新兴起的销售平台及资源及时了解，判断是否值得参与合作，更新资料，并进行跟进及业务对接；

② 维系现有媒体关系，积极配合辅助工作，完成市场上已兴起的多渠道合作，如微信、微博、KOL、卷皮网、折八百、有好货、值得买、小红书、抖音、快手、头条、知乎、直播、论坛、SNS 等；

③为公司的进一步发展作出规划，比如上新、老客促销、清理库存，针对不同平台的特性，作出不同的规划；

④定期拜访各渠道重点活动对象，保持合作。

（2）任职要求：

①沟通能力强，对当今的新生产物好奇心强，定期更新新媒体资料，跟踪潜在新媒体平台；

②了解目标各平台的合作流程；

③完成领导临时安排的其他任务；

④协调能力，情商高；

⑤有事业心和工作热情，以及积极主动的工作态度。

3）主播

（1）工作职责：

①在网络直播间与粉丝进行互动，吸纳粉丝，并合理推送本店产品；

②对产品本身有独特的见解，能从多种维度讲解本店产品；

③配合店铺其他岗位，辅助完成销售额或吸纳粉丝的目标；

④积极参加公司优化项目与培训活动，提升用户体验与优化节目等创意工作。

（2）任职要求：

①有表演欲，形象气质佳者优先（无学历要求，有无经验者均可，女性优先）；

②临场思维敏捷，镜头造型感强，具有较强的语言表达能力和现场操控应变能力；

③能根据节目气氛互动，即兴发挥，调动用户情绪；

④热爱媒体事业，工作态度积极主动，能够承受一定的工作压力；

⑤具有媒体从业人员的专业精神及操守，优秀的职业素养和团队协作精神，爱岗敬业，能严格遵守公司各项规章制度，有恒心，有上进心，品行优良。

4. 客服部

客服部能有效地为客户提供服务，并解决客户在交流过程中出现的各种问题（如图1.68所示），最大限度地将首次客户转变为长期客户。

图 1.68　客服部

1）客服主管

（1）工作职责：

①管理客服部门，并对售前客服和售后客服进行岗前培训及划分；

②对客服进行规范化业绩考核和指标考核；

③利用淘宝旺旺等在线聊天工具回答客户的问题；

④了解客户需求，有较强的主动销售意识和服务意识，熟悉淘宝网店销售流程，有淘宝网购物或开店经验者佳；

⑤帮助客户查询跟踪物流情况，为客户提供售后服务，可以独立跟进物流，帮助顾客查件，解决快递中的各种突发问题；

⑥积极协调处理客服处理不了的疑难问题，解决中差评，在不违反店铺制度的前提下最大限度地让客户满意。

（2）任职要求：

① 3 年以上客服相关工作经验，口齿清晰，普通话流利；

②性格外向，反应敏捷，表达能力强，具有较强的沟通能力及交际技巧；

③具备较强的学习能力和优秀的沟通能力；

④具有强烈的事业心、责任心和积极向上的工作态度，有相关客服经验者优先；

⑤熟练运用 Office 办公软件。

2）售前客服

（1）工作职责：

①熟练掌握产品知识，回答网上买家提问，引导用户在网上顺利购买，促成交易；

②打字速度快，对淘宝有一定的了解跟认识，熟悉淘宝的交易操作；

③思维敏捷灵活，有耐心，能设身处地为顾客着想；

④可独立处理简单的售后问题；

⑤接听电话或电话联系客户，进一步促成交易。

（2）任职要求：

①至少 1 年以上销售或客服工作经验；

②具备敏锐的商业意识，较强的应变能力、口头表达与沟通能力；

③有较强的推广和维护协调客户的能力，熟悉客户服务流程；

④具备较强的学习能力，可快速掌握专业知识，及时开展工作；

⑤熟练运用 Office 及具有良好的文案写作能力；

⑤工作严谨，计划性强，善于分析思考问题，有责任心。

3）售后客服

（1）工作职责：

①对前一天遗留的售后问题进行跟踪（查件、延长快递收货时间、货物破损、补货、换货、退货、申请退款、客户维权），分别做表格进行登记，对前一天物流发货情况进行跟踪，对未查询到的订单及时与快递客服和客户进行沟通，延长收货时间；

②对前一天的评价进行跟踪（对每条评价进行评价解释，对较差评价做 Excel 统计），负责进行有效的客户管理和沟通；

③定期或不定期进行客户回访，以检查为目的调研产品目前的使用情况；

④根据客户反映的问题，及时为公司提出战略性建议；

⑤接听电话或电话联系客户，进一步为客户解决问题。

（2）任职要求：

①性格要求沉稳、隐忍，善于倾听，乐观、积极，普通话标准、流利，反应灵敏；

②要求一定要有“客户为先”的服务精神，一切从帮助客户、满足客户角度出发；

③有一定客户服务工作经验或销售经验，有一定的客户服务知识和能力；

④熟练操作计算机，熟练使用 Office 办公软件，有一定的网络知识基础。

5. 仓库部

仓库部主要负责仓储货物的收发、结存等活动的有效控制（如图 1.69 所示），其目的是为企业保证仓储货物的完好无损，确保生产和销售程序的正常进行。

图 1.69　仓库部

1）仓库主管

（1）工作职责：

①负责仓库日常物资的验收、入库、码放、保管、盘点、对账等工作；

②整理摆放货品，按照发货要求准备货品；

③每月按时清点仓库，仓库数据的统计、存档、账务和系统数据的输入；

④负责保持仓内货品和环境的清洁、整齐和卫生工作；

⑤部门主管交办的其他事宜。

（2）任职要求：

①熟练运用办公软件；

②有较强的人际沟通能力；

③有团队精神，有责任心，吃苦耐劳；

④有仓库保管经验者优先；

⑤能看懂简单英文者优先。

2）审单打单员

（1）工作职责：

①核实是否有超卖情况，并及时与客服部和运营部沟通商量解决办法；

②把当天销售的订单出单出库，整理每天的订单并进行汇总；

③核对仓库库存，统计近30天销量较好且库存不多的商品，制定订货意见并上报。

（2）任职要求：

①观察力敏锐，善于发现问题，具有较强的沟通能力；

②懂得电商后台发货的基本操作；

③有Office办公软件基础的优先；

④为人和善，工作认真，态度积极，肯吃苦耐劳，并有一定想法。

3）配货员

（1）工作职责：

①负责仓库发件的配货工作，为下一步打包程序做好准备工作；

②根据打单员打印的发货单，每天准时准确地完成配货，保证配货准确率；

③在配货过程中发现仓储商品损耗、商品与货位标示、批号、规格标示不相符等情况，及时向上级反馈，保证散货仓存储商品的准确率、完好率。

（2）任职要求：

①身体健康，认真负责，有责任心；

②会操作电脑者优先。

4）打包员

（1）工作职责：

①按照仓库包装标准及客户订单要求对客户所购产品进行检测、包装、打包、发货；

②负责商品的打包、张贴快递单等工作；

③善于沟通、工作细致、吃苦耐劳、能够完成上级给予的工作，手脚麻利、做事不拖拉，有很好的工作效率及工作状态；

④完成领导安排的其他日常工作。

（2）任职要求：

①会操作电脑，淘宝发货经验1年以上者优先；

②对电子商务有浓厚的兴趣，吃苦耐劳，服从领导分配；

③工作认真、细心、有责任心，为人踏实、诚恳上进，能积极融入团队，协助团队完成工作。

6. 财务部

财务部以本电商企业的整体目标为基础，进行企业资金的统筹，原材料的采购成本控制，企业利润核算，人员工资发放和店铺经营中的资金流转（如图1.70所示）。财务部需协助负责企业主干机构设立职能部门，负责本机构的财务管理。

图1.70 财务部

1）财务

（1）工作职责：

①审批财务收支，审阅财务专题报告和会计报表；

②编制预算和执行预算，参与拟订资金筹措和使用方案，确保资金的有效使用；

③人员工资发放以及产品成本核算。

（2）任职要求：

①会计相关专业，大专以上学历；

②2年以上工作经验，有一般纳税人企业工作经验者优先；

③认真细致，爱岗敬业，吃苦耐劳，有良好的职业操守及沟通能力；

④熟练应用财务及Office办公软件，对金蝶、用友等财务系统有实际操作者优先；

⑤有会计从业资格证书，同时具备会计初级资格证者优先考虑。

2）采购

（1）工作职责：

①负责按照生产需求状况和采购要求，制订采购计划、制作采购合同；

②控制采购成本，负责与供应商往来的对账工作；

③负责及时处理并解决采购材料的质量问题及索赔工作；

④对采购合同进行管理，做到采购订单及时下达并对供应商的生产进度进行控管以确

保质量和交货期限；

⑤负责开发供应商，并收集货源信息以作为提供公司及客户参考的依据。

（2）任职要求：

①大专以上学历，2 年以上同岗位工作经验；

②具备良好沟通、协调、表达能力和职业道德素养；

③熟练 Office 办公软件者优先；

④工作认真负责、有责任心、吃苦耐劳及服从安排。

7. 研发部

研发部门的范围涵盖了公司所有的产品线战略与规划（如图 1.71 所示），是从最开始产品概念的形成到创意、市场研究、设计、开发、测试等整个过程的研发与跟进。

图 1.71　研发部

1）市场调查员

（1）工作职责：

①策划与开展前期市场调研活动，并形成市场所需产品的调研活动的分析报告；

②负责企业产品的市场潜力的调查与分析，并对企业下一阶段发展提供建设性建议；

③负责市场环境的调查，以及市场开拓的调研；

④用恰当的方式解决调查过程中可能出现的阻力，并能逐渐与所调查对象建立良好的关系；

⑤完成上级安排的临时性工作。

（2）任职要求：

①有销售或市场推广工作经验者，会使用 Office 办公软件者优先；

②具有较好的组织协调能力、应变能力，能承受一定的工作压力；

③吃苦耐劳，沟通能力强，执行力强，有一定的市场营销基础知识。

2）科研技术员

（1）工作职责：

①负责相关产品的设计、开发及相关工作；

②处理及跟进设计工作中出现的问题；

③完成领导安排的其他临时性工作。

（2）任职要求：

①专科以上学历，机械、工业设计、化工相关专业；

②熟悉使用相关设计软件，有很好的审美和创意能力，善于把握市场流行设计趋势；

③善于沟通，有创意、有想法，能按时配合团队开发目标产品。

本次任务主要通过技能点的学习，完成淘宝母婴店开店前的准备。

任务介绍 在入驻淘宝母婴类目之前，要做好未来规划，淘宝网的后台为商家提供众多的数据分析工具，方便商家进行各项数据分析，比如母婴类目行业总规模、热销产品、竞争对手销售预测等。通过对这些数据进行分析并结合产品自身优势确立方向、厘清思路、明确定位，并且制定销售目标和发展步骤，确定阶段性的团队组建。之后形成具体的操作进度计划表格开展工作，当然在具体运营过程中还需要根据实际情况不断优化调整原来的计划和目标。

做好网店，思路很重要，方向走得正，结果自然要好很多，接下来主要介绍淘宝平台母婴店铺的实战经验，尤其是店铺前期筹备工作的八个步骤。

第一步：制定整体规划

1. 制定目标

首先在母婴市场中寻找与企业知名度相似的品牌，将其作为竞争目标，然后通过它的数据来制定第一个目标。

如图 1.72 所示，找到竞争品牌，通过生意参谋分析竞争对手的流量销售数据，目标消费者以及洞察自己的品牌、产品和企业的优劣势。分析母婴市场各类目近 30 天热卖的款式以及过去半年的走势，可先制定出年销售额目标。

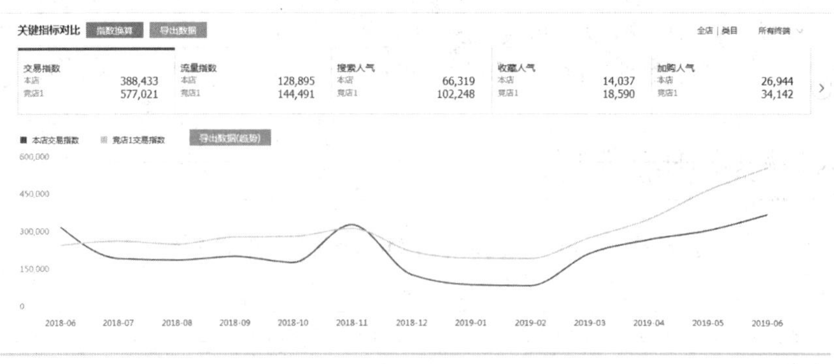

图 1.72 通过竞品，制定目标

2. 年度目标分解

根据生意参谋—市场—市场分析—子类目选择，查看母婴类目下全年每月的走势图（如图 1.73 所示），了解淡旺季和产品更迭换代的时间节点等因素，从而制定月销售额目标规划。

图 1.73　全年每月的走势图

3. 月度目标分解

根据每月类目小二推送的活动通知和活动报名入口，清晰地知道每个月哪几天是爆发期；达成月目标，每天应该产出多少；爆发期应该怎么做；通过什么方式能做到爆发的极致；从而根据这些疑问，一一想出答案并制定日销售目标规划（如图 1.74 所示）。

图 1.74　制定销售目标

第二步：组建运营团队

店铺的基本战略全部规划好之后，就是要组建运营团队了，包括人、财、物等各种资源。人才是网店运营的核心，最大的问题就是组建运营团队，因为所有的工作计划都需要通过人去执行完成。所以团队组建，可以在具体的运营过程中逐步调整。

母婴的电商团队至少由以下岗位组成：运营店长、活动推广、美工、客服，打包员。

如果情况允许，活动推广还可分为活动运营和推广运营。推广运营专注于直通车、钻展等各种付费、免费官方工具的使用（如图 1.75 所示）。

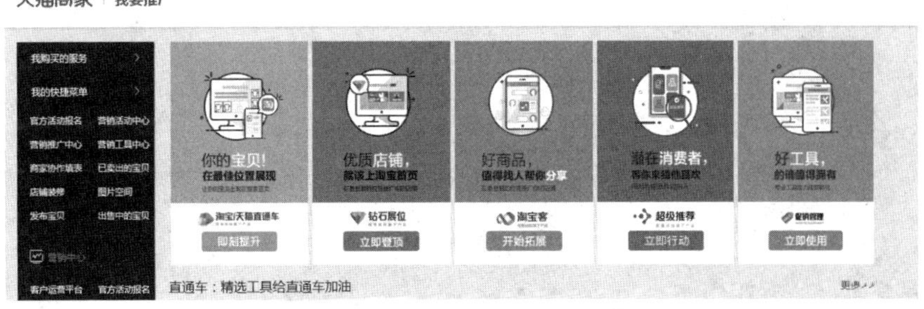

图 1.75　付费 & 免费推广软件

活动运营专注于所有平台营销活动、官方活动、大促活动的报名和产品价格的实时更新与维护（如图 1.76 所示）。

图 1.76 活动营销报名入口

美工主要负责店铺装修，产品宝贝页面设计、活动页面设计等（如图 1.77 所示）。

图 1.77 店铺装修入口

母婴店客服一定是具备了解产品知识的能力，熟练使用千牛软件，销售能力强，打字速度快并且了解淘宝文化的人员（如图 1.78 所示）。

打包员是能及时将买家购买的订单包装好并出库发货的人员。

图 1.78 千牛聊天软件

组建团队需要先定岗位，明确岗位职责和分工，然后通过各种渠道招聘，上岗前需要培训，进行管理和考核。其实一个人也可以做淘宝，只是需要兼顾各岗位，要想做得更专业非常难。

第三步：规划装修好店铺

做好入驻申请的前期工作，批准后就可正式开始规划装修店铺了。除了淘宝商城审核工作的时间有时会长一些，大部分都是同步进行，注册完成后，直接上传装修素材。

一个店铺装修规划并不那么简单，需要分析大量竞争对手的店铺以及自己品牌的优势，然后结合受众群体和后期运营思路进行模块规划。比如：很多母婴天猫店注重互动沟通，会增加一些旺旺群、微信群等模块；而对品牌历史很注重的，一般都会有品牌溯源的模块；活动型店铺注重利益点，会增加活动页面入口的模块面积。同时，产品分类也是一个非常重要的课题，怎么划分能让消费者购物体验更佳，需要反复测试考量后，才能得出更好的结论。

店铺装修规划好之后，才是美工设计执行，从店招、店标、首页到产品展示页模版，再到模块品牌页的个性设计等，一定是在店铺规划好的风格下进行视觉表现（如图 1.79 所示）。淘宝店铺设计有一个比较特殊的要求：热闹而不杂乱，要有购物的氛围，同时商品要清晰有序。

图 1.79　母婴店铺首页

第四步：策划产品

策划产品也是运营产品的关键。一个母婴店铺转化率的高低有很多影响因素，但是产品是最重要的元素之一。

产品策划包含的内容非常广。首先就是产品线和产品组合策划，做淘宝一定要确定好爆款产品、引流产品、利润产品、常规产品，而这又和产品定价相结合，形成完整的产品组合宽度，实现热销和利润平衡统一。对于很多传统企业来说，还面临一个重要问题，那就是怎么解决线上线下的产品渠道冲突的问题，如果有实力应该区分开线上款和线下款更便于售卖和管理。

其次要对新品的详情页进行策划。想尽办法展现产品最有销售力的优势，要拍出能打动消费者产品图片，拟定的产品文案要真正触及消费者的心灵，并且不同的产品要想好用理性或者感性的态度进行表达。这些问题都需要通过分析策划才能做好。

第五步：商品促销运营

网店运营工作的核心为产品的促销方法、产品的内容策划以及运营者。淘宝店铺的商品促销，可分成三大类：

（1）利用关联销售、联合营销等方式，提升用户黏性，提升客单价；

（2）策划自己店铺的各种主题活动；

（3）参加淘宝各种促销活动。

打造爆款产品是这三种促销活动相互联系的结果，如图 1.80 所示，它有很多种形式，并且这些营销方式可以组合使用。

图 1.80　商品促销入口

第六步：推广运营

淘宝平台聚集了大量的精准购买流量，只需要想办法把这些流量转变为购买客户。而淘宝平台提供了很多推广工具和途径。比如：最常用的直通车（如图 1.81 所示），钻石展位等广告，是专为符合产品的人群进行投放的广告，如何针对这部分人群定向和溢价需要下功夫思考。

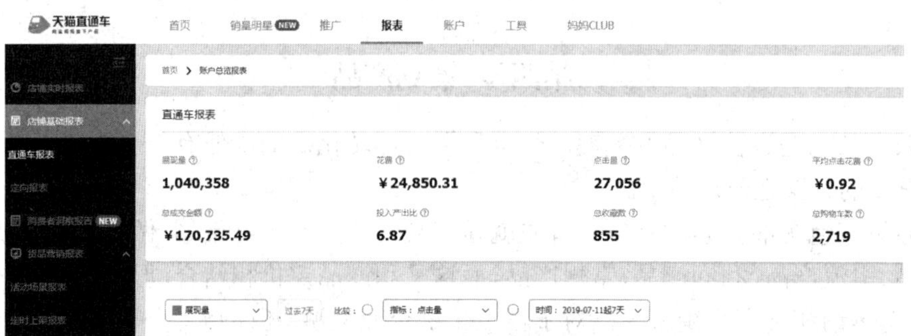

图 1.81　直通车后台

另外淘宝的商品和店铺的搜索排名，更能带来巨大的精准客户，需要精心研究淘宝搜索排名的规则，然后有针对性地优化。

需要说明的是：推广运营须主要把重点放在淘宝网站内，站外推广的精准度不够，转化效率低。站外比较好的推广模式是 CPS 按效果收费。而淘宝客工具（如图 1.82 所示），按销售分成的模式，正满足了此类需求，为店铺提供了网络分销推广的途径，另外淘分享的 SNS 推广，也是免费推广的形式。

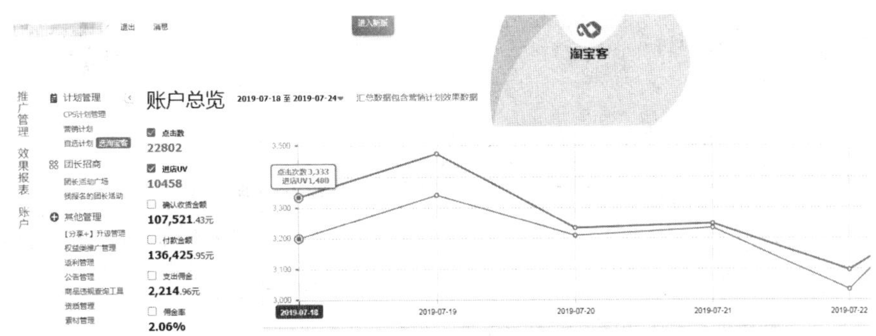

图 1.82　淘宝客后台

第七步：客服销售

母婴店的客服在店铺的销售过程中具有核心价值，客服一句专业的回复语，会在“宝妈”的心中建立起信任感、安全感，从而减少“宝妈”的考虑时间，尽快让她们形成转化，客服岗位是实现销售的关键环节。客服销售环节，需要从岗位技能、业务知识、网络文化、日常管理等层面进行标准化和系统化培训（如图 1.83 所示），可以在网上找到各类关于客服销售的文章，需要将其下载并收集起来，养成一个良好的习惯才能实现销售客服系统流程化和可复制化。

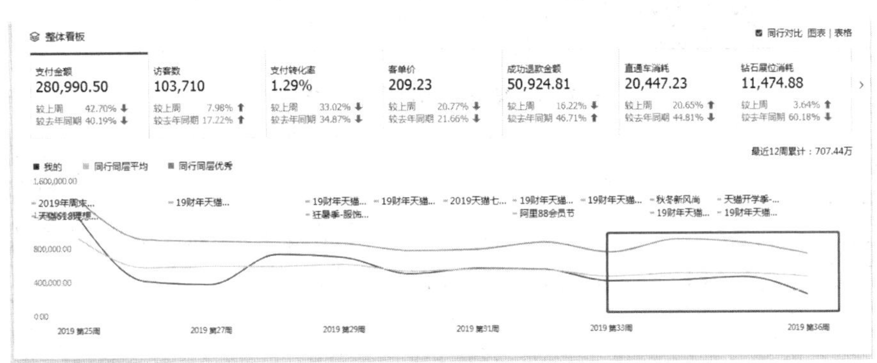

图 1.83　同行数据趋势对比

第八步：数据分析

店铺后台的数据比较精准，通过数据的收集、整理、转换图形、分析制定优化方案，从而使店铺的相关规划得以进一步实施。想做好店铺，需要精准的数据来做支撑，策略规划和运营规划也都需要以具体的数据为基础。

如图 1.84 所示，我们可以看出在 33 至 36 周我们店铺要比同行同层级商家的支付金额少一些，这时候就要反思，如果是活动期间，是不是同行业做了更多的活动，或者这阶段我们店铺的活动根本不符合消费者的需求，所以数据分析是电子商务和传统线下商务最明显的区别，数据分析只是手段，目的是通过数据分析发现问题、发现机会，制订策略、提升推广效果，提升店铺转化率，从而提升整店的投资回报率（ROI），实现企业利润最大化。

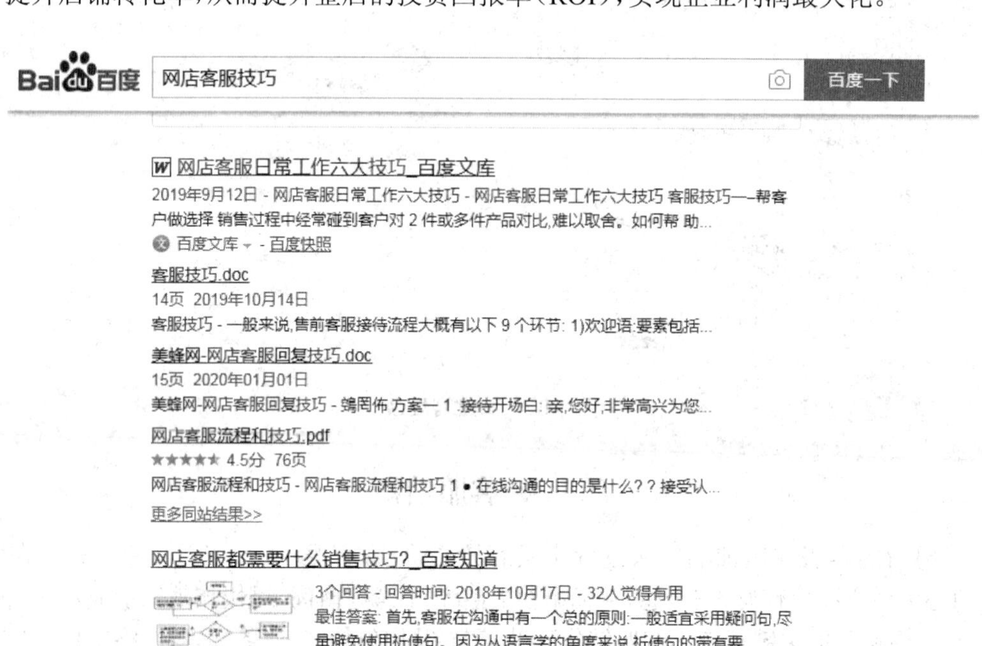

图 1-84 搜索网店客服相关文章

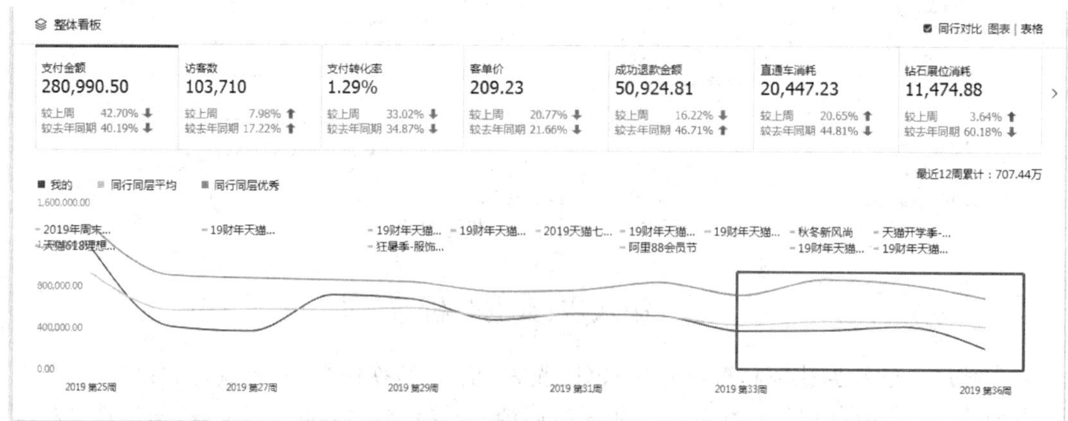

图 1-85 同行数据趋势对比

本章课程介绍了开网店的前期筹备工作，分别从市场定位、进货渠道、商品规划、费用预算、团队组建等方面展开前期工作，以步骤的形式掌握开店前期的工作内容，学习之后能够对建立店铺有更好的认识与帮助。

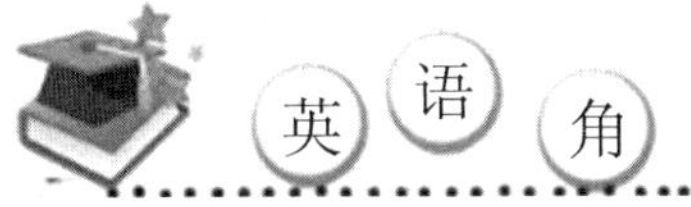

企业对企业 B2B（Business to Business）
企业对个人 B2C（Business to Customer）
个人对个人 C2C（Customer to Customer）
企业对企业对个人 B2B2C（Business to Business to Customer）
线上与线下结合 O2O（Online to Offline）
搜索引擎营销 SEM（Search Engine Marketing）
搜索引擎优化 SEO（Search Engine Optimization）
付费推广 P4P（Pay for Performance）

1. 不属于市场定位的是（　　）。
A. 企业定位　B. 产品定位　C. 卫星定位　D. 消费者定位
2. 哪种进货渠道可快速进到当地没有的货源（　　）。
A. 实体考察　B. 朋友介绍　C. 街边小广告　D. 线上货源平台
3. 需要删除重新规划上架的产品是（　　）。
A. 利润款　B. 引流款　C. 滞销款　D. 爆款
4. 网店费用布局不包括（　　）。
A. 控制成本，为下一步程序做准备　B. 出国旅游游玩
C. 人员工资　D. 产品包装费
5. 刚组建的团队，哪个部门必须具备把握店铺大方向的能力（　　）。
A. 视觉部　B. 客服部　C. 运营部　D. 财务部

第二章　人员培训

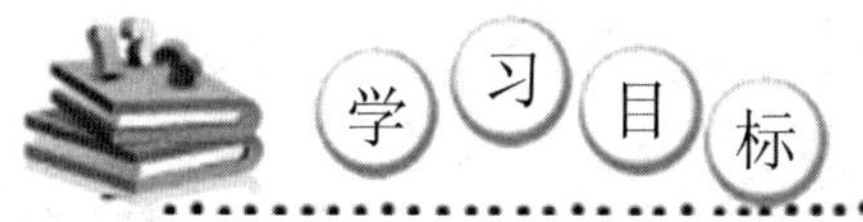

本章节重点学习开店时入职人员的岗前培训。了解培训员工的目的，熟悉培训员工的作用与方法，掌握培训的流程，具有给各岗位培训的能力。在任务实现过程中：

- 了解给员工培训的目的；
- 熟悉培训员工的作用与方法；
- 掌握培训的流程；
- 具有给各岗位培训的能力。

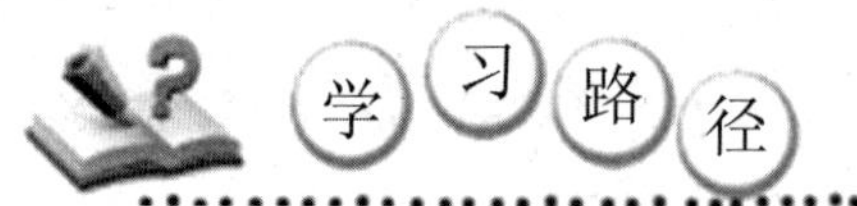

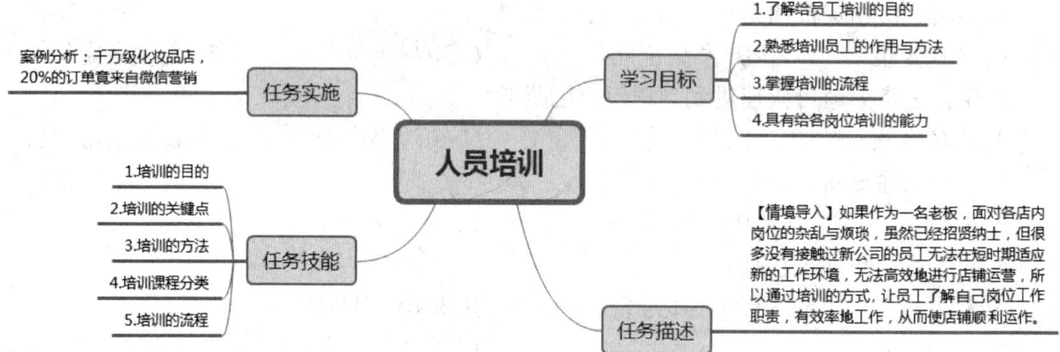

【情境导入】

法国巴黎•欧莱雅品牌公司生产的化妆品及护肤产品，因其出众的品质一直倍受全球爱美女性的青睐。法国制药中心的一名药剂师欧仁•舒莱尔，在工作研究中发现从某种植物中萃取的精华，可以作为化妆品的主要成分，三年以后申请专利，并将它取名为欧莱雅（如图 2.1 所示）。

图 2.1　欧莱雅品牌

在天猫平台代理欧莱雅品牌化妆品，店铺前期已规划好，接下来需要招贤纳士，运营起整个店铺。新员工对企业文化和品牌了解较少，将无法高效地进行店铺运营，所以要通过培训的方式，让员工快速了解自己岗位的工作职责，提高工作效率，并且可以使店铺顺利运作，增加销售额以及更好地维护好店铺的老顾客。

本章节主要通过学习培训的目的、培训的作用与方法、培训的流程、培训能力的介绍，掌握电商企业的人员培训并为企业创造价值。

技能一　培训的目的

企业培训员工的目的是帮助员工了解工作岗位信息，鼓励员工的士气；让员工了解公司对他的期望，了解公司历史、文化、制度、政策，帮助员工减少在工作中的紧张情绪，使其更快地提高工作效率；让新员工感受到公司对他的欢迎，使新员工明白自己工作的职责、加强同事之间的关系。接下来从减少员工的跳槽率、帮助员工在短时间内找到工作方向、规划新成员的职位及未来发展方向、减少员工的怨言、让企业文化融入员工们的心中等几个方面对培训目的进行了解（如图 2.2 所示）。

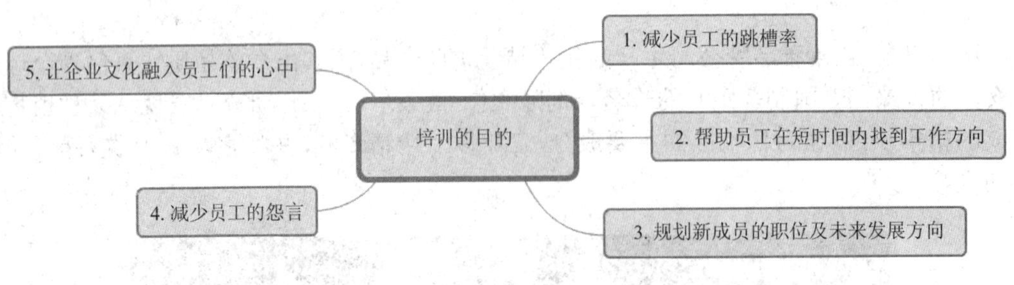

图 2.2　培训的目的

1. 减少员工的跳槽率

企业培训时要告知员工电商企业的规模，未来的目标以及发展方向，每个工作岗位的工作内容稳定性，以及稳定的程度，可以让员工在心中建立归属感，这样员工们才会更愿意留在企业工作（如图 2.3 所示）。

图 2.3　培训员工近期工作

2. 帮助员工在短时间内找到工作方向

培训导师需要提前把关于岗位工作的职责、内容与对应的规章制度准备充分，培训时清晰地传达给每位新员工，尽量避免在工作时因不知情造成的失误，同时节省时间，大大提高效率。

3. 规划新成员的职位及未来发展方向

试着了解新员工的想法，争取主动让员工说出自己的目标，并告知如果努力，公司会愿意着重培养，共同进步，一起实现目标。

4. 减少员工的怨言

新员工进入公司，没有受到领导和同事们的关注（如图 2.4 所示），难免会产生怨言。通过有计划、有准备的培训会，针对员工的这种负面的情绪，加以沟通，会消除一大部分新员工的负面情绪，这样在以后的工作中才能更踏实、更认真。

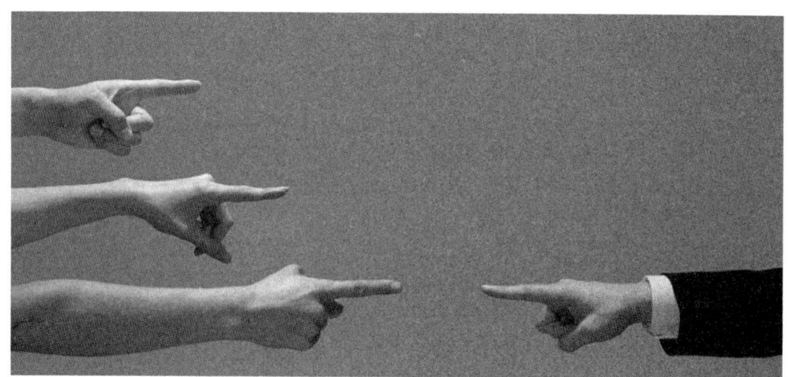

图 2.4　创新减少员工的怨言

5. 让企业文化融入员工们的心中

英雄不问出处，无论来公司前有多大的能力，有过多少年的工作经验，无论是新手还是在同行业工作多年的老手，只要来到本公司，就要和公司的目标一致（如图 2.5 所示），要尽快地适应公司的氛围与文化，大家齐心协力，这才是新员工入职培训最重要的一个目的。

图 2.5　让企业文化融入员工们的心中

技能二　培训的关键点

给员工培训时要首先指明培训的关键点，明确关键点后，在讲解过程中指导起来才会更加轻松。不少企业高管在做培训讲解的过程中，都会有指导过程的步骤，但是很多新员工，培训过后仍是一知半解，和培训者的期望大相径庭，且达不到培训者的目的。其主要的原因是培训导师阐述的都是理论值，并没有完全掌握在工作实战过程中需要用到的技巧。

比如，当店铺准备上架一款新品时，企业培训可以通过演示上架产品过程的方式，让员工明白上架新品需要注意的地方，这称之为“案例”。员工在上架过程中遇到问题，需要老员工“配合”解决问题；如果员工可以独立完成工作，则需要对其工作过程进行“观察”；如果发现其在上架过程中出现错误，则需要让其“改正”；如果是一些烦琐的工作，则需要对这些工作知识点进行“巩固”。接下来通过“案例”“配合”“观察”“改正”“巩固”这五个关键点对培训做进一步了解（如图 2.6 所示）。

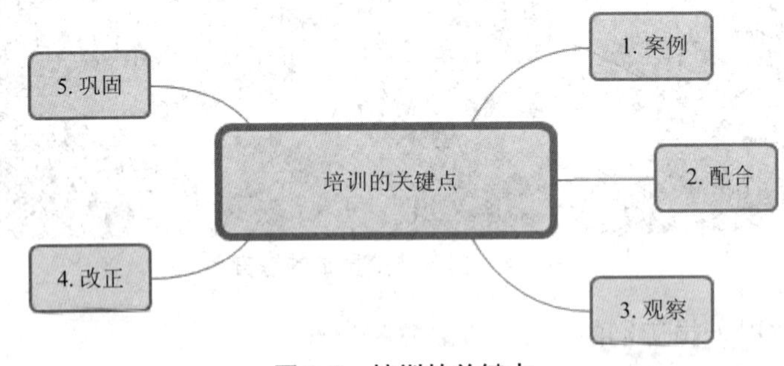

图 2.6　培训的关键点

1. 案例

在实际工作中，每一项合格的标准，都需要企业作出完善的模板，让员工能在平时的工作中作为参照。没有一个正确案例的指引，工作作出来的效果可能会很不理想，企业必须按各种工作标准来作出案例，以最直观的方式让被培训者明白什么是正确的，如图 2.7 所示。

图 2.7　以合格产品作为参照案例

比如，电商公司有新产品需要进行上新时，需要公司拿出一个完整的上架过程和详情页的对应展示给员工当作模板，让员工知道具体需要填写的信息（如图 2.8 所示），以及具体产品标题的拟写方式、展示标题的编写、产品卖点的编写，需要勾选填写的位置等。

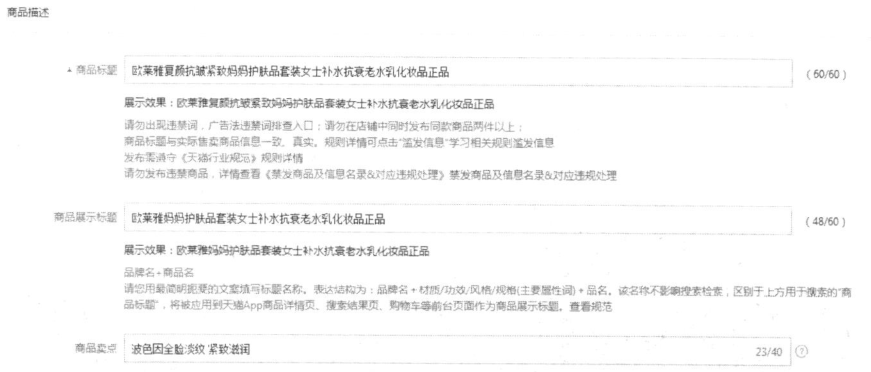

商品描述

* 商品标题　欧莱雅复颜抗皱紧致妈妈护肤品套装女士补水抗衰老水乳化妆品正品　(60/60)

展示效果：欧莱雅复颜抗皱紧致妈妈护肤品套装女士补水抗衰老水乳化妆品正品

请勿出现违禁词，广告法违禁词排查入口；请勿在店铺中同时发布同款商品两件以上；
商品标题与实际售卖商品信息一致、真实。规则详情可点击"滥发信息"学习相关规则滥发信息
发布需遵守《天猫行业规范》规则详情
请勿发布违禁商品，详情查看《禁发商品及信息名录&对应违规处理》禁发商品及信息名录&对应违规处理

商品展示标题　欧莱雅妈妈护肤品套装女士补水抗衰老水乳化妆品正品　(48/60)

展示效果：欧莱雅妈妈护肤品套装女士补水抗衰老水乳化妆品正品

品牌名+商品名
请您用最简明扼要的文案填写标题名称，表达结构为：品牌名+材质/功效/风格/规格(主要属性词)+品名。该名称不影响搜索检索，区别于上方用于搜索的"商品标题"，将被应用到天猫App商品详情页、搜索结果页、购物车等前台页面作为商品展示标题。查看规范

商品卖点　波色因全脸淡纹 紧致滋润　23/40

图 2.8　产品标题及卖点

2. 配合

电商企业把标准做成案例后，要安排工作能力强的员工和被培训者按案例标准，配合协作完成新一轮的工作任务（如图 2.9 所示）。一方面使被培训者更理解案例内容，另一方面可以帮助被培训者克服初次工作遇到的困难和心理障碍。

图 2.9　配合

例如：被培训对象是设计师，工作内容是对着案例制作一张类似的详情页，那么就需要企业内工作能力较强的员工配合协助被培训者一起完成详情页的制作，并且对在制作过程中出现的问题进行全面的解答与指导。

3. 观察

当新员工已经具备了一定的思路和操作技巧时，企业就不能再帮助新同事完成工作了，而应让其独立完成。这时，企业一定要对被培训者进行观察（如图 2.10 所示），并且要在不影响被培训者工作的位置进行观察，并进行记录，对其做得不足的地方进行标注

图 2.10　观察

4. 改正

（1）企业要根据观察分析新员工的工作结果（如图 2.11 所示），找出其做得很好和做得不够完善的位置，然后对做得不足的地方进行指导，并令其改正。

（2）改正错误前要对新员工做得好的地方进行肯定和赞同，最好是当众表扬。

（3）找其纠正错误时，最好对员工单独进行指导，同时多做演示动作，以加强记忆。

图 2.11　改正

5. 巩固

巩固是一个漫长的过程，企业要求员工坚持不懈地去提升自己的岗位能力，而且要根据案例标准作出考核指标，没达到标准的要采取相应的措施。当这五个步骤都执行完后，新员工就可以正式入职了（如图 2.12 所示）。

图 2.12　巩固后入职

技能三　培训的方法

在电商企业中，不同岗位的员工的接受度不同，这就需要用不同的培训方法适应不同的员工，可以选用其中几种培训方法交错进行，最终达到人人都能听懂的目的。接下来从抛砖引玉培训、讲解培训、讨论培训、角色扮演培训、互动小组培训几个方面对培训的方法进行深入了解（如图 2.13 所示）。

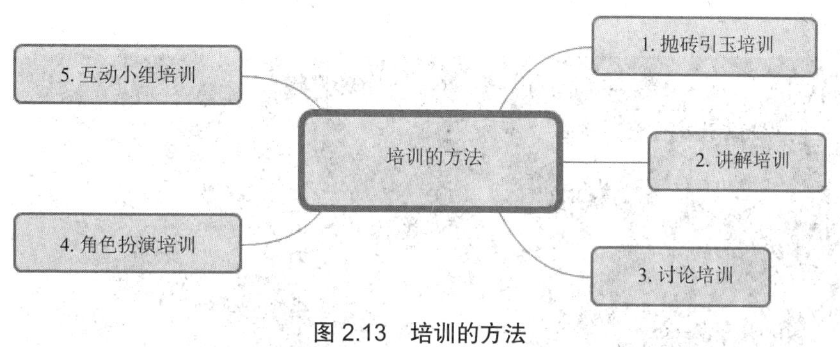

图 2.13　培训的方法

1. 抛砖引玉培训

培训导师在培训时，首先需要给学员引入实战课题，让学员自己思考解决办法，其次通过实战完成培训目标，最后培训导师对出现的问题进行统一讲解，通过这种方法会使员工记得更牢固。

2. 讲解培训

讲解培训的优点是讲解起来方便，便于培训者控制整个过程。缺点是单向信息传递，反馈效果差。讲解培训常被用于一些理论性知识的培训。

例如：上学时任课老师的教学方式（如图 2.14 所示），会对教学的知识进行单方向教授，由于教授过程偏重理论，并不能让学生们完全理解。

图 2.14 讲解培训

3. 讨论培训

讨论培训按照培训内容的复杂程度可分成小组讨论和课题研讨两种方式。

（1）分成小组进行讨论培训，好处是能把信息交流的方式多向传递，学员参与的积极性高，也可用于巩固知识，训练学员分析、解决问题的能力与人际交往的能力。

（2）研讨培训一般都以课题演讲为主，中途和课后允许学员与培训导师进行沟通互动。优点是信息可以多向传递，与讲授法相比反馈效果更好。

例如：培训导师可以将员工进行分组（如图 2.15 所示），提出问题“收录标题关键词的方式有哪些？”并让员工以分组的形式进行讨论，最终以分组的形式进行回答从而得出问题的答案。

图 2.15 讨论培训

4. 角色扮演培训

角色扮演培训时可以让培训老师和其他学员给角色扮演的学员进行适当的点评。由于信息传递多向化，反馈效果好、实践性强，因而多用于人际关系能力的训练。

例如：找两位员工分别充当买家和卖家，培训导师创建一个场景“淘宝买家的购物习惯”，让这两位员工进行买家购物的现场模拟（如图 2.16 所示），增加了培训的趣味性，这样更容易让学员记住培训内容。

图 2.16　角色扮演培训

5. 互动小组培训

互动小组培训适用于中高层管理人员，其中包含沟通与实践训练。可以让学员在培训过程中亲身体验，提高学员的人际关系处理能力。

例如：以“运营 + 美工 + 客服”三人为一组的方式进行分组（如图 2.17 所示），并根据电商中的不同岗位设定不同的问题，以互动小组的方式进行问题的研究，综合分析后以抢答的方式回答问题。

图 2.17　互动小组培训

技能四　培训课程分类

企业的最终目标是盈利，而针对这一目的成立的培训课程，应按照岗位划分课程分类。

与文化教育的课程相比，其功利性较为突出，目标是尽量在短期内将所学内容转化为工作绩效。接下来通过运营部、视觉部、客服部、仓库部的课程介绍来对各岗位培训课程进行分类（如图 2.18 所示）。

图 2.18 培训课程分类

一、运营部课程

运营部在电商企业属于管理层的职能部门，不仅要负责店铺整体的运营把控，而且对营销、管理、平台规则、人员协作、绩效考核等工作也要尽数了解。下面通过天猫开店规则、店铺内功优化、数据分析、营销玩法策划、引流技巧、文案提炼这六个知识点来了解运营部门的课程。

（一）天猫开店规则

开店前期首先要学习天猫规则，需要在规则的范围内正当行使商家的权利，完成官方的考核任务，顺利完成店铺的入驻和年度续签；然后再逐渐学习其他规则，避免违规，造成不必要的经济损失。下面通过基本规则、入驻规则、资费规则、续签考核规则来学习天猫规则。

1. 天猫基本规则

可通过天猫网（www.tmall.com）右上角商家支持（如图 2.19 所示）—天猫规则（如图 2.20 所示）—天猫规则细则（如图 2.21 所示），在左侧导航栏找到需要学习的规则。

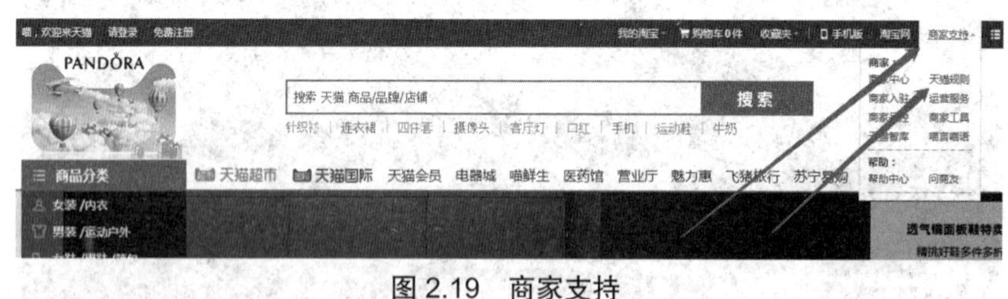

图 2.19 商家支持

天猫商家 | 天猫规则

图 2.20 天猫规则

规则体系

- 天猫规则
- 招商入驻
- 经营管理
- 违规管理
- 营销推广
- 消费者保障
- 公告
- 规则解读
- 法律声明及隐私权政策
- 历史规则

首页 > 规则全文 > 天猫规则

天猫规则　　发布时间：2019-06-11

第一章　概述

第一条【规则体系】作为淘宝平台的一部分，天猫（域名为tmall.com的网站及其客户端）的规则体系包含适用《淘宝平台规则总则》、《淘宝平台争议处理规则》、《淘宝平台违禁信息管理规则》、《淘宝平台商品价格发布规则》、《淘宝交互信息规则》等淘宝平台规则。此外，基于天猫市场的特殊性及业务发展需要，天猫进一步制定了仅适用天猫生态各方的规则内容。

第二条【适用原则】特别规定与一般规定不一致的，适用特别规定；新的规定与旧的规定不一致的，适用新的规定。

第二章　招商入驻及经营管理

第三条【准入原则】天猫将按照以下原则执行准入：

（一）天猫可根据自身经营策略及实际情况（包括经营目标及现状、品牌需求、服务水平等因素）优先选择更契合天猫定位、可以更好为买家服务的商家。

（二）天猫将结合国家相关规定、各行业发展动态及买家需求，不定期更新准入原则及相关标准，具体以商家实际入驻时公示的内容为准。

第四条【入驻流程及条件】

（一）入驻流程：商家应按照天猫招商入驻流程完成保证金缴存、软件服务年费（下称“年费”）预缴、商品发布等环节，方可成功入驻；如逾期未完成指定环节，则本次入驻申请失效，需重新申请。

（二）准入条件：天猫在企业类型及名称、品牌等方面对申请入驻的商家设有一定的准入条件，具体可详见《天猫入驻标准》；同时，申请开设不同类型店铺、经营不同类目商品的商家要求具备相应的资质，具体可到商家入驻要求页面查看。商家在后续实际经营过程中应遵守《天猫在营店铺资质管理办法》持续符合《天猫在营商家资质标准》。

第五条【经营扩展】申请新增品牌或品类，需要符合《天猫允许跨类目经营的商品列表》，并按规定提交资质进行审核，详见《天猫在营店铺申请新增品牌资质细则》和《天猫在营店铺申请新增品类资质细则》。

第六条【经营规范】商家应遵守所在行业的经营规范要求，商家进入特殊市场或销售特殊类目商品的，应遵守对应特殊市场及特殊商品的特殊经营规范。

图 2.21　天猫规则详细页面

天猫规则相当于一本书的总体大纲，起到了一个分类指引的作用，它简单地介绍了入驻流程、消费者保障、营销、市场管理及违规处理的对应规则，课程须以规则内的细则为基础展开培训。

2. 入驻规则

天猫会根据商家品牌、企业实际经营情况、服务水平等综合因素评判是否准许商家入驻天猫平台。天猫将结合国家相关规定、各行业发展动态及消费者购买需求，不定期更新入驻标准。下面通过“商家资质”“天猫店铺类型及要求”“入驻限制”“跨类目经营限制”“同一主体开多家天猫店铺限制”“同一主体重新入驻天猫限制”“天猫限制入驻”来了解天猫平台的入驻规则。

1）商家资质

申请入驻及后续经营阶段提供的相关资质和信息（包括但不限于商标注册证、授权书）如图 2.22 所示。

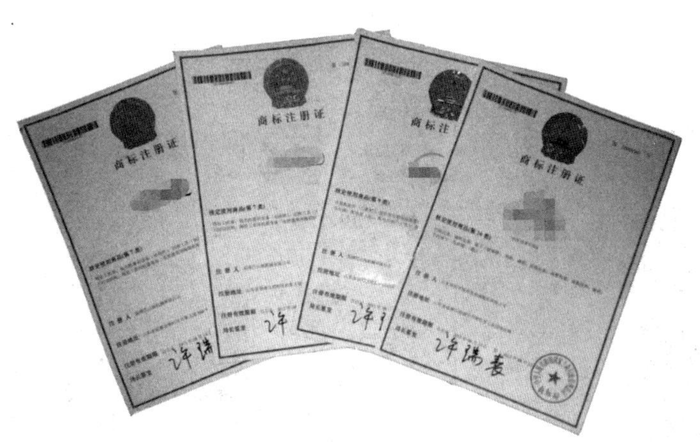

图 2.22　商标注册证

要保证信息的真实性，如果发现有作假的行为，一旦被发现，商家公司将被列入非诚信客户名单，天猫不会再与其进行合作。

入驻时要提供真实店铺运营的主体及相关信息，包括但不限于实际店铺经营主体和代

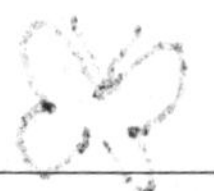

理运营商信息等。

2)天猫店铺类型及要求

天猫的店铺分为三大类:旗舰店、专卖店、专营店。

(1)旗舰店。旗舰店指以自有品牌或由商标权利人提供的独占授权的品牌入驻,在天猫开设的店铺。

经营一个品牌的旗舰店,如图 2.23 所示。

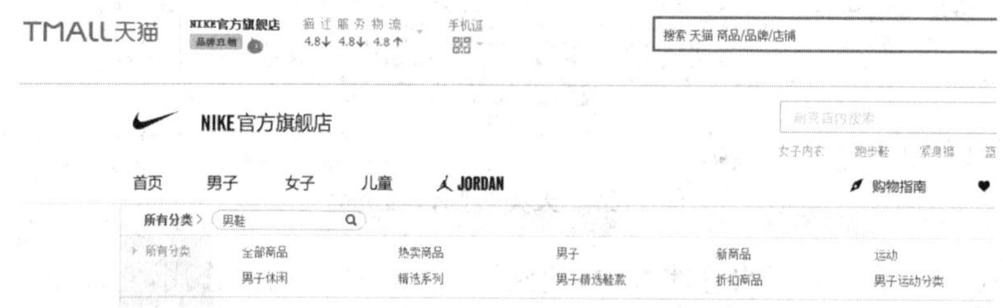

图 2.23 官方旗舰店

经营多个品牌且各品牌归同一实际控制人的旗舰店,如图 2.24 所示。

图 2.24 多品牌旗舰店

以服务类商标开设且经营多个品牌的旗舰店(以下称"卖场型旗舰店"),如图 2.25 所示。

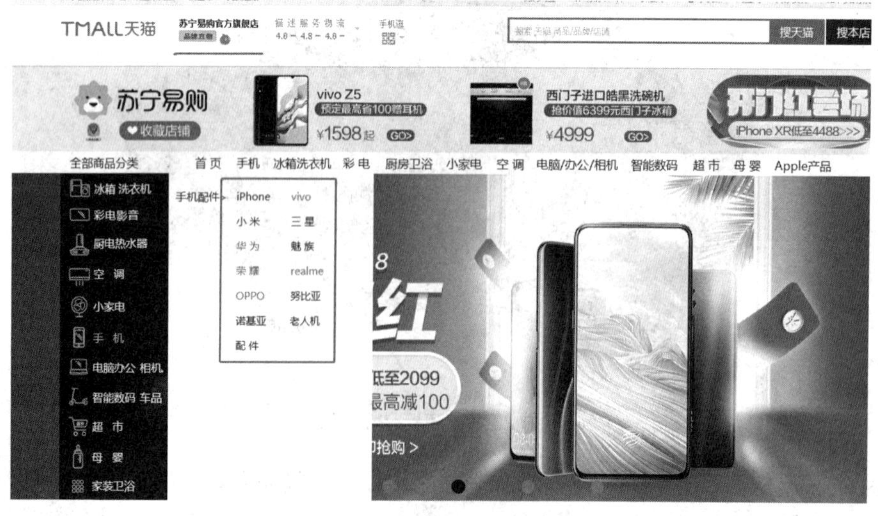

图 2.25 卖场型旗舰店

（2）专卖店。持有商标（品牌）权利人授权的代理文件不得有地域限制（个别类目除外），且授权有效期要在半年以上。如图 2.26 所示，经营一个品牌的专卖店或经营多个品牌且各品牌归同一实际控制人的专卖店。

图 2.26　专卖店

（3）专营店。专营店指经营两个及以上品牌的店铺，如图 2.27 所示。

图 2.27　专营店

3）入驻限制

不同类目的规则发布对应的宝贝数量不同，商家须在费用缴纳成功之日起 30 天内发布规定数量的宝贝，如逾期未操作，本次入驻申请失效，需重新提交入驻申请。

查找类目对应商品数操作如下，可通过天猫网（www.tmall.com）右上角商家支持—帮助中心查看信息（如图 2.28 所示）。

图 2.28　帮助中心

进入帮助中心后，在网页中搜索“天猫各大类店铺上线前发布商品数是多少”（如图 2.29 所示）。

搜索后会弹出“大类”“一级类目”“开店前需发布的商品数量”等对应信息，店铺根据提示发布对应产品数量即可（如图 2.30 所示）。

图 2.29　搜索问题

图 2.30　问题结果页面

4）跨类目经营限制

专营店（部分特殊商品除外）不允许跨经营大类，详情请参照天猫允许跨类目经营的商品列表。

5）同一主体开多家天猫店铺限制

（1）店铺间经营的品牌或商品不得重复。

（2）一个经营大类下专营店只能申请一家。

6）同一主体重新入驻天猫限制

（1）严重违规、资质造假等被天猫清退的，永久限制入驻。

（2）一个自然年内主动退出 2 次的，6 个月内限制入驻。

7）天猫限制入驻

（1）天猫暂不接受个体工商户的入驻申请，也不接受非中国大陆企业的入驻申请。

（2）天猫暂不接受未取得商标注册证或商标受理通知书的品牌的入驻申请（部分类目进口商品除外），亦不接受纯图形类商标的入驻申请。

（3）天猫暂不接受与阿里巴巴集团控股有限公司及其子公司和关联公司（以下合称“阿里巴巴”）的品牌、业务等相同或近似的公司的入驻申请。

（4）天猫暂不接受以“网”“网货”结尾的品牌。

（5）天猫暂不接受包含行业名称、通用名称、知名人士或地名的品牌。

（6）天猫暂不接受与知名品牌相同或近似的品牌。

3. 资费规则

既然要开通天猫店铺，运营就需要了解开店时准备缴纳的各项服务资费情况，提前为店铺开通做好准备，下面以店铺保证金、软件服务年费、实时划扣软件服务费进行深入了解。

1）店铺保证金（可退还）

（1）旗舰店、专卖店：持商标注册受理通知书的店铺保证金为人民币 10 万元，持注册商标的店铺保证金为人民币 5 万元。

（2）专营店：持商标注册受理通知书的店铺保证金为人民币 15 万元，持注册商标的店铺保证金为人民币 10 万元。

（3）卖场型旗舰店，店铺保证金为人民币 15 万元。

（4）经营未在中国大陆申请注册商标的特殊商品（如进口商品等）的专营店，店铺保证金为人民币 15 万元。

（5）店铺保证金不足时，商家需在 15 日内补足，逾期未补足的，天猫将对店铺进行监管，直至补足。

2）软件服务年费（年费）

商家在天猫经营必须交纳年费，各个类目的年费不同，对于达到类目指定的销售额，官方会给予年费折扣，或者免年费。年费缴纳及结算详见《天猫 2019 年度软件服务年费缴纳、折扣优惠及结算标准》。

商家可通过天猫网（www.tmall.com）右上角商家支持（如图 2.31 所示）—天猫规则—在左侧导航栏中找到关于需要学习的规则。

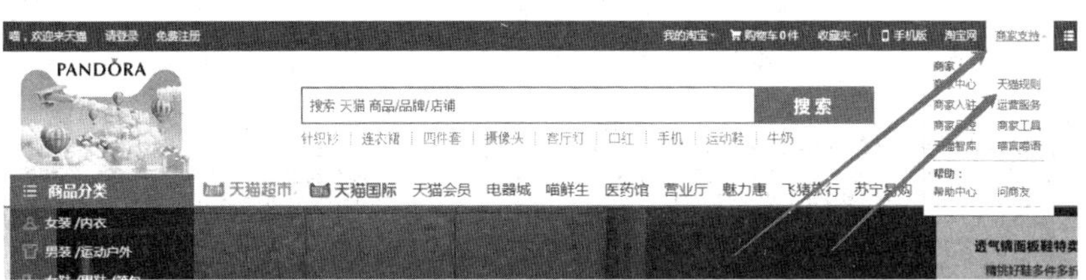

图 2.31　商家支持

在“规则体系”下方找到“资费标准”并点击右侧的《天猫 2019 年度软件服务年费缴纳、折扣优惠及结算标准》进入查看（如图 2.32 所示）。年费细则如图 2.33 所示。

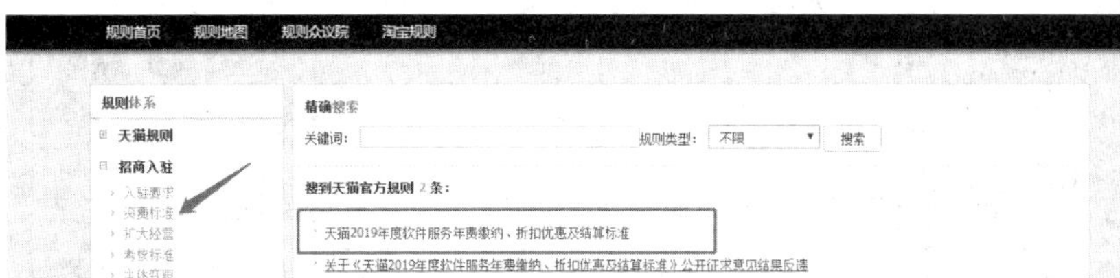

图 2.32　资费标准

天猫2019年度软件服务年费缴纳、折扣优惠及结算标准 发布时间：2018-12-24

本规则于2019年1月1日生效，于2019年5月6日修订。

一、年费缴纳

商家在天猫经营必须缴纳软件服务年费（以下简称"年费"），年费金额参照商家经营的一级类目，分为人民币3万元、6万元两档，各一级类目对应的年费标准详见《天猫2019年度各类目年费软件服务费一览表》。

涉及跨类目经营的年费缴纳，全部参照相对高的类目的标准，即入驻时缴纳年费的全额参照商家选择经营的类目中对应年费金额的最高档；若在经营过程中增加年费金额相对高的类目，在合同截止日期之后根据实际结算结果补交差额部分。

商家年费缴纳时间如下：

1、续签商家需在2018年12月26日18时前一次性预缴2019年的年费；

2、新签商家在申请入驻审核通过的15天内，根据合同有效期限一次性预缴合同实际剩余月数年费。

二、年费折扣优惠

为鼓励商家提高服务质量、扩大经营规模，天猫将对软件服务年费有条件地向商家给予商业折扣，折扣比例为年费的50%和100%两档（新车/二手车及整车（经销商）类目除外）。实际经营期间折扣给予条件参照以下指标（下称"结算标准"）：

1、店铺当年实际经营期间，销售额最高类目的基础服务考核分达到《天猫2019年度各类目年费软件服务费一览表》中基础服务考核分标准；

2、未因违规行为/资质造假被清退的；

3、未因虚假交易和/或不当使用他人权利的一般违规行为，单次扣分大于等于12分累计达2次及以上；

4、达到《天猫2019年度各类目年费软件服务费一览表》中软件服务年费金额及各档折扣比例对应的年销售额【即：商家当年所有交易状态为"交易成功"的订单金额总和（虚假的交易订单等违规订单除外），该金额中不含运费，亦不包含因维权、售后等原因导致的失败交易金额及一级类目名称为"其他"项下的交易金额】。协议有效期跨自然年的，则非2019年的销售额不包含在年销售额内；

5、"新车/二手车"、"整车（经销商）"类目，年费结算具体以《天猫2019年度各类目年费软件服务费一览表》中为准。

图 2.33　年费细则

3）实时划扣软件服务费（扣点）

商家在天猫经营需要按照其销售额的一定百分比（简称"扣点""费率"）缴纳软件服务费。天猫各类目软件服务费费率标准详见《2019 年天猫各类目年费软件服务费一览表》。商家可通过天猫网（www.tmall.com）右上角商家支持—天猫规则，在左侧导航栏中找到关于需要学习的规则（如图 2.34 所示）。

《天猫2019年度各类目年费软件服务费一览表》 发布时间：2018-12-24

本规则于2019年1月1日首次生效，于2019年7月22日修订。

《天猫2019年度各类目年费软件服务费一览表》

备注：

1、涉及跨类目经营的费用缴纳及折扣，全部参照相对高的类目的标准。即入驻时缴纳年费的金额参照商户选择经营的类目中对应年费金额的最高档；结算时，不涉及新车/二手车或整车（经销商）类目的商户按照有效月份内销售额最高类目对应的年费金额及折扣标准进行结算；涉及新车/二手车或整车（经销商）类目的商户仍按照年费金额标准最高的类目进行年费金额及折扣的计算。

除表格中规定的销售额条件外，商户店铺在协议期间（包括期间内到期终止和未到期终止，实际经营期间未满一年的，以实际经营期间为准）内出现以下任一情形不予年费折扣优惠：

1）销售额最高类目的基础服务考核分低于标准要求；

2）因违规行为/资质造假被清退的；

3）因虚假交易和/或不当使用他人权利的一般违规行为，单次扣分大于等于12分累计达2次及以上的。

2、由于类目划分较细，二级类目、三级类目仅列出与一级类目扣点或固定年费不同的类目，各一级类目下完整的二级类目、三级类目列表以商品展示页面为准。

3、该标准在法律允许范围内如需调整，天猫将依法提前公示并通知商家。

天猫经营大类	一级类目	软件服务费费率	二级类目	软件服务费费率	三级类目	软件服务费费率	四级类目	软件服务费费率	软件服务年费（元）	基础服务考核分标准	享受50%年费折扣优惠对应年销售额（元）	享受100%年费折扣优惠对应年销售额（元）
服饰	服饰配件/皮带/帽子/围巾	5%							30, 000	3.0	180, 000	600, 000
	女装/女士精品	5%							60, 000	2.9	360, 000	1, 200, 000
	男装	5%							60, 000	2.9	360, 000	1, 200, 000
	女士内衣/男士内衣/家居服	5%							60, 000	2.9	180, 000	600, 000
鞋类箱包	箱包皮具/热销女包/男包	5%							60, 000	2.7	180, 000	600, 000
	女鞋	5%							60, 000	3.0	180, 000	600, 000
	流行男鞋	5%							60, 000	3.0	180, 000	600, 000

图 2.34　软件服务费费率

4. 续签考核规则

天猫店铺下一年是否能正常运营，要看店铺上一年完成的各项指标是否达到官方平台要求的标准，如果通过考核，也就具备了下一年续签店铺的能力；反之则与店铺取消下一年的合作。下面通过考核对象、考核周期、考核标准需要同时满足的条件以及标准说明来学习店铺续签考核规则。

1）考核对象

天猫商家均须参加考核且须符合该考核标准（含下表中具体“考核指标”要求），如不符合任何一项考核指标要求的，将无法继续在天猫经营。

2）考核周期

（1）2019 年 1 月 1 日起，以 12 个自然月为一个考核周期，进行循环制考核。因服务开通时间（即店铺上线时间）不同，考核起始月区分如下：

①开通时间在 2018 年 10 月 1 日之前的商家，自 2019 年 1 月 1 日 0 时开始正式考核；

②开通时间在 2018 年 10 月 1 日至 2018 年 12 月 31 日的商家，2019 年 1 月 1 日至 2019 年 3 月 31 日为免考期，2019 年 4 月 1 日 0 时至 2020 年 3 月 31 日 24 时为试考期，2020 年 4 月 1 日 0 时开始进入正式考核；

③服务开通时间在 2019 年 1 月 1 日及之后的商家，店铺上线后的前 3 个月为免考期，第 4 个月开始进入考核，其中第 4 至第 15 个月为试考期，第 16 个月起进入正式考核。

（2）循环制考核是指一个考核周期结束后，自动进行下一个考核周期。例如：商家自 2019 年 2 月 1 日 0 时开始考核，2020 年 1 月 31 日 24 时考核结束；2020 年 2 月 1 日 0 时进入第二个考核周期。

3）考核标准需要同时满足的条件

（1）店铺销售额应达到对应类目考核标准；

（2）基础服务分应达到对应类目考核标准；

（3）店铺评分（DSR）应达到对应类目考核标准。

4）标准说明

（1）免考期。时间始于每月 15 日前（包含 15 日）的商家免考期从当月 1 日起计算 3 个自然月，服务开通时间晚于每月 15 日的商家免考期从次月 1 日起计算 3 个自然月。

（2）试考期。免考期结束后的 12 个自然月为试考期，运动户外、男装、女士内衣 / 男士内衣 / 家居服、女鞋、流行男鞋、手表类目试考期的店铺销售额要求为正式考核期店铺销售额要求的 25%，其他类目试考期的店铺销售额要求为正式考核期店铺销售额要求的 50%，其他指标与正式考核期指标保持一致。

（3）店铺销售额。在考核期间，商家所有交易状态为“交易成功”的订单金额总和（虚假的交易订单等违规订单除外）为店铺销售额。该金额中不含运费，亦不包含因维权、售后等原因导致的失败交易金额及一级类目名称为“其他”项下的交易金额。

（4）基础服务考核分。基础服务考核分是天猫综合商家店铺的商品体验、物流体验、售后体验、咨询体验、纠纷投诉五个维度的表现所得出的体现商家综合服务能力的综合分值。基础服务考核分指标采取月度考核的模式，在 12 个月的考核周期内，累计一定的月数不达标，店铺将无法继续在天猫经营。

（5）涉及跨类目经营的商家。涉及跨类目经营的商家按照店铺主营类目相对应的标准进行考核，其中店铺销售额及店铺评分（DSR）会依据商家在考核期结束当日店铺主营类目的考核标准进行考核，基础服务考核分会依据商家在考核当月最后一天店铺主营类目的考核标准进行考核。

商家可通过天猫网（www.tmall.com）右上角商家支持—考核标准，在左侧导航栏中找到关于需要学习的规则（如图 2.35 所示）。

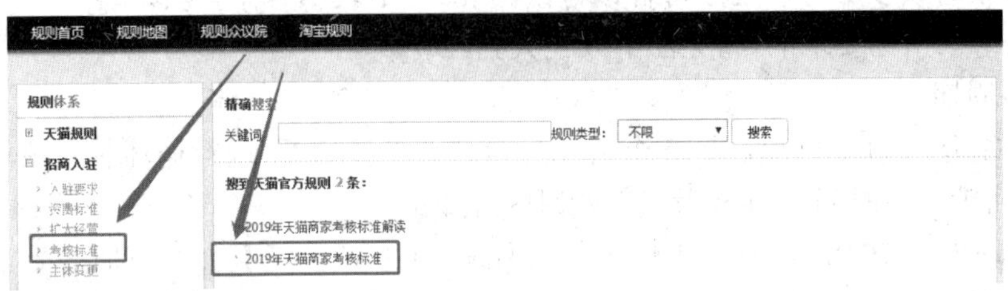

图 2.35　天猫商家考核标准

点击网页中间“2019 天猫商家考核标准”即可查看对应类目的考核指标（如图 2.36 所示）。

<table>
<tr><th rowspan="2">天猫经营大类</th><th rowspan="2">一级类目</th><th rowspan="2">二级类目</th><th colspan="2">基础服务考核</th><th rowspan="2">店铺评分（DSR）</th><th rowspan="2">店铺销售额（元）</th></tr>
<tr><th>基础服务考核分标准</th><th>基础服务考核分累计不达标月数</th></tr>
<tr><td rowspan="3">服饰</td><td>服饰配件/皮带/帽子/围巾</td><td></td><td>2.3</td><td><4</td><td>不考核</td><td>150,000</td></tr>
<tr><td>女装/女士精品</td><td></td><td>2.5</td><td>冬季品类店铺：<6；非冬季品类店铺：<4</td><td>不考核</td><td>冬季品类店铺：150000；非冬季品类店铺：300000；</td></tr>
<tr><td>男装</td><td></td><td>2.3</td><td>冬季品类店铺：<6；非冬季品类店铺：<4</td><td>不考核</td><td>冬季品类店铺：300000；非冬季品类店铺：600000；</td></tr>
</table>

图 2.36　各类目考核指标对应的分数标准

（二）店铺内功优化

网店在日常运营中，店铺的每一项优化，都是店铺提升的不断积累，通过不断的优化，建立流量闭环，店铺品质有所提升，合理规划产品分类，销售额也会提高。下面通过店铺装修的操作步骤、产品标题的优化、产品主图详情的优化来深入了解店铺的内功优化。

1. 店铺装修的操作步骤

（1）在天猫后台的“店铺管理”中找到“店铺装修”，点击进入（如图 2.37 所示）。

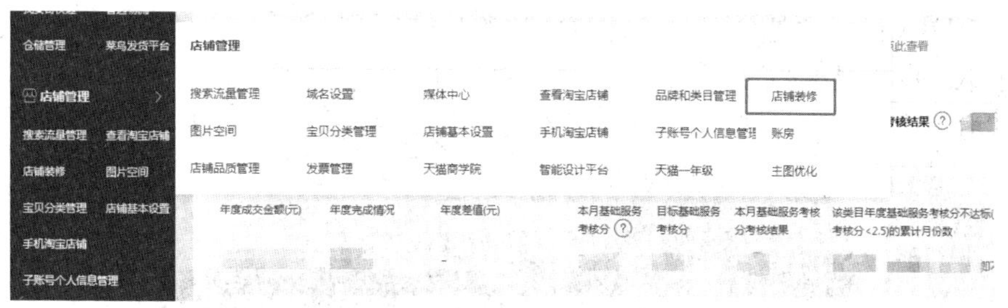

图 2.37　店铺管理

（2）在顶部的菜单栏中找到“店铺装修”选项并点击进入（如图 2.38 所示）。

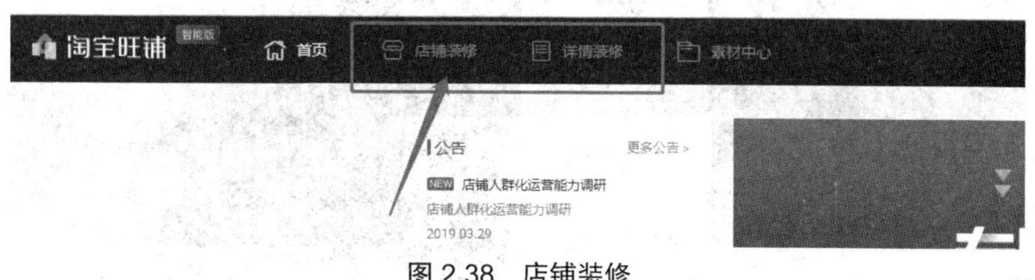

图 2.38　店铺装修

（3）进入新建装修页面，可以看到很多个可以拖动的装修模块（如图 2.39 所示）。

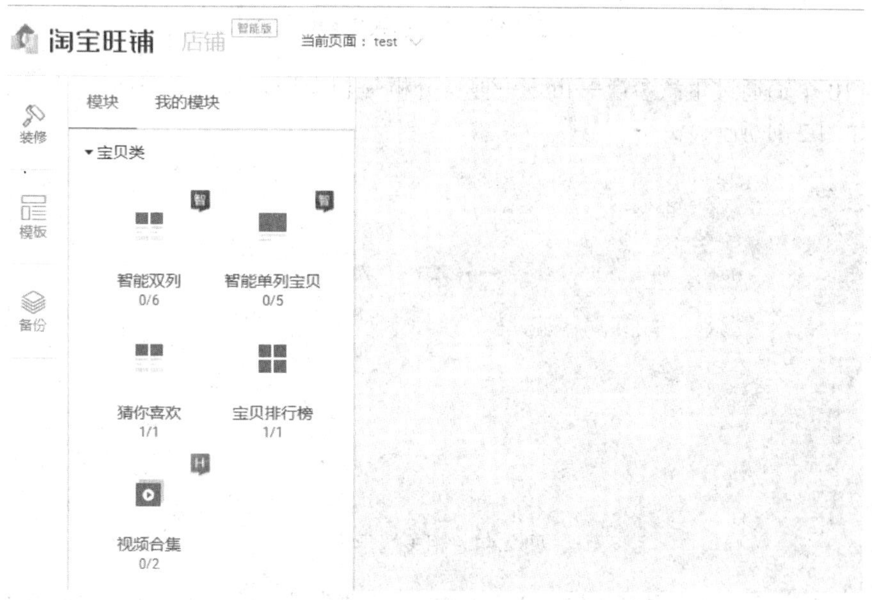

图 2.39　装修模块

（4）将美工做好的图片传入对应的模块中，添加好对应跳转的产品链接即可（如图 2.40 所示）。

2. 产品标题的优化

标题是由不同的关键词组成的，所以优化标题之前要先找到关键词。通过后台生意参谋可以找到非常精准且流量大的关键词。下面以生意参谋找词法为例，介绍找词的方法。

选择商品所在子类目的热搜词，在这些词中找 10 个左右的大词（具体数量根据类目情况而定)，所谓大词通常是名词，如“运动鞋”“跑步鞋”，且长度只有一级。找这些大词的目的是为了下一步拓展更多的关键词(为了方便后面的讲解，这里定义一下:“跑步鞋”为一级词，“跑步鞋 透气”为二级词，“跑步鞋 透气 超轻”为三级词，以此类推)。

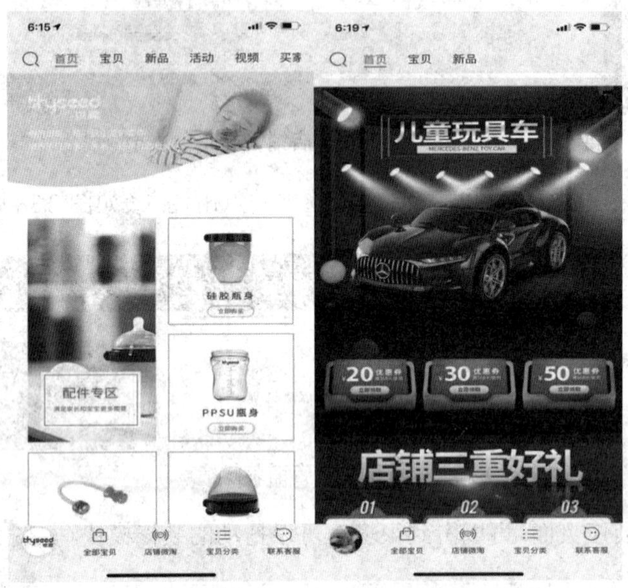

图 2.40 模块植入图片

把这 10 个词通过生意参谋—市场—搜索分析—相关搜索词进行查询，每个主词可扩展关键词(如图 2.41 所示)。

统计时间 2019-07-03 ~ 2019-08-01

搜索词	搜索人气	搜索热度	点击率	点击人气	商城点击占比	操作
跑步鞋	133,639	298,213	103.62%	96,564	84.98%	搜索分析 人群分析
跑步鞋女	93,759	245,648	114.27%	78,550	79.68%	搜索分析 人群分析
跑步鞋 男	91,247	216,075	97.28%	71,681	87.94%	搜索分析 人群分析
运动鞋女 跑步鞋	82,398	203,179	94.91%	64,736	73.94%	搜索分析 人群分析

图 2.41 相关搜索词

扩展的方法按照算竞争度指数的方法收集拓展关键词。拓展的关键词要以表格的形式作出数据分析，主要以竞争度指数为主，竞争度指数 = 搜索人气指数 / 在线商品数。竞争度指数越大，说明该关键词的竞争力越大，因为搜索的人越多，竞争的商品越少，比值越大，所以，可竞争市场的机会就越大。将竞争度指数按降序进行排列(如图 2.42 所示)。

如果做跑步鞋，“跑步鞋女 轻便 软底”或者“跑步鞋男 运动 减震”等关键词便可以加入商品标题中，也可以对产品标题进行适当的优化。

搜索词	搜索人气	搜索热度	在线商品数	竞争度指数
跑步鞋女 轻便 软底	30873	72460	127555	=B2/D2
跑步鞋男 运动 减震	29590	66031	125632	0.235529165
耐克跑步鞋男	27527	68883	313690	0.087752239
耐克跑步鞋	25695	60892	306348	0.083875201
跑步鞋女	93759	245648	1582211	0.059258215
跑步鞋 男	91247	216075	1567624	0.058207198
运动鞋女 跑步鞋	82398	203179	1925445	0.042794263
跑步鞋男	29339	68885	1567624	0.018715585
运动鞋男 跑步鞋	42159	96786	2368230	0.017801903

图 2.42　竞争度指数

3. 产品主图详情的优化

1)收集竞店竞品和市场热品的优秀创意元素及文案

以平衡车类目为例:搜索关键词“平衡车”产品(如图 2.43 所示)。

图 2.43　收集创意元素及文案

很明显框中的商品的创意和压痕色搭配是与众不同的,当买家浏览时就能优先注意到这两款产品。这种文案和颜色元素搭配的效果会提高产品的点击率,可以和美工人员一起来讨论优化方向,先收集这些视觉感较强的创意,让店铺的产品通过类似创意的设计更好地展现给消费者。

2)收集竞品和自身产品的评价中的买家诉求点

收集客户的评价是为了从中吸取教训,从而使自身在这方面不断改进并提高,不要明知故犯。

如图 2.44 所示,买家的诉求点为:①宝贝小;②续航时间短;③刹车失灵,质量问题;

④到货破损，“三无”产品。从简短的评价中，就可以了解买家关心的问题，所以要对详情页做对应的优化，应该明确标注使用的真实公里数和续航时间。从到货破损可以看出产品的包装也是有提升空间的，“三无”产品更是不符合国家法律法规，所以可以通过买家诉求频率最多的问题进行有针对性地解决，可以把买家关心的问题做成创意，放在主图或者详情页靠上的位置，告诉买家担心的问题都已解决，能打消买家的疑虑，更利于买家快速下单。

图 2.44　收集买家诉求点

3）打造差异化的主图详情

主图的点击率直接影响宝贝的权重，间接地影响产品的销售额，点击率低就意味着访客少。如图 2.45 所示是各商家打造的差异化主图，有些商家找明星代言，又升级越野大轮，有的商家卖大品牌，有的商家把价格一降到底。因为针对的人群不同，展现出来的利益点也就不同，有人喜欢追星，有人喜欢性价比，有人喜欢赠品，但如果都是一个模子刻出来的主图，大多数买家就会直接选择销量多、评价好的产品进行购买。

图 2.45　打造差异化主图

（三）数据分析

运营可以通过每天记录的数据，清晰地掌握店铺各维度的细微变化，通过生意参谋—流量看板（如图 2.46 所示），便可知道店铺目前的流量状态。

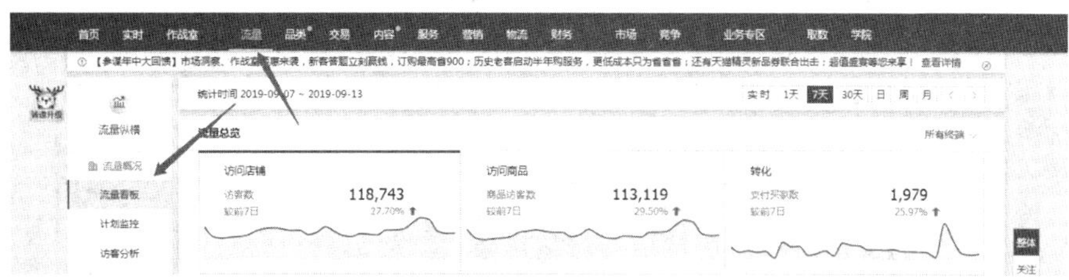

图 2.46　流量看板

（1）查看店铺访客数据：在“流量看板”页面可以看出，店铺昨天访客数比照近七天访客数趋势是下降的。可以通过店铺生意参谋后台“昨天”和“近七天”对流量趋势进行合理的分析（如图 2.47 所示），如果发现最近的流量情况不稳定，则要一步一步地分析出原因。

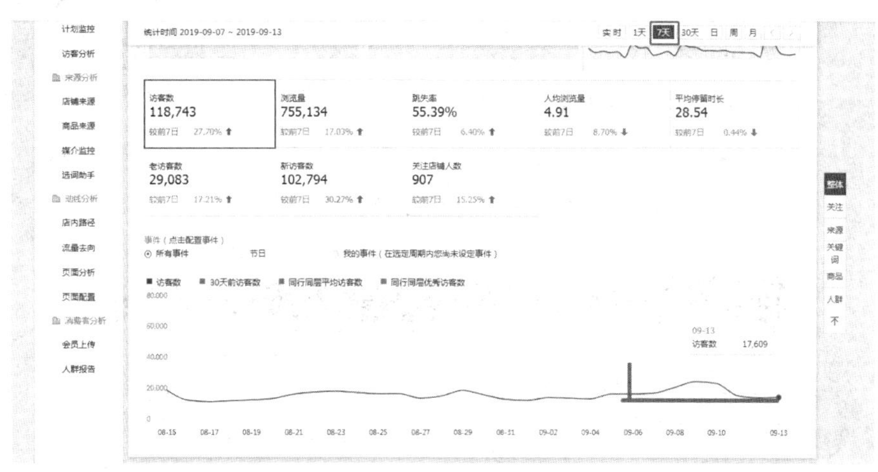

图 2.47　查看店铺访客数据

（2）对比市场大盘数据：发现店铺访客趋势下降时要先看同行市场的流量趋势变化。查看路径为生意参谋—市场—市场大盘（如图 2.48 所示）。通过市场大盘和店铺的访客趋势对比，可以看出市场最近的访客变化趋势和店铺的变化走势相符，所以无须特别担心，这时还可以用另外一种方式进行证实。

（3）对比同层商家数据：勾选生意参谋—流量看板中的“同行同层平均访客数”即可显示出对比的趋势图（如图 2.49 所示）。从图 2.49 中可看出同行同层级的商家访客趋势和店铺的趋势相符，说明目前同行同层级的平均访客也是下降的趋势。

虽然访客的趋势都是下降的，但由图 2.49 可看到同行同层平均访客数比自己店铺的访客多，那么就要分析原因，我们的访客少在哪里？找出市场与本店的数据差异的地方，进行分析并作出对应的解决方案。可通过商家后台—生意参谋—市场—竞争（需要升级软件版本），找到与同行竞店对比的数据（如图 2.50 所示）。

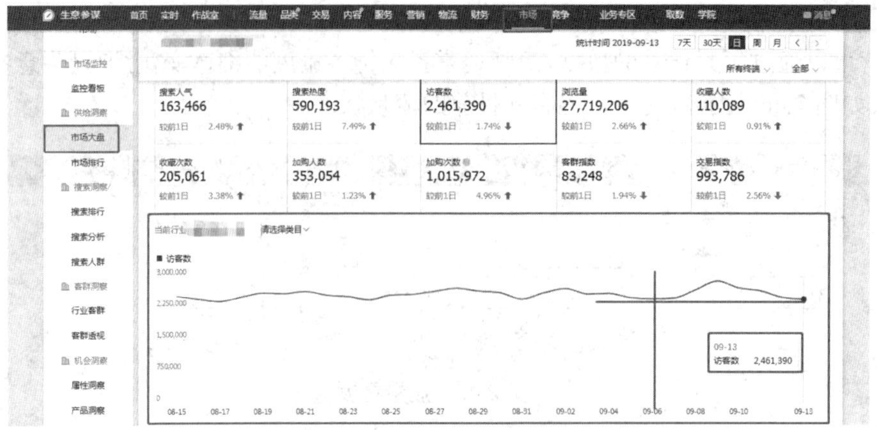

图 2.48 对比市场大盘数据

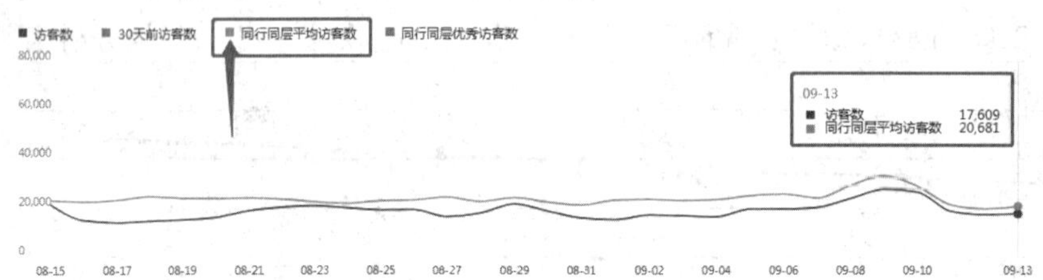

图 2.49 对比同层商家数据

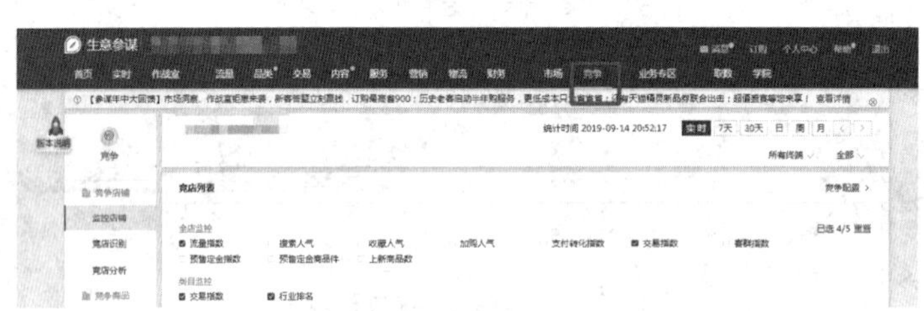

图 2.50 竞争分析

通过和竞店的数据比较,可以看出店铺的流量是否正常(如图 2.51 所示)。如果发现同行业和自身店铺有共同的特点,比如固定的哪两天流量少,这两天则属于这个类目的流量低谷点。举个特别明显的例子,在食品—月饼类目,从图 2.52 可以看出月饼行业的“搜索人气”,也就是访客趋势,整个月饼的大盘行情则表示流量从 6 月末开始增多,这是因为有买家对月饼有期望值并且产生了搜索,或者是由卖家的一些手段提前开始对产品进行布局。从曲线趋势数据可以看出,过了 9 月份,搜“月饼”的人越来越少,这个时期属于行业的低谷,没有流量,即使推广得再好,几乎也是徒劳,因为做市场要顺势而行,低谷时做好布局和策划,爆发时想尽可能多的方法,让店铺有更多爆发点。

销售额 = 访客 × 转化率 × 客单价,由此访客和销售额成正比,在客单价和转化率固定的情况下,由图 2.52 中 8~9 月搜索人气上升的趋势可以推算出,8~9 月的销售额趋势势必大幅度上升,实际交易趋势(如图 2.53 所示)。

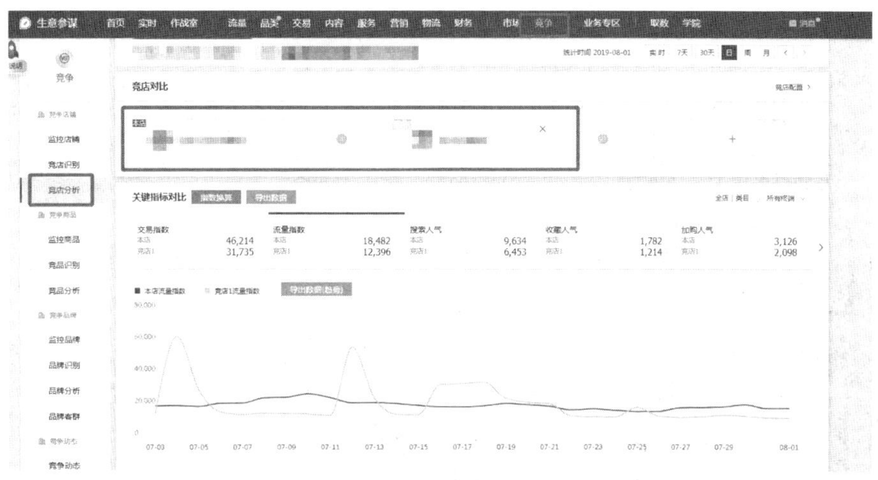

图 2.51　竞店分析

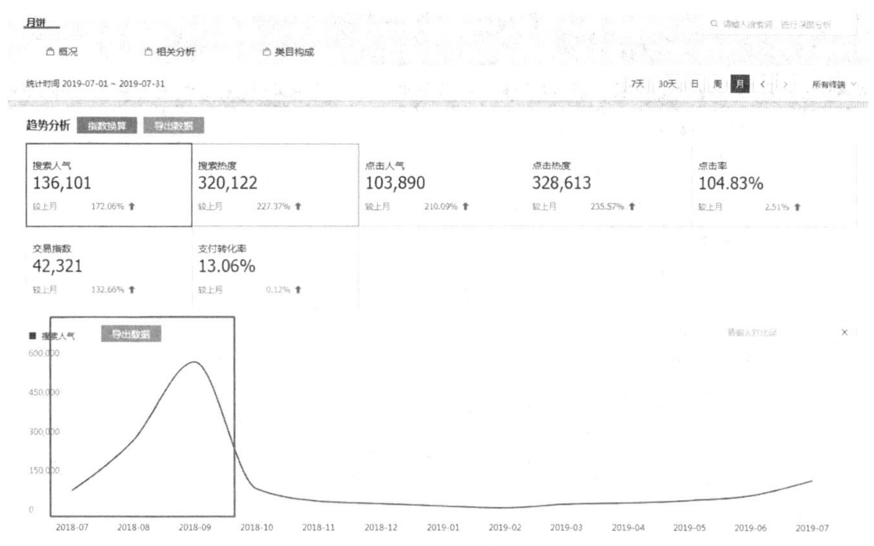

图 2.52　访客趋势

如果要做年度规划，则需要保留数据，具体要用到 Excel 表格记录，方法如下：打开生意参谋后台—进入取数页面—新建一个店铺数据的报表（如图 2.54 所示）。把需要记录的数据全部选好后，点击下方的生成报表（如图 2.55 所示）。需要查看阶段性对比数据时，对已生成的表格进行下载查看和对比（如图 2.56 所示）。

用 Excel 保存的文件，可以在以后的工作中反复查看、反复对比，在这个阶段参加了什么样的活动，销售额是多少，通过报表可以掌握店铺的发展趋势，制定网店的战略目标。

（四）营销玩法策划

天猫的各种营销玩法会大大提升店铺的销售额和流量，所以培训营销玩法是非常有必要的，其包括营销平台活动报名、官方活动报名、满送、买赠、打折、红包、淘金币、阶梯价、一口价、优惠券、组合套餐等营销工具。可通过商家后台—左侧导航栏营销工具中心—天猫商家推荐（全部工具）熟悉活动的创建和玩法（如图 2.57 所示）。

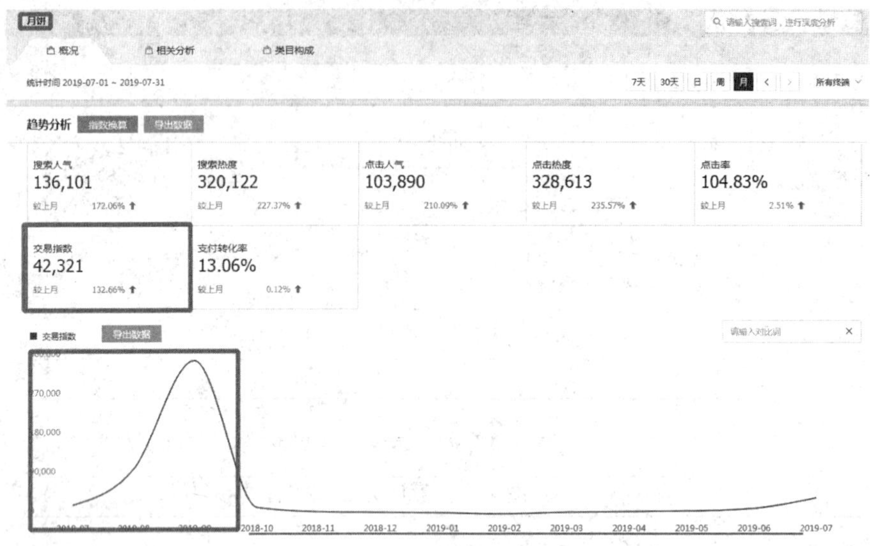

图 2.53 销售额趋势

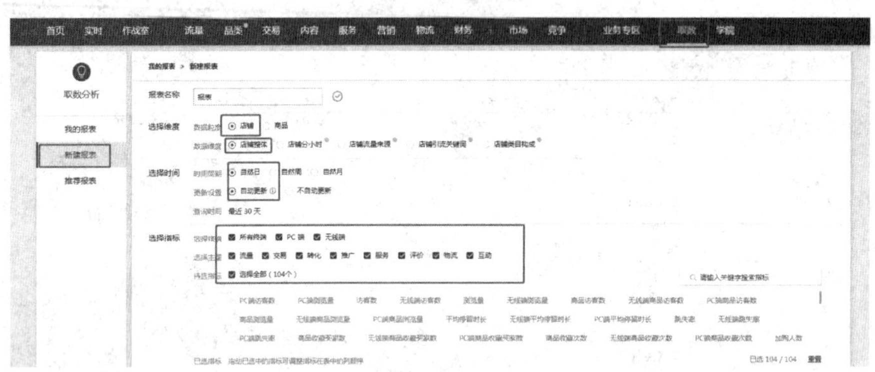

图 2.54 新建报表

我的报表　　+ 新建报表

个人报表　公共报表

报表名称（28个）	数据维度	时间周期	时间范围	创建人	操作
日报	店铺整体	自然日	最近30日		预览 加入我的报表 下载
11月度报表	店铺整体	自然月	最近6月		预览 加入我的报表 下载
月度销售额	店铺整体	自然日	最近30日		预览 加入我的报表 下载
日报2	店铺整体	自然日	2018-06-15 ~ 2018-06-15		预览 加入我的报表 下载

图 2.55 生成报表

（五）引流技巧

通过培训的课程需要了解免费引流、付费引流、关键词排名、提高店铺权重、宝贝链接权重等引流技巧。还可以通过淘宝网（www.taobao.com）右上角“千牛卖家中心”导航菜单—卖家培训中心—淘宝大学，搜索有关课程（如图 2.58 所示）。

进入卖家培训中心后，可以根据“左侧导航菜单栏”选择对应工作岗位来进行课程学习（如图 2.59 所示）。

统计日期	访客数	PC端访客数	无线端访客数	浏览量	PC端浏览量	无线端浏览量	跳失率	新访客数	老访客数	支付老买家数	客单价	PC端客单价	无线端客单价	下单金额	支付金额
2019-08-15	21,640	1,263	20,458	113,532	3,641	109,891	51.58%	13,747	7,893	84	243.17	245.01	243.07	104,042.30	75,138.56
2019-08-16	15,163	847	14,376	87,939	2,550	85,389	49.97%	9,038	6,125	58	253.92	255.19	253.85	70,420.10	47,482.70
2019-08-17	14,197	633	13,617	89,002	2,138	86,864	49.76%	8,554	5,643	87	278.15	159.36	281.22	77,966.40	62,862.70
2019-08-18	14,844	568	14,316	88,398	1,843	86,555	50.01%	9,163	5,681	64	259.17	194.48	259.52	82,037.00	48,464.30
2019-08-19	15,325	991	14,399	91,794	2,895	88,899	48.99%	9,458	5,867	76	302.93	206.65	308.25	88,860.00	63,615.20
2019-08-20	16,299	1,050	15,318	104,807	3,650	101,157	48.30%	10,136	6,163	28	495.16	51.50	520.76	36,052.80	27,234.00
2019-08-21	19,090	1,248	17,922	114,721	4,129	110,592	49.64%	12,196	6,894	118	288.51	352.62	285.38	185,044.57	123,771.35
2019-08-22	20,529	1,166	19,446	109,540	3,754	105,786	51.71%	13,602	6,927	93	271.63	389.63	264.12	129,516.73	87,192.73
2019-08-23	21,093	1,067	20,088	104,384	3,047	101,337	55.71%	14,343	6,750	104	250.57	365.94	246.94	110,083.60	82,187.70
2019-08-24	20,181	763	19,457	84,609	2,109	82,500	62.61%	14,418	5,763	50	195.26	312.40	186.89	39,073.90	23,431.30
2019-08-25	19,302	604	18,722	92,719	1,667	91,052	59.39%	13,746	5,556	49	286.35	146.70	292.87	66,750.20	44,957.10
2019-08-26	19,403	842	18,615	97,906	2,650	95,256	56.05%	13,059	6,344	71	228.40	186.36	230.54	82,903.70	51,847.40
2019-08-27	16,540	954	15,640	98,580	2,973	95,607	49.59%	10,340	6,200	39	256.28	132.87	262.18	51,445.10	27,934.60
2019-08-28	18,034	1,148	16,968	114,668	3,554	111,114	48.71%	11,409	6,625	136	278.87	187.79	282.81	179,268.49	114,335.30
2019-08-29	21,733	1,156	20,670	118,790	3,524	115,266	51.12%	14,725	7,008	100	278.58	235.65	280.72	157,573.47	99,732.53
2019-08-30	18,770	1,098	17,743	106,910	3,437	103,473	50.11%	12,093	6,677	111	276.18	273.77	276.32	145,077.66	94,452.40
2019-08-31	15,964	805	15,212	96,275	2,614	93,661	50.16%	10,109	5,855	82	266.58	229.79	267.97	106,050.01	65,845.71
2019-09-01	15,258	677	14,626	83,648	1,893	81,755	51.68%	9,659	5,599	124	144.48	119.39	145.41	49,923.80	36,263.30
2019-09-02	17,144	1,005	16,208	96,365	3,029	93,336	51.63%	11,108	6,036	92	207.36	167.04	208.90	72,260.90	50,803.80
2019-09-03	16,795	874	15,993	90,365	2,553	87,812	50.59%	10,818	5,977	86	208.08	114.73	213.06	83,710.50	53,477.20
2019-09-04	16,316	965	15,406	89,843	3,223	86,620	50.09%	10,531	5,785	60	242.37	193.95	245.30	74,794.30	50,897.30
2019-09-05	19,531	915	18,685	94,892	3,095	91,797	55.59%	13,377	6,154	60	223.31	225.08	223.20	98,749.30	45,777.70
2019-09-06	19,604	832	18,839	93,841	2,355	91,486	54.68%	13,305	6,299	70	180.04	150.14	181.60	71,755.10	36,368.30
2019-09-07	20,190	684	19,547	98,647	2,086	96,561	54.25%	13,814	6,376	70	200.37	319.30	193.65	59,612.70	37,468.30
2019-09-08	23,887	807	23,142	118,692	2,677	116,015	56.89%	16,901	6,986	36	80.49	21.50	81.27	12,903.00	6,197.90
2019-09-09	27,582	1,346	26,367	158,197	4,971	153,226	51.99%	18,572	9,010	253	301.16	240.34	303.93	382,009.85	264,115.42
2019-09-10	26,512	1,144	25,455	133,959	3,807	130,152	53.38%	17,990	8,522	136	261.85	375.08	254.74	208,418.34	124,641.18
2019-09-11	18,612	931	17,733	88,097	2,798	85,299	54.21%	11,827	6,785	77	208.72	303.78	201.41	52,100.70	35,064.90
2019-09-12	17,347	729	16,663	75,635	1,885	73,750	57.76%	11,568	5,779	44	252.47	211.50	253.39	46,914.70	34,588.20
2019-09-13	17,609	512	17,127	81,907	1,408	80,499	59.28%	12,122	5,487	66	248.26	198.55	249.20	68,449.74	40,218.04

图 2.56　下载报表

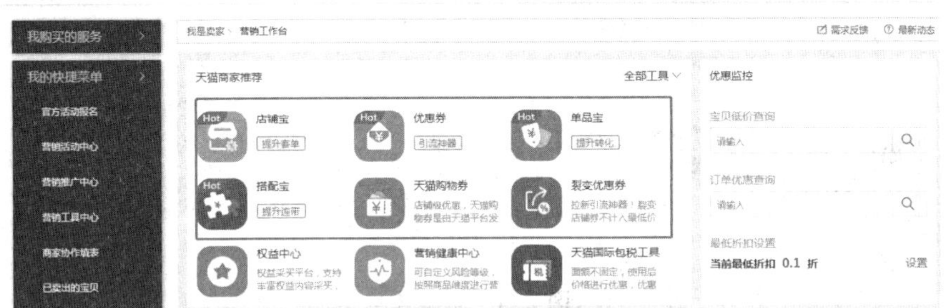

图 2.57　营销工具中心

图 2.58　卖家培训中心

图 2.59　淘宝大学

(六)文案提炼

善于收集各行业优质卖点,并应用到本店商品中,运营要对美工提出指导性建议,通过商家后台—生意参谋—市场—市场排行(如图 2.60 所示),按交易指数降序排列即可找到类目中销量较好的店铺,或者跨类目乃至跨平台的商品。先搜集好其他店铺的卖点,整合后提炼出对自己店铺有用的创意。

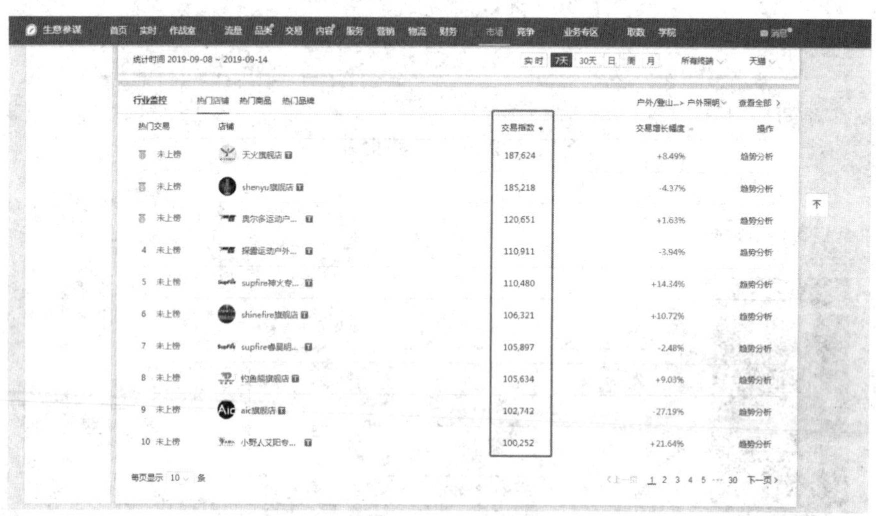

热门交易	店铺	交易指数	交易增长幅度	操作
未上榜	天火旗舰店	187,624	+8.49%	趋势分析
未上榜	shenyu旗舰店	185,218	-4.37%	趋势分析
未上榜	奥尔多运动户...	120,651	+1.63%	趋势分析
4 未上榜	探霞运动户外...	110,911	-3.94%	趋势分析
5 未上榜	supfire神火专...	110,480	+14.34%	趋势分析
6 未上榜	shinefire旗舰店	106,321	+10.72%	趋势分析
7 未上榜	supfire春晖明...	105,897	-2.48%	趋势分析
8 未上榜	钓鱼熊旗舰店	105,634	+9.03%	趋势分析
9 未上榜	aic旗舰店	102,742	-27.19%	趋势分析
10 未上榜	小野人艾阳专...	100,252	+21.64%	趋势分析

图 2.60　收集卖点

如图 2.61 所示,如果不看价格,只通过主图文案表达信息,那么第二和第三款产品会更受欢迎。而三者销量差距大,是受价格、运营能力和品牌影响力等多种维度影响的。

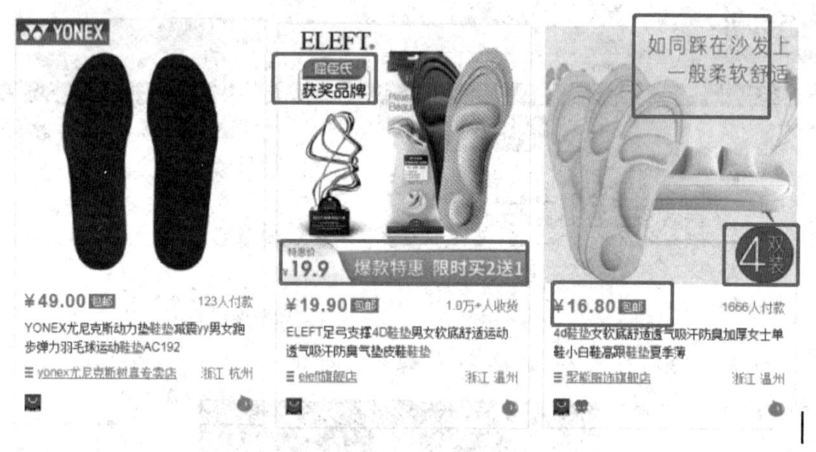

图 2.61　卖点比较

二、视觉部课程

1. 企业品牌文化

企业的力量核心,莫过于企业和品牌日积月累的品牌文化(如图 2.62 所示)。它是企业巨大的附加值，是鼓舞整个企业发展的能量源泉。其主旨是企业的精神和价值观，是企业在电商经营活动中所秉持的信念、倾向及主张。店铺视觉的设计都要以企业文化为出发点，不能随意按个性设计。

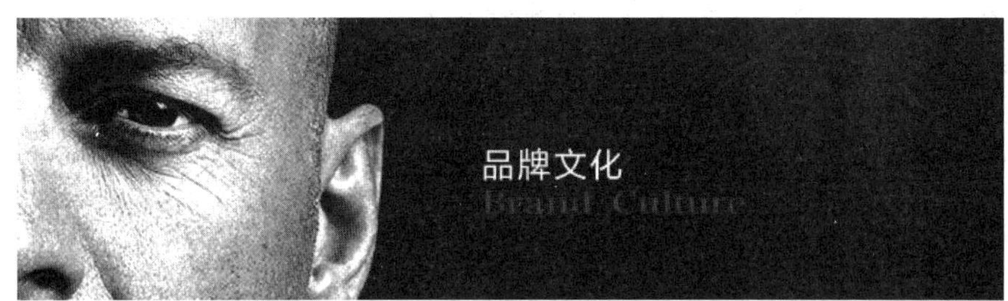

图 2.62　品牌文化

2. 店铺视觉

视觉设计是每个店铺必须具备的基本能力，然而透过表面了解其中的思想才是企业品牌的核心和灵魂。好看的皮囊千千万，有趣的灵魂却是万里挑一，有灵魂的品牌会直接影响客户的购物体验（如图 2.63 所示），并不是说单一某款产品的视觉设计非常好就可以直击消费者内心，而是店铺整体的视觉风格决定了品牌店铺的调性。所以好的店铺设计师，会把品牌的灵魂展现出来，这样才能被消费者认可和记住。

图 2.63　店铺视觉

品牌决定了企业的格局和未来的发展趋势，而最直接的体现就是品牌的外貌，好的设计效果会演绎出集美貌和灵魂于一身的完美形象，其中包括但不限于风格设计、版式设计、色彩搭配、商品详情页、店铺主页、活动页、推广承接页、代码的使用装修等。

三、客服部课程

1. 客服规则

熟知客服规则，不仅要懂得规则而且要懂得规避，在日常工作中，要防止因违反规则问题被平台处罚；同时了解差评师及客户恶意要挟最常用的诈骗手法，能最大限度地减少店铺的损失。可通过淘宝大学—客户服务—平台规则和交易安全进行课程学习（如图 2.64

所示)。

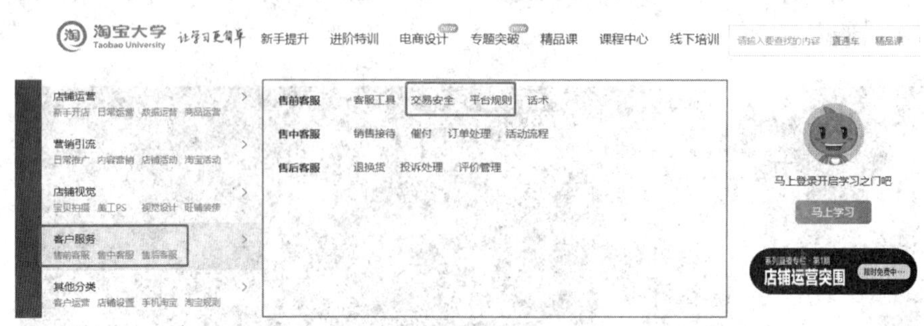

图 2.64　平台规则和交易安全

2. 产品知识

对于客服而言,掌握产品知识是硬性条件(如图 2-65 所示),产品知识的培训是不可疏忽的。如果店铺的客服连产品都不了解就直接接待客户,且不说会影响店铺的整体转化率,即使产品可以卖出去,也会因为客服不专业导致出现很多售后问题。

图 2.65　产品知识

3. 购物流程

每个客服必须熟练掌握购物流程,对产品或者优惠的具体内容要了如指掌,快速回复客户,这样不仅能提高个人工作效率,同时能更好地帮助消费者完成购物,用自己的专业知识解决客户在购物流程中出现的各种问题(如图 2.66 所示)。

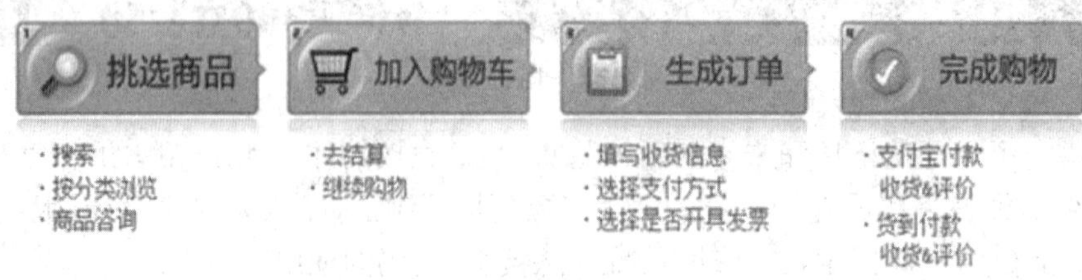

图 2.66　购物流程

4. 沟通技巧

技巧培训是最重要的一环,直接影响买家咨询的转化率。客服的沟通技巧直接影响整个店铺的销售额。除了做整体系统培训之外,更要注重培训员工如何面对实际工作中出现的问题。特别对于新的客服,最好能每天查看新客服的聊天记录,重点查看有过咨询但是没有购买的客户与客服聊天的记录，找出客服在聊天中存在的问题。是对产品不熟悉还是反应不灵敏，是客服介绍产品不够生动还是不能很好地解决买家的问题，或者是客服态度生硬导致没有形成购买订单。通过问题的反馈，总结经验，以便有针对性地对客服进行再次培训。

也可以通过淘宝大学（https://daxue.taobao.com/）—客户服务—话术进行课程学习（如图 2.67 所示）。

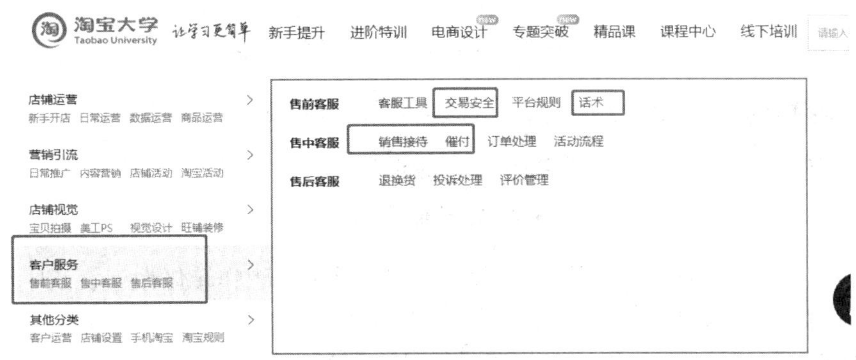

图 2.67　沟通技巧

四、仓库部课程

1. 仓储管理规范

通过唯一标准条形码（如图 2.68 所示），数量比对、重量比对、视频监控等方式，依靠管理系统对人员操作进行防错、纠错，人员在系统的管理和提示下进行操作，即使面对大批量订单，也可有效地避免误操作，降低错发漏发率。

图 2.68　条形码

2. 仓储作业信息

（1）采用管理系统根据整仓任务量和不同岗位的需求量提前进行规划安排，使资源与人力配置最优化，人员工作前便可获悉一天的工作安排和工作量，可根据自身情况自主安排工作，增强灵活性（如图 2.69 所示）。

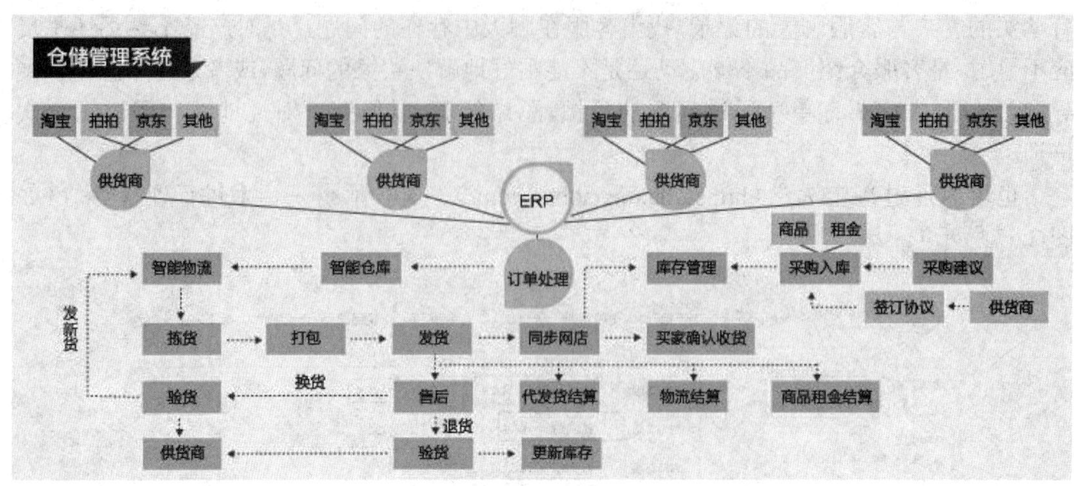

图 2.69　仓储作业信息

（2）根据各岗位工作强度和特性，依照合理算法将人员工作转化为有效工时，进行公平合理的绩效考评，并通过电子看板实时展现工作状态，有效提高人员工作的积极性和主动性，彻底解决仓库员工（临时工）考核困难等问题（如图 2.70 所示）。

图 2.70　提高人员工作的积极性

3. 可视化监控

（1）加强智能仓库管理系统对所有货物情况和作业环节的监管，使货物的存储、发货、运输等情况可以随时通过系统进行查看，包装等作业环节通过视频全程记录，并永久保存，保证每一环节的可追溯性，确保货物安全性（如图 2.71 所示）。

（2）仓库内通过信息系统进行管理，与电商平台的管理系统和快递公司管理系统进行无缝对接，全程采用无纸化作业，对所有与客户相关的信息进行严格保密，确保客户信息安全。

图 2.71　可视化监控

技能五　培训的流程

电商平台是随着社会大环境的不断变化而快速发展的，快速的发展也就意味着某些电商公司将面临被淘汰。与此同时，电商公司中的每一位员工对公司的影响也越来越大。应对大环境变化的重要方式就是不断学习和进步，提升员工的能力素质。电商公司需要更加重视员工的培训和开发，将员工的培训和开发视为应对企业内外部环境变化的主要手段。因此，不仅培训的内容较为重要，培训的流程也不能忽视。下面通过就职前培训流程、部门岗位培训流程、公司整体培训流程这三方面来学习培训的流程。

1. 就职前培训流程

（1）要通知本部门的各位员工新员工的到来日期及工作岗位。

（2）为新员工准备好办公位置、办公用品等。

（3）给新员工准备好培训部门的内训资料。

（4）找一位资深的老员工作为新员工的导师，并且准备好布置给新员工的第一项工作任务（如图 2.72 所示）。

2. 部门岗位培训流程：

（1）要进行互相介绍，让新员工与部门内的员工认识。

（2）培训者要对部门的结构与特殊规定作出特别介绍，以及新员工工作的描述、职责要求，跟进新员工的第一项工作任务并讨论完成情况。

（3）部门经理与新员工进行谈话，重申工作职责，讨论工作中出现的问题，回答新员工的提问。

（4）对新员工一周的表现作出评估，并确定试用期的绩效目标，讨论试用期的综合表现，并填写评价表（如图 2.73 所示）。

3. 电商企业整体培训流程

（1）培训企业文化与目标、组织架构及主要业务。

（2）培训企业当前的目标完成度及本年度的目标拆解。

（3）培训电商企业的政策与福利、绩效考核及相关规定。

（4）电商企业对各部门职能作出介绍。

（5）电商企业发放培训资料，并回答员工提出的问题（如图 2.74 所示）。

图 2.72　就职前培训

图 2.73　部门岗位培训

图 2.74　企业整体培训

本次任务主要通过技能点的学习，完成化妆品类目天猫店铺员工的培训工作，并且通过培训再为店铺增加 20% 的订单量。

美国美宝莲公司成立于 1917 年，创造出了世界上第一支眼部化妆品——美宝莲纽约块状睫毛膏。目前，美宝莲公司成了全球化妆品先驱公司。在世界的 90 多个国家及城市中，美宝莲纽约已经成为第一个针对女性生产化妆及护肤品的公司，至今已经有了 100 年的历史。美宝莲提供的产品包括专业脸部彩妆、眼部彩妆、唇部彩妆产品（如图 2.75 所示）。

天猫专卖店商家代理了美宝莲品牌之后，开始招聘店铺的运营管理者，并要通过企业的培训，让员工快速地为公司创造价值。

图 2.75　美宝莲天猫专卖店

任务介绍　熟悉案例之前，需要先构思原订单的基数，比如店铺客单价 20 元，爆款为卸妆水，价格在 18~25 元之间，月销售额 200 万，月订单量约 10 万单，通过培训员工新媒体的营销方式再增加 40 万的销售额，也就是 20% 的订单量 2 万单，那么应该如何实施呢？基数的比例越大，带来的订单量和利润是不是越多呢？下面通过案例来分析培训员工以及创造利润的过程。

步骤一：培训员工制定出目标

通过竞争品牌的数据可以初步拟定店铺的预估年销售额为 3 000 万，在组建团队的前期，即培训员工时，就要给员工确定同样的目标，同时给员工做好销售额目标分解，制定每一个月的销售额任务，这样大家的心中有了目标，也会为了这个目标而努力。

如图 2.76 所示，是 7 月份的天猫店铺的销售情况，共计 280 万的销售额，如果每个月都是以这个销售额为目标的话，280 万 ×12 月 =3360 万是可以完成年度目标的。但从市场行情来分析，这个类目也会有销售波动的，结合 8 月份这个时间段的实际情况，这个时间段是暑假，出门旅游的人特别多，爱美女士用的化妆品也会增多，所以推理出 8 月的销售应该要比 7 月好（实际确实要比 7 月销售得更好，所以把 8 月份的目标销售额提到了 320 万，也就是多了 40 万的销售额。如图 2.77 所示）。

步骤二：培训员工吸引大量粉丝关注

微信公众平台开放之后，很多同行都开始行动起来，公司安排员工学习微信公众号的搭建以及玩法，当时的微信 App 用户量递增趋势就已经超越了 QQ，它将是一个很好的客户关系管理（CRM）营销平台和互动工具。后来就开通了以品牌命名的微信公众号。

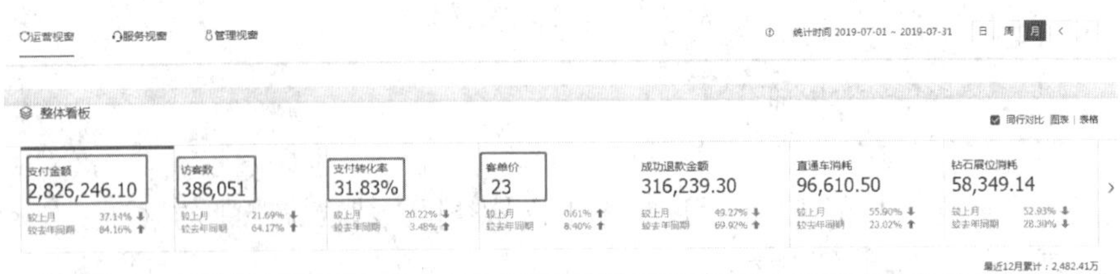

图 2.76 店铺 7 月销售额

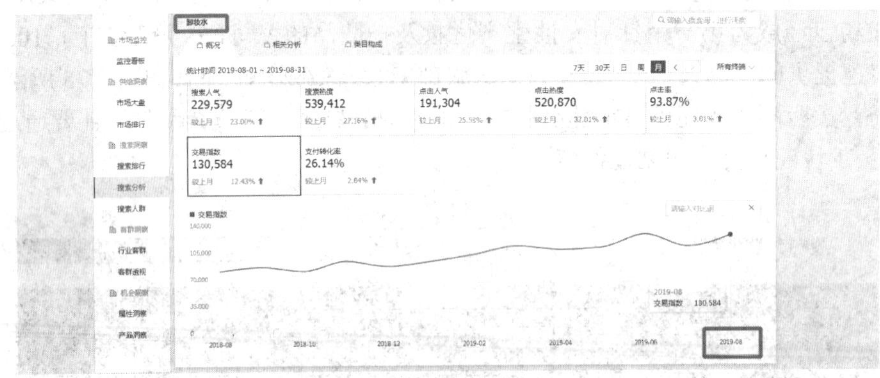

图 2.77 行业 8 月销售额趋势

先要对整体进行策划和布局，研究通过哪些渠道能吸引粉丝关注，把微信公众平台所关联的二维码和微信号放到天猫店铺、官方微博、微淘，一周后发展到产品说明、宣传单页、挂卡、外包装袋子、打包的纸壳上，并印制了一批小贴纸，给买家寄出的每一个盒子上都贴上微信二维码（如图 2.78 所示）。销售高峰时一天 5 000 多张订单，销售少的时候一天 2 000 张订单，每天大约有 100 多人关注。

图 2.78 微信二维码

活动目的就是要快速积累粉丝，如果粉丝关注量增长的速度迟迟跟不上公司的目标节奏，就可以策划些关注有礼、抽奖和赠送试用装等活动，这样既可增加挖掘潜在买家，又可以搜集用户资料，包括买家的肤质、年龄、性别、手机号等，商家根据肤质进行分组，方便有针对性地服务和营销。两个有奖活动包含寄发试用装费用在内，共计耗费 8 000 元，共吸引 2 000 粉丝关注（如图 2.79 所示）。

图 2.79　新增粉丝数

新员工刚开始操作没有经验，经过一段时间的测试发现，每天发两次美容护肤资讯，比较容易“掉粉”，后来调整为每天发一次或者每两天发一次（如图 2.80 所示），并用多图文的形式在下面附上店里的促销活动，促销信息的正文内容下方的来源添上淘宝对应宝贝链接。

有没有办法让经常熬夜的女生不会变丑?

科谱 | 你的斑点是如何“作”出来的?

图 2.80　发布的文章

步骤三：提高粉丝们的互动活跃度

通过日常对产品的评价和关注，搜集公众号粉丝的反馈意见，从而把选项都罗列出来，让粉丝们作出选择，并在后台做好展示前段的分类，按照分好的组，来分别发送不同的内容（如图 2.81 所示）。

图 2.81　客户分组

如图 2.82 所示，因为女孩子对星座和一些浪漫小情调的事物狂热，可以把星座、测试人品、幸运度等小测试和护肤关联起来，所以搞趣味测试活动是非常有必要的。在粉丝们提交答案后，商家设置的自动回复信息后方会加上带店内促销信息的后缀，既增加了粉丝们的互动性，又可以给产品做推广。

图 2.82　互动测试

做问答送礼的活动，不要太难，最好都是可以找到答案的，尽量让粉丝参与活动就能获得礼品（如图 2.83 所示），可以把正确的答案设置成主推宝贝的关键词或者详情内容，而粉丝要回答题目，就需要到店铺详情了解产品的信息，以此使粉丝们对店铺的品牌产品有更多的了解。同时，还鼓励粉丝拿到奖品后到微博上晒单，转发的粉丝依然有机会抽奖得到其他免费礼品，这样微博的粉丝，也会非常乐意进行转发。

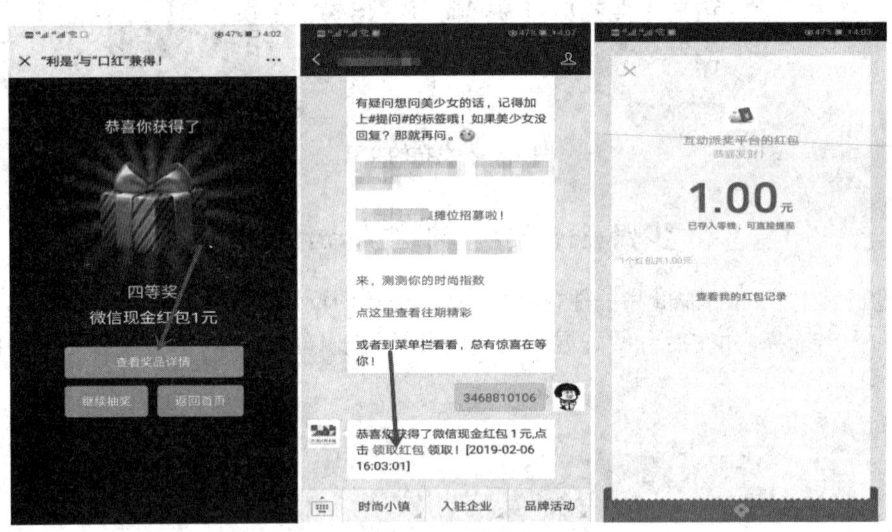

图 2.83　问答送礼

步骤四：测试粉丝的购买效果

为了对微信上的购买效果有所了解，每周在微信上群发信息，通知粉丝微信独享权利，只要粉丝通过微信购买店内产品即可额外获得免费唇膏，获取奖品的办法是在旺旺告知客服“微信”或者订单备注“微信”。一次活动之后，一共来了 3 000 多张订单，当时有 10 000

的粉丝数(如图 2.84 所示)。随着每天粉丝量的增加,需要工作人员的配合与维护,一个月 5 次左右的店铺营销平台和官方活动利益点活动,每次活动送不一样的赠品,40 万销售额的目标很快就达到了。

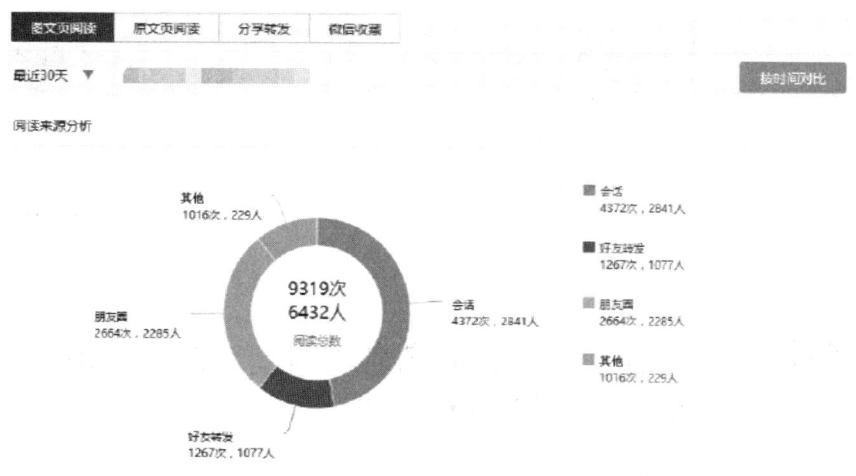

图 2.84　测试效果

步骤五:总结

培训首先要确定公司的目标,其次给每位员工的心中确定一个目标,包括给员工的未来进行规划,这样不仅能提升员工的价值,而且还能使企业获得经济价值,大家的目标一致,做工作才能更有效率。

微信营销要以内容为主,终端为辅。编辑每次完成的内容,都要先发给有安卓和 iOS 不同操作系统的手机的同事预览效果(如图 2.85 所示),检查视觉上是否有问题和文案中是否有缺陷。手机的版本不同,展示出来的效果会有些差异,会影响这条信息的打开率、阅读率,以及访问深度。

图 2.85　安卓与 iOS

添加产品链接：微信公众平台上有添加链接来源的功能，如图 2.86 所示。商家做营销活动就是为了盈利，所以要放上店铺产品的链接，如果有感兴趣的粉丝点击链接，将直接跳转到产品的详情页面上，并且可以直接在手机上进行支付购买。

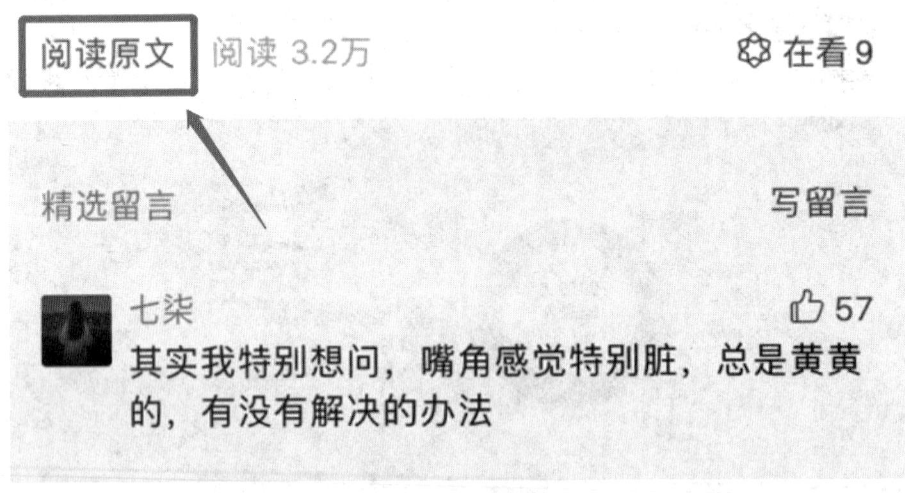

图 2.86　原文链接

日常维护：吸粉和维护是每天必做的工作，须安排专人及时回复粉丝的问题，安排客服和策划人员同时登录微信公众平台。微信公众平台可以支持多人同时登录。策划人员需要通过了解用户反馈的问题来进一步策划接地气的活动，每月开展两次增加粉丝活跃度的活动（如图 2.87 所示），定时发送用户感兴趣的美容护肤资讯，并附带广告信息，这样来自微信的订单就可以轻松达到 20% 以上了。

图 2.87　营销活动

公众号名称：开通微信公众号时，尽量起一个让粉丝一眼就能记住的名字。如图 2.88 所示，粉丝搜索公众号名称，进行关注。一个好记的名字，是连接粉丝与店铺的最好方式。

无论在微信平台还是在千牛上，商家的服务态度和回复速度一定都要快速且亲切。微信沟通是私密性的，与微博有很大不同，微信用户的互动程度会更深，而微博互动范围会更广，在微信上可能会有骚扰等不友好的行为，客服在工作中不要被负面情绪所影响，及时调整心态，要用好的情绪和耐心与客户进行沟通。

做好粉丝分组，从而做好个性化关怀。应按照地区和肤质情况给粉丝发送注意气候变化的护肤指引。如图 2.89 所示，向某地区油性敏感肤质的用户介绍冬天要用什么类型的洗面奶和护肤步骤等，不用强烈要求粉丝购买本产品，但久而久之，相当于为他们量身定做了推送信息。这样粉丝会认为这个公众号非常贴心，每个季节都会考虑粉丝的皮肤问题，自然对产品和店铺的好感度瞬间提升。粉丝的购物习惯也可以慢慢养成，随着活动利益点的切入，销量自然不成问题。

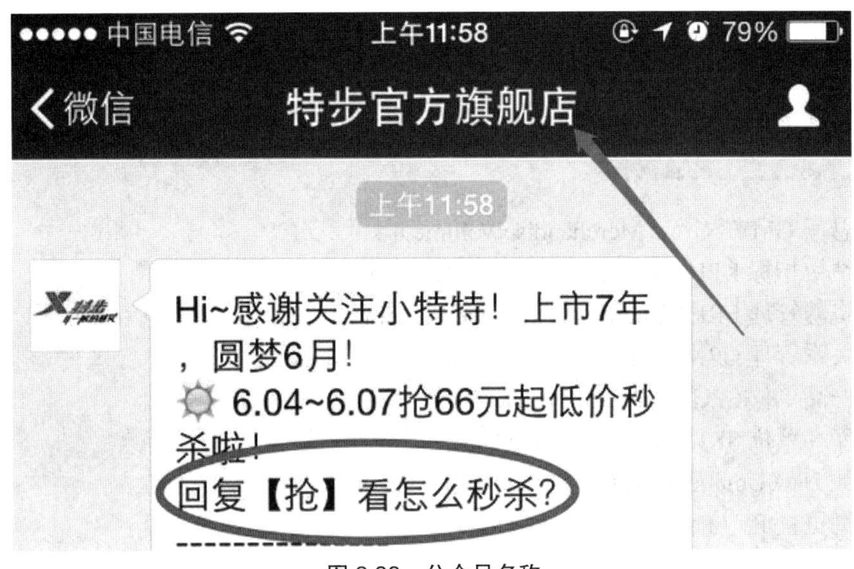

图 2.88　公众号名称

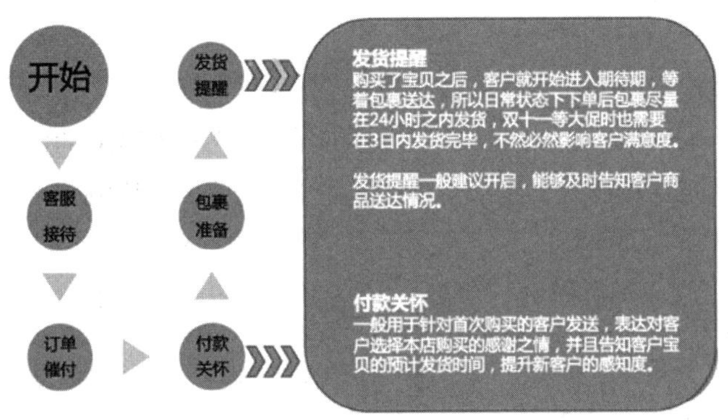

图 2.89　客户关怀

信息推送的频率和时间：两天一次或者一天一次为宜，因为粉丝的时间过于碎片化，频繁的推送消息反而会使粉丝反感，最终取消关注，还会加大维护的工作量。

如果分析过后认为微信公众平台是可以带来高额回报的，那么就要大力投入，原因在于微信公众平台的前期准备工作已经很完善了，它也将是一个很适合进行用户转化、深度沟通营销、提高用户黏度、促进客户多次购买、维系用户关系的工具。

什么样的产品更适合做营销活动？可以说有利润的产品都适合去做、去尝试。例如水果，数码，家电等，可以根据产品的生命周期，定时推送小功能、保养常识、与其他产品使用的技巧，乃至提供付费增值服务等。

本章课程介绍了网店人员的工作，分别从培训的目的、培训的关键点、培训的方法、培训课程的分类、培训的流程等方面展开前期工作，以有步骤的形式帮助员工掌握员工培训的工作方法和流程，学习之后能够具有对上岗人员岗位培训的能力。

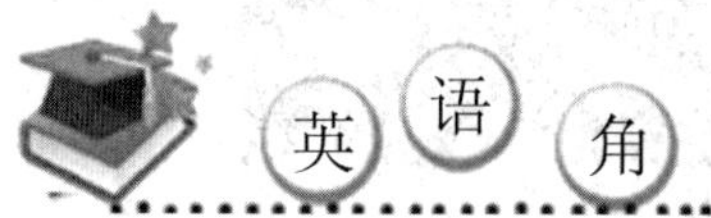

成交总额 GMV（Gross Merchandise Volume）
关键绩效指标 KPI（Key Performance Indicator）
企业资源管理 ERP（Enterprise Resource Planning）
客户关系管理 CRM（Customer Relationship Management）
标准产品单位 SPU（Standard Product Unit ）
选项库存单位 SKU（Stock Keeping Unit）
访问数 UV（Unique Visitor）
页面浏览量 PV（Page View）

1. 不属于培训员工的目的是（　　）。
A. 帮助员工更快适应工作　　B. 给予员工清晰的职位规划及期望值
C. 让员工融入企业文化　　D. 让员工尽快跳槽

2. 哪项是不培训的关键点（　　）。
A. 协同　　B. 纠正　　C. 强化　　D. 喜欢

3. 人员培训一共由几个部分组成（　　）。
A.2 个　　B.3 个　　C.5 个　　D.8 个

4. 培训的课程应该按什么来划分（　　）。
A. 人员数量　　B. 性别　　C. 年龄　　D. 岗位

5. 培训的流程，不包括哪一方面（　　）。
A. 就职前培训流程　　B. 防火知识培训流程
C. 部门岗位培训流程　　D. 公司整体培训流程

第三章　营销方法

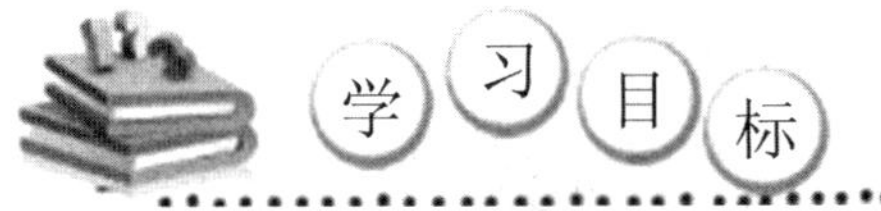

本章节重点学习店铺的营销方法。了解店铺日常基础营销策略，熟悉官方活动报名的步骤，熟悉各营销平台活动的规则，掌握运营推广计划的操作，具有给店铺独立规划的能力。在任务实现过程中：

- 了解店铺日常基础营销策略；
- 熟悉站内站外推广的方法；
- 掌握各营销平台活动的规则；
- 具有运营推广店铺的能力。

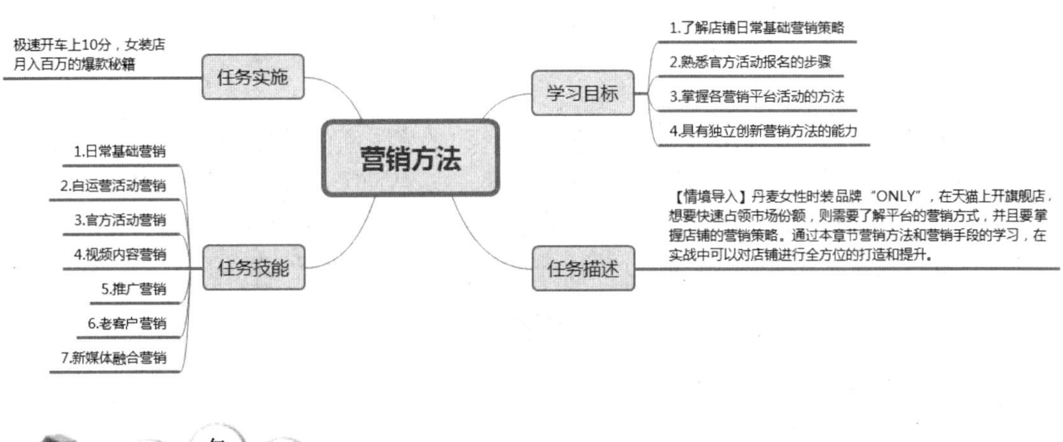

任务描述

【情境导入】

如图 3.1 所示，丹麦女性时装品牌“ONLY”成立于 1995 年，品牌已拓展到全世界 46 个国家。其拥有 2 000 多家概念店和 6 000 多家品牌时装零售店，主要市场包括丹麦、挪威、瑞典、德国、芬兰、荷兰、西班牙、法国、加拿大、英国等欧美国家。“ONLY”于 1996 年进入中国，为大都市的年轻人营造超级时尚概念。“ONLY”准备在天猫上开一家旗舰店，想要快速占领市场份额提升销售额，则需要了解平台的营销方式，并且要掌握店铺的营销策略，其包括日常基础的营销策略、官方活动营销、推广渠道玩法、新媒体平台营销以及老客的维护营销，多方位打造店铺是必不可少的。通过本章节营销方法和营销手段的学习，在实战中可以对店铺进行全方位的打造和提升。

图 3.1 丹麦女装品牌“ONLY”

技能一 店铺基础营销

店铺的基础营销可以为网店吸引更多的客户和带来更高的转化，通过不同的营销方法，使产品在不同的主题活动中吸引更多的消费者关注，从而为店铺带来更多的影响力和口碑，且有利于店铺整体活跃度的提升。网店的基础营销可以大大降低传播成本，这相对于投入的广告费用来说十分低廉。下面通过四种基础营销方式以及两种营销手段深入学习。

一、营销方式

（一）单品价格促销（减价、打折）

1. 作用

（1）更方便价格操控：可针对不同价格选项进行逐一改价，对相同价格的不同 SKU 进行一键改价或者一键打折，完成后会在商品页面进行非划线的价格展示，单品宝在功能上更完善，设置更方便。下面是一款品牌女装的促销价格展示（如图 3.2 所示）。

图 3.2 更方便价格操控

（2）给顾客更全面的展示效果：可以设置店内将要参加促销活动的商品的价格，给予更大的折扣力度和优惠，官方有很多促销标签可供选择，创建完计划后直接展示给进店的消费者。图 3.3 为三只松鼠的促销标签。

图 3.3 促销标签

（3）可操作性强：在日常的销售过程中对时间等的修改很方便，也可随时暂停与重启活动，对促销产品可随时进行打折、减价或者直接促销价等设置，如图 3.4 所示。

优惠类型	优惠级别	活动时间	创建时间	活动状态	操作
促销价	商品级	2019-04-22 15:14:45 至 2019-10-19 00:00:00 活动持续：179天8小时45分15秒	2018-05-10 14:36:51	进行中	修改活动 设置优惠 添加商品 删除 暂停

图 3.4 可操作性强

2. 创建流程

（1）登录“商家后台”—左侧菜单导航栏“营销中心”— “营销工具中心”（如图 3.5 所示）。点击弹出新网页中间的“单品宝”进入下一步设置（如图 3.6 所示）。

（2）进入单品宝，点击“创建新活动”，开始设置，如图 3.7 所示。

（3）活动名称：填好活动名称，方便修改时找到对应的促销计划，要添加活动标签，让消费者知道他们所看的产品正在做活动或者上新中，促销标签会直接展示给消费者，有多种促销标签可供选择。

（4）活动描述：属于卖家后台展示备注的，消费者不会看到此描述。

（5）优惠级别：分为商品级与 SKU 级。商品级是对整个商品所有颜色分类统一处理优惠设置；SKU 是要对每个颜色分类进行优惠设置。

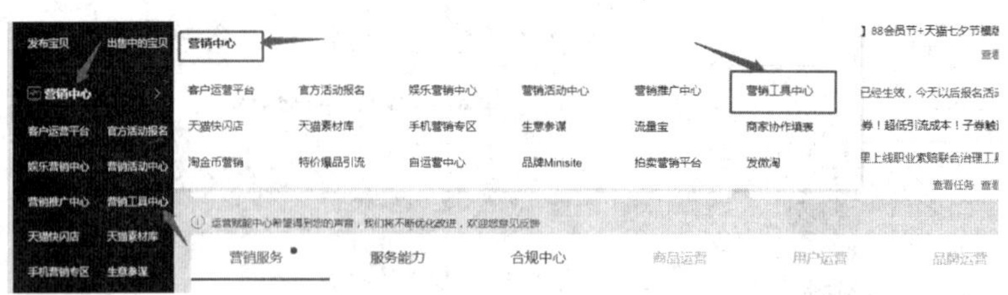

图 3.5 营销工具中心

图 3.6 单品宝

图 3.7 创建新活动

（6）优惠方式：选择减钱 / 打折。

（7）时间：设置促销商品计划的生效时间和结束时间。

（8）包邮：勾选包邮选项后，商品详情页中的运费模版将会失效，优先以促销活动的包邮方式为主（如图 3.8 所示）。

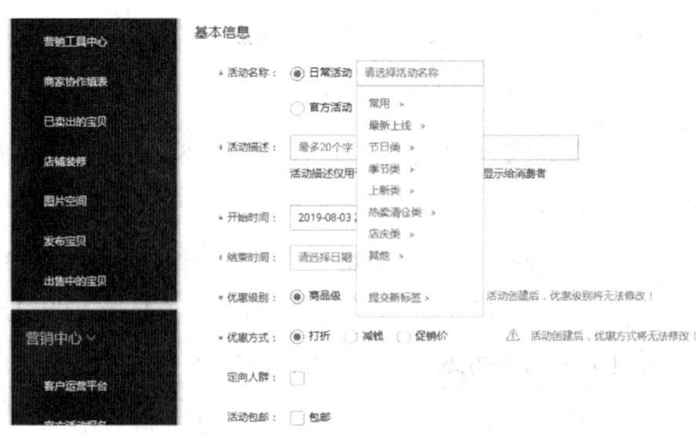

图 3.8 选择活动标签

（9）选择商品：选择要做特价促销活动的商品，可以筛选产品 ID 或者产品名称，从而大幅度减少工作量，提高选择速度（如图 3.9 所示）。

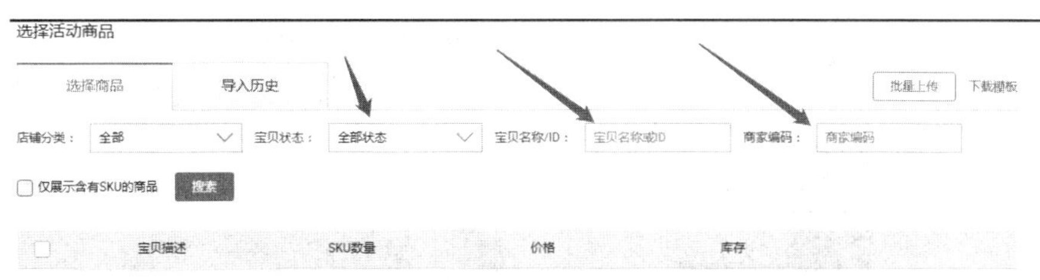

图 3.9 选择商品方式

（10）勾选商品即可参加活动，点击下一步（如图 3.10 所示）。

图 3.10 勾选商品

（11）设置价格：对参加促销活动的商品进行设置价格，点击 SKU 专享价设置处，进入各颜色分类进行价格的设置。例如：填入减去优惠的 45 元，展示给消费者的价格就是 90-45=45 元（如图 3.11 所示）。

图 3.11 设置价格

（12）设置完后，回到产品详情页检查价格是否生效，如图 3-12 所示。

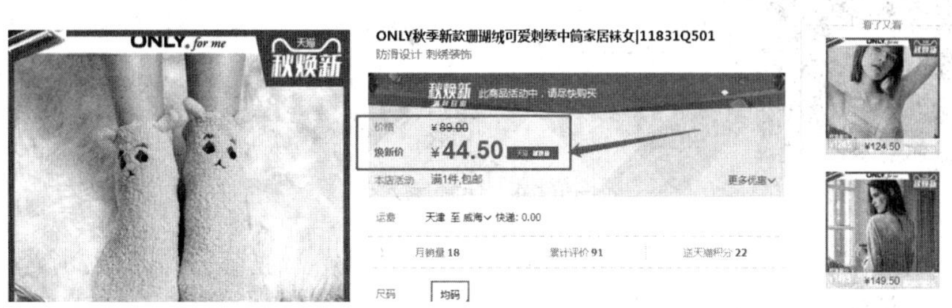

图 3.12 检查价格

（二）赠品促销、折上折、满减

1. 作用

（1）提高转化率：赠品在商品的详情页会有很明显的赠品活动提示，如图 3.13 所示，并且在购物车、下单页都有赠品信息的提示，可以提高下单转化率。

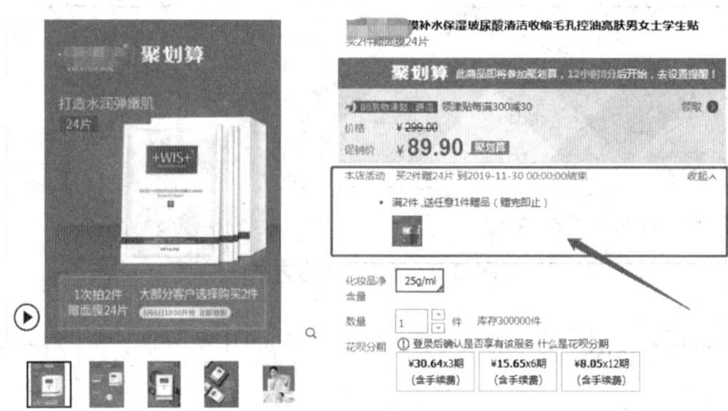

图 3.13　赠品展示

（2）减轻发货工作量：买家如购买了带有赠品的商品，卖家或者客服需要在订单中备注，配货、打包发货两个程序如果疏忽，很容易发错货，在大促期间更是麻烦；现在将赠品直接加入子订单，打出的订单包含赠品订单，仓库不用再看备注进行打单发货，减少了工作量，减少了售后纠纷，提升了店铺动态综合评分。

（3）减少库存管理成本：如有带赠品的订单，客服不仅需要在订单后备注赠品信息，还要进行线下的库存盘点以及管理统计，十分麻烦。而通过官方的工具进行设置，实现了从无法系统化管理库存到预先设置库存并按订单发货。

（4）减少赠品备货压力：当赠品的库存充足时，按原计划进行活动；当赠品库存不足时，可以通过设置将其他赠品添加到计划中来充当赠品。

（5）售后服务品质提升：客户需要退款时，可以直观地从订单中判断退货中的订单是否包含赠品，减少与客户的纠纷。

2. 创建流程

（1）赠品通过官方营销工具“店铺宝”进行设置：商家中心—店铺管理—店铺营销工具，点击进入后，右边找到“店铺宝”点击进入，如图 3.14 所示。

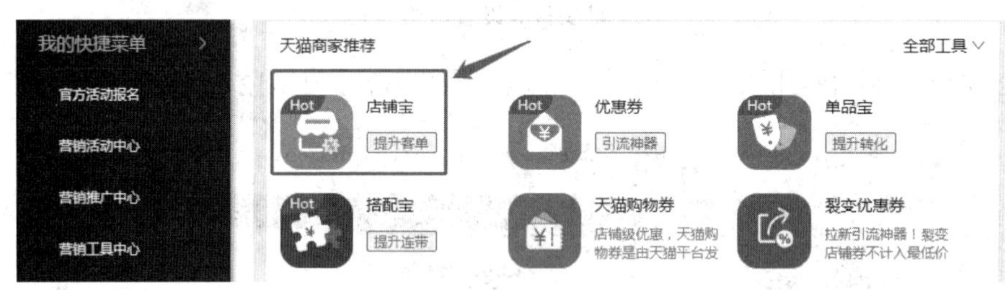

图 3.14　店铺宝入口

（2）工具用途：该工具可以设置满就送、满减、阶梯满减、包邮、折扣、赠品等活动。

（3）创建新活动—拟定活动名称（写好名称方便自己找到）—开始时间—结束时间，如果活动需要提前预热，也需要在对应的选项框中选择对应的时间。

（4）选择优惠类型自选商品或者全店商品，根据店铺情况决定是否需要人群定向（如图 3.15 所示）。

图 3.15　基本信息设置

（5）选择优惠条件："满件打折"或者"满元减钱"的活动，需要先设置优惠门槛为满多少件或者多少金额，优惠内容为打几折或减多少元钱。同时可勾选包邮、赠品、权益、优惠券等其他优惠玩法。

（6）可以增加或者删除一级优惠，利用此程序可以做阶梯满减或者满赠等活动。

（7）创建后，会根据设置的时间自动生效，全店商品促销活动在第一个选项卡查看，个别商品促销活动在第二个选项卡查看（如图 3.16 所示）。

图 3.16　优惠设置

3. 注意事项

（1）设置赠品活动，首先需要将赠品发布到"其他—赠品"或"其他—搭配"类目下，才可以选择（如图 3.17 所示）。

（2）如果主商品已经入菜鸟仓库，而附赠的赠品没有进入菜鸟仓库，就不要设置赠品，发货后系统会默认显示为部分发货，或者赠品发货失败。而且赠品的运费模板，与主商品需要一致才能赠送成功。

（3）店内的同一款商品只能参加一种店铺宝设置的优惠，无法同时参加全店铺满赠和指定商品满赠，同时设置按最大优惠力度生效。

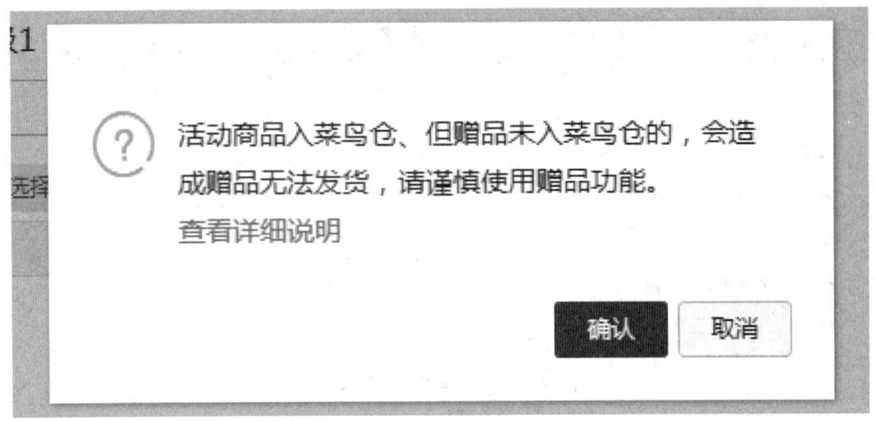

图 3.17　赠品说明

(4)此活动属于店铺级促销活动，店铺级的活动可以叠加单品宝商品级的打折工具，进行平行叠加优惠，所以需要算好成本再谨慎设置，避免造成亏损。

(三)组合搭配促销

1. 作用

(1)提升客单价：组合搭配套餐最大的作用是可以提升客单价，比如店铺原先的客单价是 100，想提高到 150，怎么办？就用搭配套餐的方法，让用户打包购买，当然，让消费者打包购买的东西，是经常能用到的，或者是生活的必需品且附加值高的产品，客单价自然就会提升。如果买家想买零食，搭配套餐是饮料，就没有达到买家的诉求，转化率和客单价也不会提升。

(2)提高品牌形象：做品牌的影响力是一项长期的工作，影响力是长期积累形成的，对于日常销售的品牌商品来说，搭配套餐销售的作用还可以提高品牌的形象，买家收到货，会产生一定的免费宣传推广效应，会和亲戚朋友介绍这些商品，售出的商品越多，获得的免费推广力度也就越大。

(3)提高连带率：通过组合搭配套餐的方法，买家的一个订单可以买 3~5 件甚至更多的产品，直接提高客件数(客件数代表人均购买产品的件数)，从而提升店铺的销售额。销售额则会影响店铺的权重，可以通过产品详情页查看搭配内容(如图 3.18 所示)。

试试这样搭

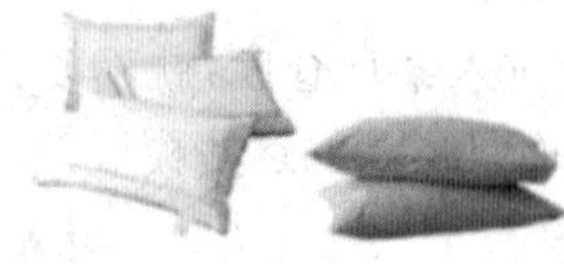

枕芯+枕套超值搭配

最多可省￥269.1

活动至2019-08-25

图 3.18　试试这样搭

2. 创建流程

（1）登录商家后台后，在商家后台的左侧导航菜单，找到“营销工具中心”并点击（如图 3.19 所示）。

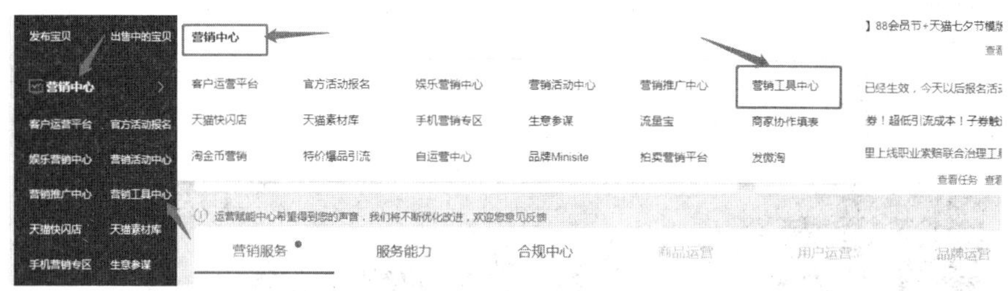

图 3.19　营销工具中心

（2）进入“营销工具中心”后，选择营销工具第二行的“搭配宝”点击进入，准备创建活动（如图 3.20 所示）。

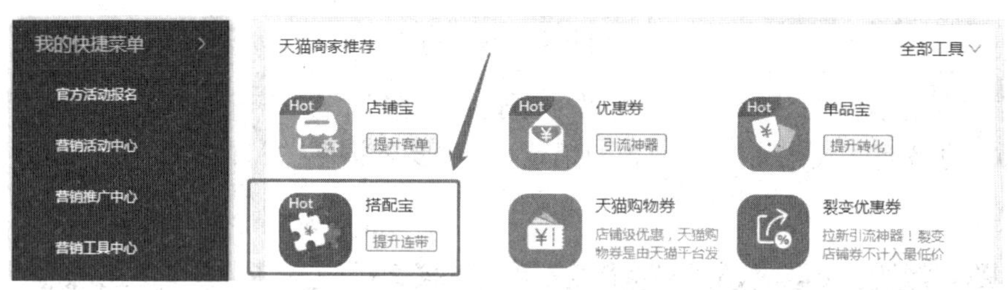

图 3.20　搭配宝入口

（3）开始创建搭配套餐。

①套餐名称：要直观地体现套餐活动的利益点，并可以引发买家点击兴趣，重点考虑突出搭配的优惠方式，比如搭配 xx 立省 xx 元，包邮之类的促销词，信息填好之后点下一步（如图 3.21 所示）。

图 3.21　创建搭配套餐

②搭配宝贝：点击“添加搭配商品”（如图 3.22 所示）。数据化搭配可以由生意参谋—品类—商品诊断中，看到系统推荐相关的产品，这些产品在日常的销售中和活动商品购买关联性较强，可以优先选择这几款宝贝进行搭配，如果是服装类目搭配的话，建议多设置几组

搭配套餐，第一个套餐按生意参谋系统推荐的来搭配，第二个套餐倾向于成套搭配，比如最简单的“衣服 + 裤子 + 鞋子”这种，考虑到买家看到一套衣服搭配得很漂亮，成套购买的概率会很大。

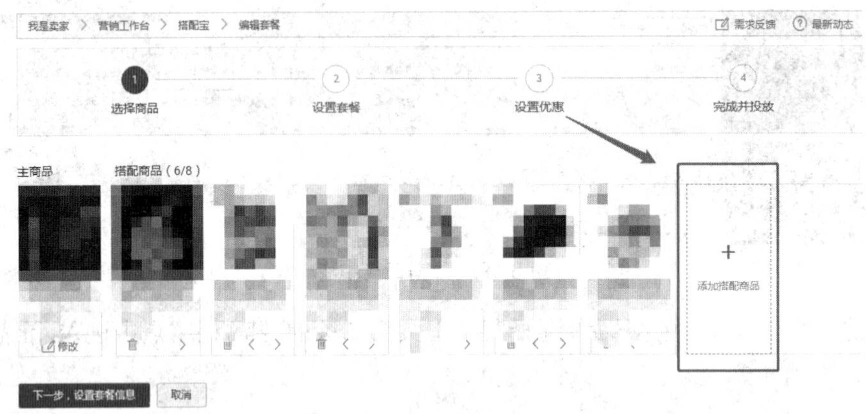

图 3.22　搭配商品

如果是做化妆品的，那么把“洗面奶 + 面膜 + 面霜”搭配成一套；当然也可以用“热销款 + 滞销款”的搭配方式来带动滞销款的销量，具体要看搭配的目的。数据化搭配如图 3.23 所示。

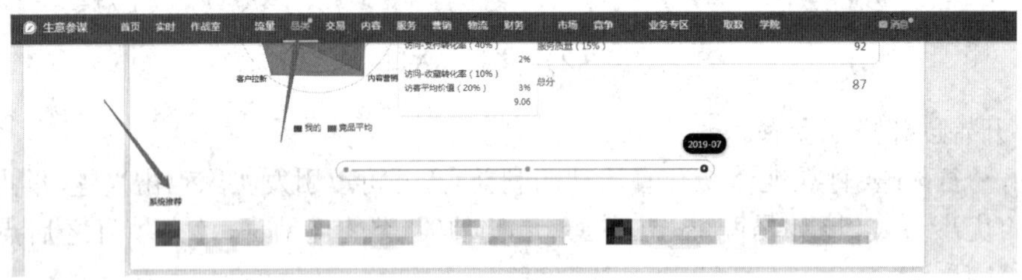

图 3.23　数据化搭配

③套餐价格：建议以商品的客单价为出发点，如果客单价只有 50 元左右，尽量搭配后使客单价提升 20% 左右，大概 60~70 元左右，如果是小品类，比如发卡、小装饰等客单价低的商品，搭配的价格提升幅度小一点，买家才会更愿意接受并下单，要尽可能多地考虑买家的心理，搭配的转化效果也会更明显。

搭配之后，价格要有吸引力。也要和原价有些区分，之前看到有些商家做搭配，搭配后价格减少 2 元，虽然充实了流量的闭环，但 2 元对消费者已经没有吸引力了，所以搭配的转化效果不会很好。如果承受不起成本，还不如不搭配，可以把时间用在店内其他的维护上面，如果客单价是 50 元的话，建议搭配后最少要优惠 10~20 元，这样就更容易促进买家下单（前提是要计算好成本，是否亏本）。

④套餐图片：选择了宝贝之后，系统会把套餐内的所有商品进行系统拼图。如果不喜欢，也可以修改成自己喜欢的样子并上传（如图 3.24 所示）。

⑤套餐描述：在描述里可以写下搭配省了多少钱，是今年上新的新款，限量款，清仓款，总之就是要把搭配描述写清楚，利益点多加提炼，越容易懂越好，利益点也可用套餐的主图

来表达，最好是在图上写上原价，搭配购买的价格，套餐能为消费者节省多少钱，让买家认为搭配购买确实可以省钱。

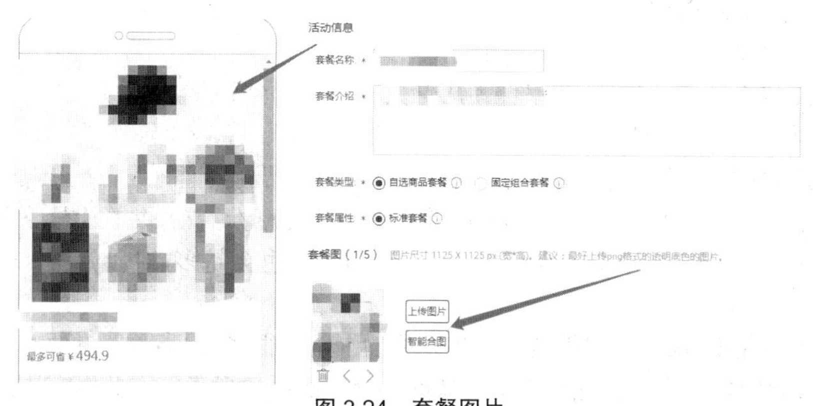

图 3.24 套餐图片

真心想买宝贝的买家，可能连着搭配套餐的商品一起购买；其他在犹豫中的买家在货比三家时，如果其他条件都一样，而搭配套餐的优惠力度更大，并且大大为买家减少了购物的选择时间，也可能购买搭配套餐。所以套餐描述的好与坏，决定了买家是否购买或者下单前思考时间的长短（如图 3.25 所示）。

图 3.25 套餐优惠

⑥设置物流信息：这要根据店铺的类目产品综合权衡，如果搭配减价又能包邮，对买家来说相当于设置了 2 个大的利益点，包邮是第二个购买的动力，它能够很好地促进买家下单，提升店铺的转化率。

（四）优惠券、红包

1. 作用

（1）提高复购率：一般是作用在买过店铺商品的老客户，在他们后期回购时才能享受优惠折扣，这样的优惠就是为了大大提升复购率。店铺可以做这样的活动，活动利益点是满 400 元送 200 元，买家的第一反应就是打半价的促销活动，但实际在了解使用方法后，其实并不是立即打折，而是送给客户一张优惠券，这张优惠券只能在下次某段时间内购物时才能使用。这样就能锁定客户，并通过一定的优惠力度，促进客户回头消费，老客户为了能享受到这 200 元的优惠折扣，将会在规划好的下一段时间内进店复购。这时通过引导收藏、加购物车，使消费者下单购买，再做一些有意思的复购活动，比如卫生纸这种快消品，是客户在一定周期都要用的，如果店铺不做活动留住客户，他们转到竞品店铺购买，也等于间接地流失了一大部分的订单。

（2）增加客户黏性：客户回购率会使店铺人群标签得到强化，质量好、价格好、服务好、优质的产品才会使老客复购，行为客户到达一定量级，则会被淘宝推送给有同样购买习惯的更多人群，所以客户黏性对店铺的作用很重要，不管是新品测款期间或者是新品销量破零时都可以想办法找老客户回购。在活动开始前通知发放优惠券活动，并且引导下单购买。标签越明确，回购率越高，宝贝权重提升越快，引进的流量也会越多，对店铺的良性发展十分有利。

（3）提高转化率：虽然决定消费者下单购买的因素有很多，但当消费者面对三件相似且价格相近的商品时，一般都会选择价格较低的那款。所以如果卖家在此时有一张优惠券摆在消费者的面前，这就相当于给了买家一个促使他们尽快下单购买的理由，很少有人能对摆在面前的价格诱惑无动于衷。买家可以选择自己所需求的、有意向购买的目标去领取优惠券并且使用，进而可以促进转化率的提高。

2. 商品券、店铺券

1）类型

（1）全网自动推：可以在淘宝、天猫店铺的页面自动展示，供消费者领取使用；也可以复制链接传播的券，创建成功会展示在商品详情页中，买家可以自主领取（如图 3.26 所示）。

图 3.26　详情页优惠券展示

（2）官方渠道券和自由渠道推广券：淘宝客推广券、官方活动招商等官方渠道的专用券，只会展示在设置过的指定位置（如图 3.27 所示）。

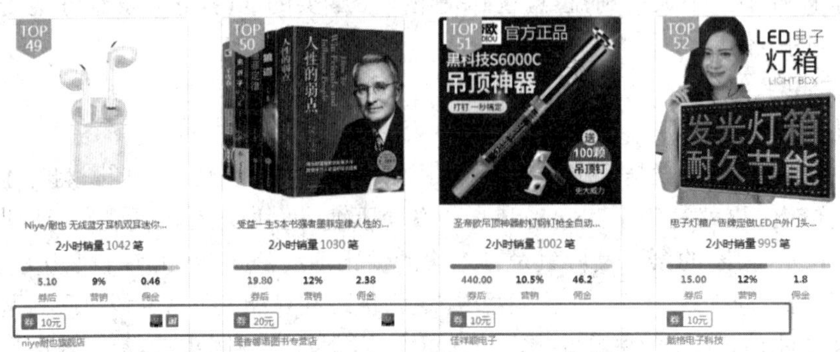

图 3.27　渠道优惠券

(3)一次性链接券：用于站外、旺旺等自有渠道的不公开券。此类券不予展示，可以在后台选取链接，由店内人员主动发放给客户（如图 3.28 所示）。

图 3.28　一次性链接券

2)注意事项

(1)未标明“不计最低成交价”均为计入。不计最低成交价的优惠券将不会纳入“商品价格力”计算。

(2)价格保护优惠券与以下工具不能同时使用：包含但不仅限于商品优惠券、店铺优惠券、同层级同性质的优惠等。但会与官方津贴，品类优惠券（如图 3.29 所示），支付宝红包，淘金币，店铺促销活动比如满减、折扣、折上折平行叠加优惠，设置时需要谨慎思考成本以及盈亏。

图 3.29　福利红包

(3)退款规则：若使用优惠券的订单在确认收货前发起全额退款（交易状态为订单关闭），且退款完成时该优惠券还在使用有效期内，则该店铺红包退还至买家账户。退款完成时该优惠券已失效的，则该优惠券不退还；部分退款时，优惠券不退还。

(4)若买家针对使用店铺红包的订单发起退款申请，现金退款额度仅以实际支付金额为限，即退还减去店铺红包分摊抵扣金额后的实际金额。

举例：如买家一笔订单购买 A 商品 30 元 +B 商品 70 元，使用店铺红包 10 元，实际支付 A 商品 27 元 +B 商品 63 元 = 90 元。

若买家发起全额退款，退还 90 元（若红包还在使用有效期内，退还 10 元店铺红包）。买家发起 A 商品全额退款，退还 27 元。买家发起 B 商品全额退款，退还 63 元，如图 3.30 所示。

3)创建流程

第一步：进入卖家中心，点击左边的“营销中心”— “营销工具中心”。

第二步：在展示优惠促销工具中，找到需要的优惠券，点击（如图 3.31 所示）。

商品	金额	占比	店铺红包	店铺红包	退还金额
A	30	30%	10	3	27
B	70	70%		7	63
合计	100	100%		10	90

图 3.30 退款计算方式

图 3.31 优惠券入口

第三步：根据自己需求选择新建店铺优惠券或者商品优惠券。

第四步：店铺优惠券是全店铺的商品都可以使用，商品优惠券是指定商品使用。

第五步：根据自己店铺的情况把前面带星号的问题填上，点击确定创建，优惠券就创建成功了（如图 3.32 所示）。

图 3.32 设置优惠券

第六步：优惠券创建成功以后，可以通过详情页装修模块编辑添加到自己产品的详情页（如图 3.33 所示）。

图 3.33 优惠券模块

3. 裂变优惠券

1）注意事项

（1）是否计入最低成交价：店铺券不计入最低价；商品券计入最低价。

（2）玩法说明：可以设置淘宝群内部的裂变玩法，领取裂变优惠券的客户们可以把券通过分享的方式发给其他人，当其他人浏览店铺页面时，则可以领取到裂变优惠券的子优惠券，分享任务完成后，分享者和好友均获得商家发放的优惠券（店铺券 / 单品券）。如图 3-34 所示，裂变的母券和子券，优惠的门槛和额度可以分别设置，如母券可以把优惠力度加大些，有些明显的对比，可以很好地促进老客进行转发。

图 3.34　裂变优惠券

（3）开放商家：淘宝群 L1~L4 商家 + 天猫 618 会场审核通过商家。

（4）群内卡片提示展示规则：设置后，会在淘宝群聊内置顶部卡片中展示优惠券，优先级低于金币打卡。例如：群里将金币打卡和裂变优惠券活动设置为同一时间生效，那么群友当天在群内点击金币打卡后，退出再次进入群，群内置顶卡片才会展示为“裂变优惠券卡片”。顶部卡片根据任务进展呈现三种不同状态：待参与状态、已分享未完成状态、已完成待领取状态。

Feeds 流（信息流）卡片：店铺在做活动发布活动内容时，在群内会有信息流介绍，并且会弹出此卡片，店铺也可以每天进行转发“未结束的活动到群内”，Feeds 流卡片会重复在群内展现（如图 3.35 所示）。

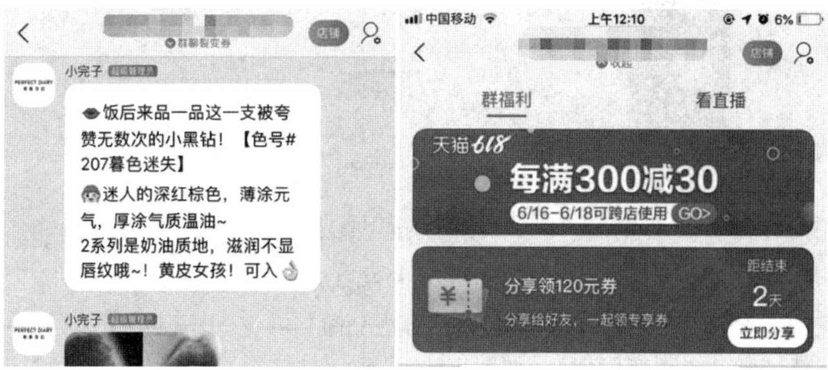

图 3.35　Feeds 流（信息流）卡片

底部待领取提示：消费者完成分享任务后，裂变优惠券为待领取状态，底部弹出提示，直到消费者领取或主动关闭底部待领取提示（如图 3.36 所示）。

用户作为分享者，已完成任务，并领取完裂变优惠券，进入群内则不会展示卡片。

图 3.36　优惠券待领取状态变化

2）创建流程

第一步：创建旺旺群专享裂变优惠券。营销工作台—优惠券—创建裂变优惠券（如图 3.37 所示），根据页面信息提示完成专享裂变优惠券的创建（如图 3.38 所示）。

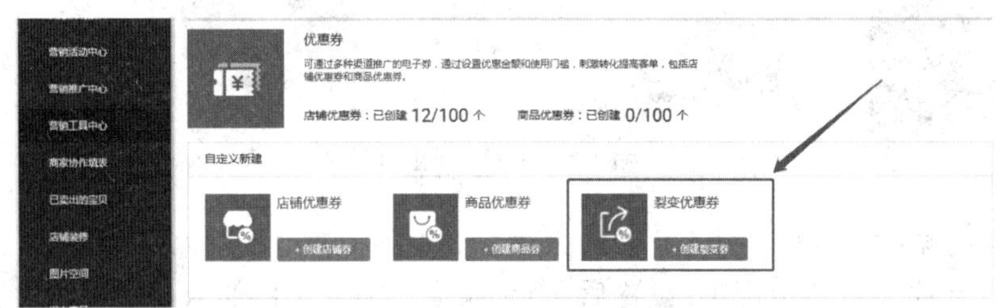

图 3.37　裂变优惠券入口

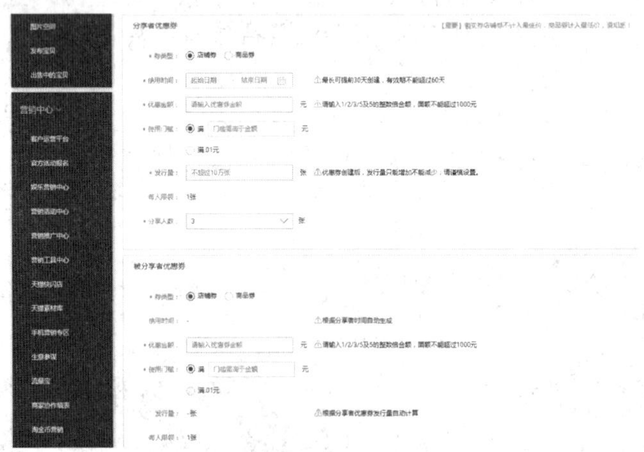

图 3.38　优惠券创建页面

第二步：到淘宝群后台，在群内发布裂变优惠券活动。

①进入淘宝群网页版后台：https://liao.taobao.com。

②设置营销活动—裂变优惠券（如图 3.39 所示）。

③设置时间：活动时长要≤ 7 天，淘宝群内同一时间仅支持在线 1 个裂变优惠券活动。

图 3.39　淘宝群内活动

第三步：群内专享裂变优惠券需要发送到所有的群，否则活动不会生效。

第四步：点击优惠券下方“已创建的优惠券”，点击对应优惠券“查看数据”，可查看裂变优惠券数据效果（如图 3.40 所示）。

图 3.40　数据查看

4. 秒杀优惠券

秒杀优惠券是官方推出的优惠券新玩法，对产品的意向消费者来说，具有很大的吸引力。

消费者对通过付费抢购的方式买到的优惠券会更加珍惜，不像进店就能领的优惠券，不需要付出就能得到，领了也不一定会去使用，时间长了就会忘了优惠券的存在。但秒杀优惠券对消费者产生了消费影响，所以消费者会更加留意这种券（如图 3.41 所示）。

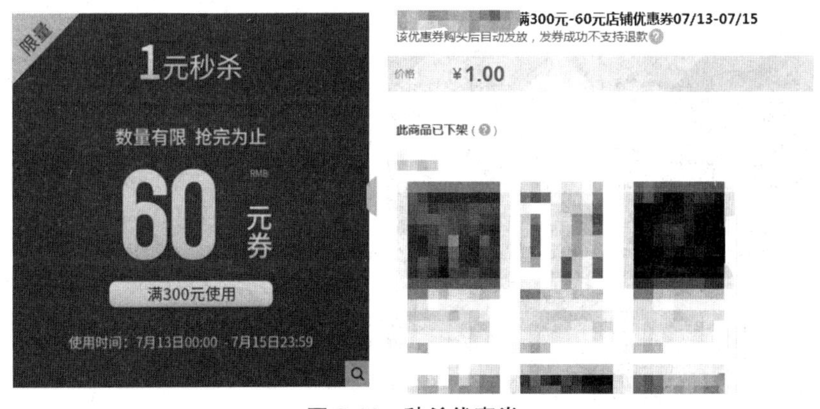

图 3.41　秒杀优惠券

1）注意事项

（1）秒杀优惠券会与店内打折活动平行叠加，优惠力度更大，要合理计算利润空间，避免给店铺造成亏损。

（2）适合中、高客单价的店铺，优惠券的面额不易设置过低。3~5 元的商品不适合这种玩法，秒杀优惠券的面值最起码要 30 元或 50 元起，否则不会激发买家抢购的欲望（如图 3.42 所示）。

（3）秒杀优惠券数量不易设置过多，否则就失去了“抢购”的营销意义，但是也不能太少，让大多人都空手而归、享受不到，那效果也不会很明显。秒杀优惠券的发放数量也很重要，可以根据活动预测人数的 1% 设置秒杀券的库存量，根据消费者的领取进度，实时加大库存。

图 3.42　大额度优惠券

（4）秒杀优惠券建议在活动期间每天选时段进行。这样可以合理分配整个活动的访客数量，不至于出现单一时段才有大量访客的情况，并且可以增加客户的黏性。

2）创建流程

有价优惠券也叫秒杀优惠券，通过设置用低价格购买高额优惠券，可以吸引很多有真实购买意向的买家进行购买，店铺需要联系类目对接小二（淘宝官方类目运营）进行有价券类目的开通权限。

第一步：在商家中心点击发布宝贝（不是发布新产品），选择其他—有价优惠券类目（如图 3.43 所示），点击“下一步”，发布商品。

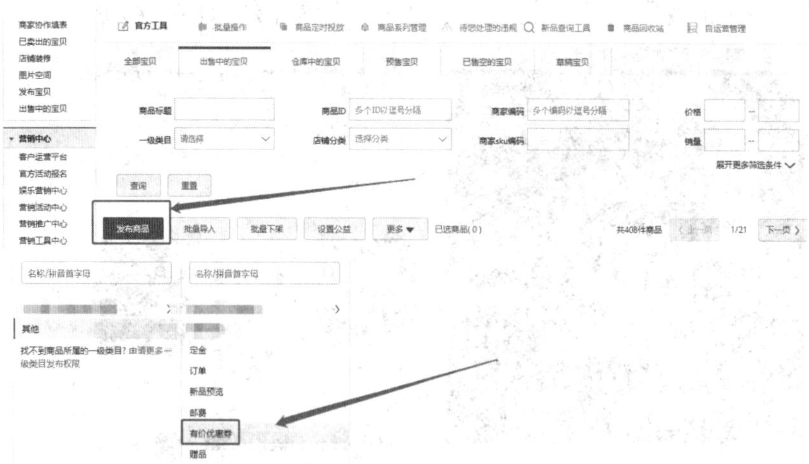

图 3.43　发布有价优惠券

第二步：选择有价优惠类型，并针对不同类型的优惠券设置相应的属性。三种优惠券的属性设置说明如下。

（1）（全天有价券）店铺优惠券（如图 3.44 所示）。

①优惠券名称限定 10 个字，在消费者用券时可见，尽量简单易懂。

②不能自定义面额，只能选择。

③满 xx 元使用和无条件使用只能二选一，如因比日常优惠券优惠力度小造成的买家投诉，官方有权限收回有价券，并扣除保证金，对买家进行先行赔付。

④默认选择通用，如选择手机专享，只有手机用户才能使用该券。

⑤全天秒杀券的时间只能以（天）为单位。

⑥每人限购是指消费者购买的总数量，避免同一客户重复购买，失去有价券的价值。

图 3.44　（全天有价券）店铺优惠券

（2）（小时有价券）店铺优惠券（如图 3.45 所示）。

①只存在有效时间差异，其他属性和店铺的优惠券相同。

②时间段不能自定义，例如选择 14:00:00—19:59:59 时间段，则该优惠券只在这个时间段有效。

图 3.45　（小时有价券）店铺优惠券

(3)(全天)宝贝优惠券(如图 3.46 所示)。

①需要选择商品,可以批量导入,其他属性和店铺优惠券一致。

②最多可以添加 10 个商品。

③只允许添加店内上架且有库存的商品,不支持虚拟类目的商品。

④要在详情或主图标注该优惠券适用于哪些商品,并附有链接,防止消费者投诉。

图 3.46 (全天)宝贝优惠券

第三步:设置购买价格、库存及设置商品主图。

①价格是有价券的售价,不能高于 10 元,设置后不能修改。

②有价券库存量,只能增加不能减少(如图 3.47 所示)。

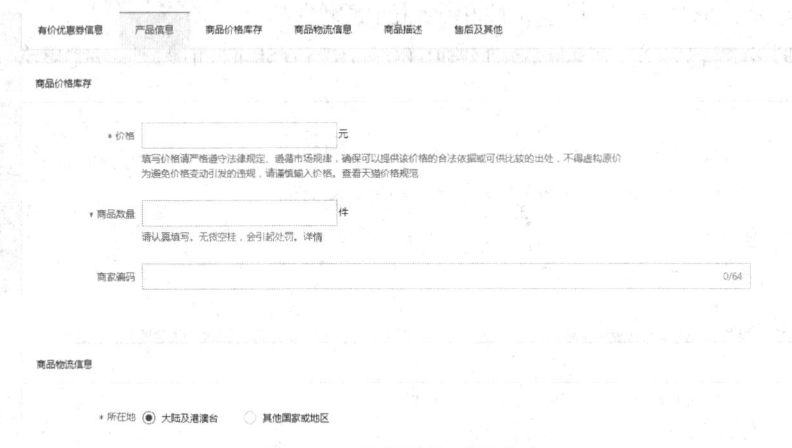

图 3.47 设置价格以及库存

第四步:填写有价优惠券详情及淘宝上架时间(如图 3.48 所示)。

有价券标题为系统自动生成,无法人工修改,命名规则:店铺名 + 优惠券面额 + 优惠券类型 + 优惠券使用有效期。

图 3.48　上架时间

二、营销手段

(一)沉锚效应

“沉锚效应”指的是消费者在对商品作出选择时，容易被所看到或所听到的第一印象和信息感染驱动，好像思维被船锚固定在海底一样（如图 3.49 所示）。消费者首先看到商品的价格、外观、描述会对接下来的判断造成影响。买家会下意识地根据第一次的所见所闻，去对未来购买的同类型的商品进行判断。这个营销手段的应用非常重要。

图 3.49　沉锚效应

例如，某店铺出售的高压锅在同一个链接里，设有 2 个实际功能差不多的选项，第一个选项价格 699 元，第二个选项价格 399 元，但 699 元只比 399 元的高压锅多了一些不起眼的功能，商家把这两个 SKU 放在一个链接中展示，消费者大多会选购 399 元的那款，当然商家的目的就是销售 399 元的这款，699 元的那款只是为了让买家提高对这类产品的心理价格，来显得 399 元这款性价比更高。

专业的店铺有着专业的视觉设计，其目的就是让消费者对宝贝有一个比较高的认可度，进而愿意了解产品，最终在店铺中形成购买。

如图 3.50 所示，买家拥有判断能力以及自主选择权，即使商品很好，但图片很模糊或者拍的照片很丑，消费者也会觉得页面和价格不匹配，最终离店而去。比如仓库发货的包装问题，买家收到货时，会跟其他店铺做对比，如果包装不好，客户就会怀疑产品的质量是否过关，给差评的概率也会增大。

图 3.50　选择匹配商品购买

（二）诱饵效应

通常消费者对几款意向商品进行购买，拿不定主意到底选哪个时，如果有“诱饵”加入（如图 3.51 所示），那么携带诱饵的那个商品，会变得更具有竞争力。做店铺营销时，为了让消费者在店铺中下单形成购买，店铺会做一些“诱饵”活动引导消费者，使消费者作出在本店铺快速下单的选择。消费者在购物过程中都会对比，诱饵效应就是在对比中让买家误以为某个选择是超值的。

图 3.51　诱饵

例如：某店铺做的设计搭配套餐活动，电脑主机 2 999 元，显示器 1 099 元，“主机 + 显示器”3 099 元，而且把这三个的价格明确展示给买家，相信转化率一定会有较大的提高，而且购买套装的居多。买家每选择一件商品都会进行对比，越对比越发现“主机 + 显示器”的套装非常划算，不知不觉就会说服自己购买，而卖家本来就打算这套装只卖 2 999 元；除了这个，像第二件半件，买三免一等都属于这种营销玩法。

维护店铺的时候可能要购买一些第三方店铺软件，一般都会有三个价格。比如：基础版 399 元，只有基本的功能；中级版 899 元，但有较多实用的功能；高级版 1 599 元，但比中级版多增加的功能不值 700 元。其实，软件提供商想卖的就是 899 元的中级版服务，第三方店铺就是利用这种“诱饵”对消费者意识造成影响，从而提高其产品的转化率。

技能二　自运营活动营销

自运营活动营销是介于店铺基础营销和官方活动营销之间的一种新型营销方式。为满足消费者对高性价比优质商品的需要，平台对有营销能力的商家开放入口，使商家可以在自己店铺里向用户提供更多类型的活动玩法。同时可以提升店铺和商品的整体权重，并且有机会在官方频道得到展现，增加流量和转化。下面通过六种自运营活动营销方式——自运营淘抢购、淘宝群、微淘、拼团、天猫预售、买家秀以及两种营销手段——羊群效应和折中效应来对店铺自运营活动营销进行深入学习。

一、营销方式

1. 自运营淘抢购

1）注意事项

商品规则：商品须符合天猫规则营销活动中的《淘抢购日常单品招商标准》商品条件要求。招商标准查看路径为天猫官方首页（https://www.tmall.com/）—“商家支持”—“天猫规则”—“营销活动”并点击进入（如图 3.52 所示）。

图 3.52　营销活动

在弹出来的网页左侧菜单导航栏点击“淘抢购”，输入“淘抢购日常单品招商标准”进行搜索并查看相关内容，如图 3.53 所示。

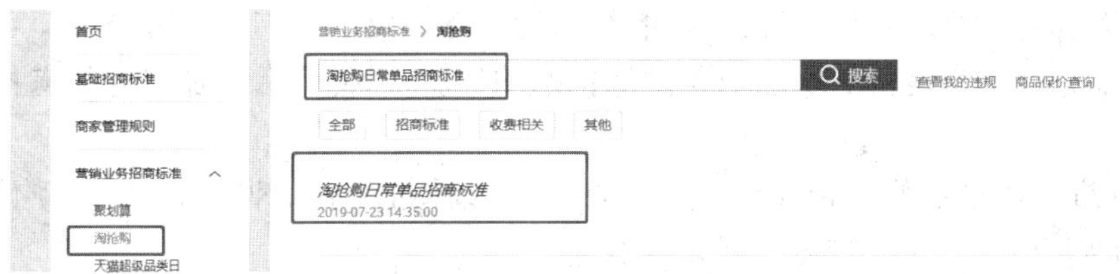

图 3.53　淘抢购日常单品招商标准

①报名商品近半年商品描述相符 DSR 须在 4.8 分及以上。

②每个场次最多 5 件商品。

③不要求坑产，销售额做不好，不会影响后续的报名活动。

库存要求：

①除类目为有价优惠券的商品外，其他类目商品报名库存数量上限 =5 万元 / 抢购价；

②类目为有价优惠券的商品，报名库存数量上限 =100 元 / 抢购价；

③活动开始时，商品实际库存不得小于商品报名库存。

官方规则会不定期进行调整，要以官网修订的最新版为准（如图 3.54 所示）。

淘抢购日常单品招商标准

第五条 【商品条件】报名商品必须同时符合以下条件，方可报名：

（一）商品基本资质：

1、商品须符合《营销平台基础招商标准》要求；

2、品牌商品必须有品牌方提供的售卖证明、或者商品以报名库存为要求的购买发票、或者有品牌渠道商的资质证明；自有品牌商品提供自有品牌的相关证明。

3、报名商品历史销售记录（新品及有价优惠券除外）：

（1）商品价格在500元（含）以下的，报名商品近30天的历史销售记录必须在20笔及以上；

（2）商品价格在500元以上，3000元（含）以下的，报名商品近30天的历史销售记录必须在10笔及以上；

（3）商品价格在3000元以上的，报名商品近30天的历史销售记录必须在5笔及以上。

4、报名商品库存要求：

1）除类目为有价优惠券的商品外，其他类目商品报名库存数量下限 =5万元/抢购价；

2）类目为有价优惠券的商品，报名库存数量下限=100元/抢购价；

3）活动开始时，商品实际库存不得小于商品报名库存。

5、报名商品必须为一口价，若同一商品同期参加淘抢购活动及天猫活动，两边活动价格必须保持一致，否则淘抢购活动将无法发布。若同期活动商品价格不一致导致商品无法正常参与活动的，商家需要取消天猫活动或更改活动价格，保证两边活动价格一致。

（二）除符合以上商品基本资质外，报名商品图片为640*640白底，商品需摆放在600px以内的方框内，不得出现任何文字标识与促销信息，左上角180*160px区域内不要出现图片重要信息。图片清晰主题明确且美观，不拉伸变形、不拼接，无水印、支持JPG、JPEG、PNG格式，注：图片右上角必须有品牌LOGO，距离右、上边距20px。详请请点击https://qianggou.bbs.taobao.com/detail.html?spm=a210m.7801915.0.0.fnLHMW&postId=1787258查看基本规范。

（三）报名商品图片需保证取得有效版权人或肖像权人等第三方权利人明确授权并有可转授权权利证明；且权利证明文件必须真实完整，确保合作期内持续有效。

（四）报名商品必须设置商品限购数量，限购数量最高为5个（特殊类目除外），特殊类目说明如下：

1、传统滋补营养品，保健品/膳食营养补充剂，服饰配件/皮带/帽子/围巾>制衣面料>毛线，特色手工艺>少数民族特色工艺品>柯尔克孜族特色>约尔麦克(毛线编)，美容护肤/美体/精油，酒类，这六个类目在报名活动时，限购数量最多可以设置为20件；

2、消费卡，购物提货券，餐饮美食，零食/坚果/特产，粮油米面/南北干货/调味品，茶，咖啡/麦片/冲饮，水产肉类/新鲜蔬果/熟食，孕妇装/孕产妇用品/营养，玩具/模型/动漫/早教/益智，童装/婴儿装/亲子装，婴童用品，婴童尿裤，奶粉/辅食/营养品/零食，彩妆/香水/美妆工具，家居饰品，床上用品，居家布艺，3C数码配件，珠宝/钻石/翡翠/黄金>黄金首饰（新），这十九类目在报名活动时，限购数量最多可以设置为10件；

3、五金/工具，电子/电工，基础建材，这三个类目在报名活动时，限购数量最多可以设置为100件；

4、家装主材，家装灯饰光源，全屋定制，节庆用品/礼品>请柬，节庆用品/礼品>糖盒/糖盒配件，在报名活动时，这五个类目限购数量最多可以设置为500件。

5、有价优惠券，在报名活动时，限购数量最多可以设置为5件，且单笔订单限购1件；

6、隐形眼镜/护理液类目在报名活动时，限购数量最多可以设置为12件；

7、儿童箱包配饰类目在报名活动时，限购数量最多可以设置为10件。

第六条【疲劳度控制】

（一）一个商家在1个自然月内参加淘抢购日常单品、多店铺组成的品牌抢购、单品联盟活动的次数合并计算，最多6次；

（二）一个商家在1个自然月内参加单店铺组成的品牌抢购活动的次数，从店铺日常销售、店铺淘抢购销售和店铺历史活动表现等综合维度确定；

（三）类目为有价优惠券的商品不计疲劳度；

（四）从商品报名开始到活动结束前，商品不允许重复报名。在此期间内，若审核未通过或活动取消，可以再次报名。

图 3.54　淘抢购招商标准细则

2）创建流程

商家报名自运营活动，可以向消费者做限时开团抢购的活动。官方会把权限开放给有营销实例的店铺。在活动中，会有官方流量的加入，报名参加淘抢购自运营的商品有机会被官方推荐到手机淘宝淘抢购入口图（专属推荐）、淘宝特价版、支付宝每日必抢等。

商家可以先通过自运营的玩法积累做淘抢购的经验，以便日后参加官方的淘抢购时能更好地规划活动。

第一步：进入店铺装修后台在无线店铺首页装修看到营销互动类里有淘抢购模版（必须是旺铺智能版）。

第二步：选择淘抢购模块，进行拖动添加（如图 3.55 所示）。

第三步：报名参加淘抢购活动（如图 3.56 所示）。

第四步：了解详情进行下一步。

第五步：选择商品。

第六步：选择开团日期和场次。如图 3.57 所示，选择自己计划的开团日期及场次。每个场次最多 5 件商品；可选择日期为报名当天的后 3 天，最晚可选时间为后 13 天。例如今天为 8 月 10 号，最早可报名 13 号的活动，最晚可选时间为 22 号。

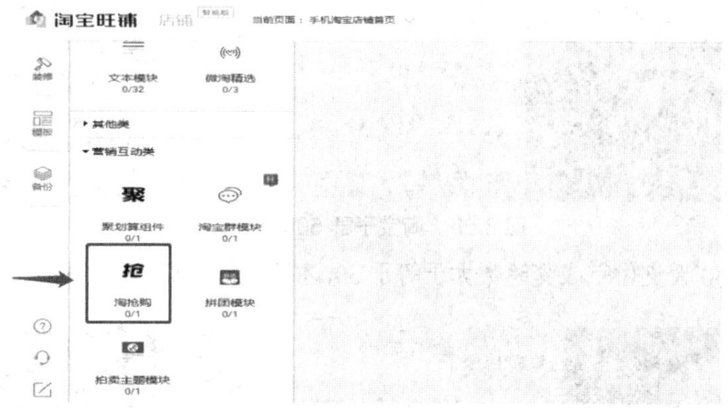

图 3.55　淘抢购装修模块

图 3.56　报名参加淘抢购

图 3.57　自运营淘抢购报名入口

第七步：根据页面中的选项提示，填写好商品信息，并提交报名。商品提交后，如果商品符合招商规则要求，系统会完成自动审核、自动发布操作。

2. 淘宝群

1）注意事项

（1）一个群最多可以有 500 个人（如图 3.58 所示）。

（2）可以建立多个群，也可以进行群用户的分层管理，群上限为 10 个，大促期间开放群的数量会更多。

(3)添加管理员，群主与管理员有更高操作权限。

(4)暂不开放其他商家的直接进群权限，但是如果买家虽然有卖家身份但确实是店铺的购买用户，这时群主与管理员可以通过分享群二维码，让这个有卖家身份的买家进群。

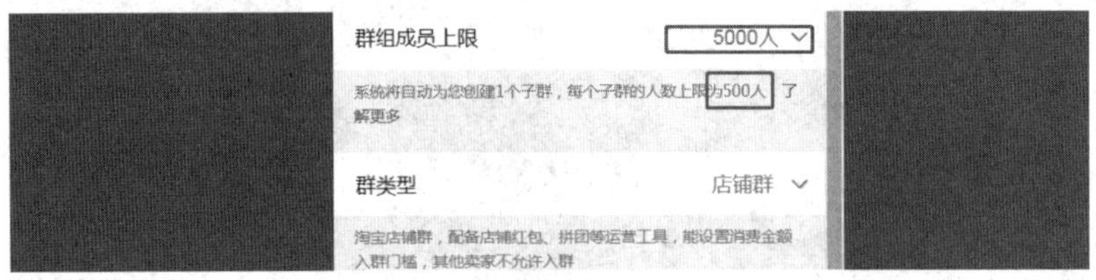

图 3.58　淘宝子群 500 人上限

(5)需要近 30 天支付宝成交笔数大于等于 30，才符合创建群聊的条件(如图 3-59 所示)。

图 3.59　创建群聊的条件

2)创建流程

创建淘宝群是为了能够维护好老客户。可以在淘宝群中做一些营销活动，不定时在群中发布抽奖、盖楼活动或者发红包，让老客户积极参与。新品发布可以通过淘宝群优先通知老客户，并且给老客户一定的优惠，提升他们的复购率，也能为店铺和宝贝增加人气。

第一步：登录手机淘宝首页，点击右上角消息盒子。

第二步：点击“+”号，然后点击“创建群”(如图 3.60 所示)。

图 3.60　创建淘宝群

第三步：输入群名称、群介绍等相关内容。

第四步：创建好后就可以在消息盒子里找到建立的群了，点击进入群后可以查看信息内容，点击“淘宝二维码”，就可以将其分享到微信、QQ 等其他聊天工具中了。

3. 微淘

1）注意事项

（1）盲目的发布消息属于自娱自乐。要先做好定位，确认自己的品类，产品适合通过什么样的形式展现给消费者。还要了解客户群体是什么人群，他们关心什么内容，喜欢什么，否则会让粉丝反感。

（2）发布微淘的同时，店铺要及时装修，尽量装修得有特色些，对无线店铺的装修更是要细致。发微淘是为了让消费者捕捉他们感兴趣的店铺动态，然而最后目标是转化，如果不做店铺装修，客户来了没有很好的承接引导，那做微淘也就失去了意义。

（3）注意微淘用户的访问高峰时段，选取峰值时间段发送消息。峰值时间段要根据每个类目的不同情况，投放不同的内容，这样发微淘内容转化率相对较高，并且要按照粉丝访问习惯发送广播，尽量在粉丝访问高峰时段发出。

（4）定期查看微淘的评价，如果发现粉丝对某类话题不感兴趣，赶紧更换。同时，对粉丝习惯进行分析，为以后的内容题材做好基础。

（5）可巧妙植入广告，当消费者对店铺微淘产生一定黏性，可以偶尔发送一些促销活动信息（如图 3.61 所示）。但要注意，不要广告轰炸，一个好的广告不是硬邦邦、冷冰冰的，可以尝试发送软文。

图 3.61　微淘促销活动信息

2）创建流程

微淘在淘宝中占有很大的版块，通过发布内容、吸引粉丝、提高互动率，进而提高销量。如果发布的内容优质的话，还会被展现在微淘的公域推荐中，让更多没有关注商家微淘号的粉丝也能看到店铺的内容。

第一步：打开阿里创作平台网页（https://we.taobao.com/），在左侧下拉菜单导航中点击

“创作”选择“发微淘”（如图 3.62 所示）。

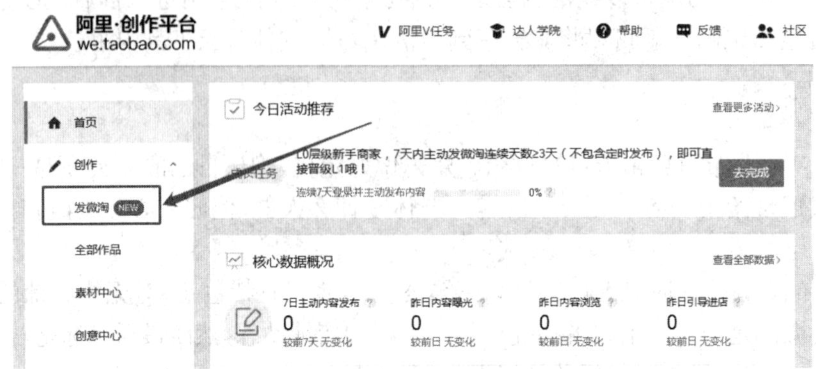

图 3.62　发微淘

第二步：选择全部类型，针对不同的目的选择商品种草（拉新）、粉丝运营（老客维护）、短视频、图文教程、店铺动态，或者转发其他等选择不同的热门主题进行立即创作（如图 3.63 所示）。

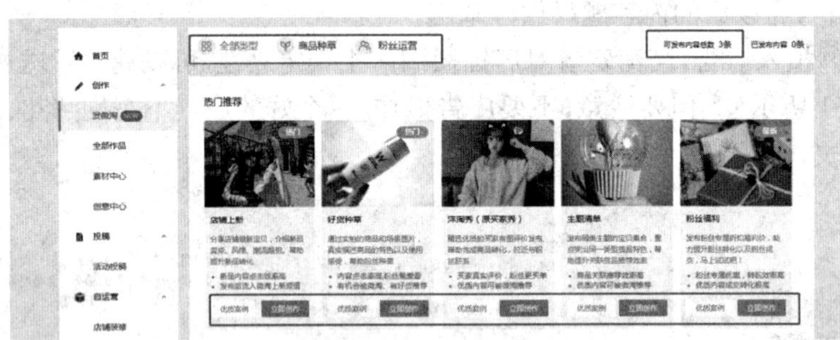

图 3.63　立即创作

第三步：添加图片。上传 3~9 张真实拍摄的图片，请勿上传与商品无关的图片。图片尺寸不低于 750×750 像素；比例建议：1∶1、4∶3、3∶4。

第四步：填写标题、内容、添加互动、是否推送到群聊（如图 3.64 所示）。

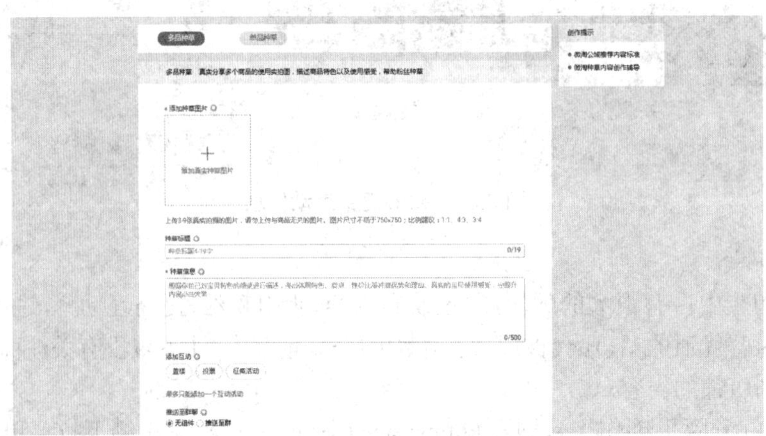

图 3.64　内容完善

第五步：立即发布或者定时发布微淘信息。

第六步：成功发布后，回到手机淘宝的店铺中刷新查看该条微淘是否展现出来。

4. 淘宝拼团

由于拼团商品价格便宜，能享受更多的优惠，很多消费者会拉着自己的小伙伴一起拼团买。淘宝拼团是为了迎合并满足消费者的这种购物需求而设定的活动。它能帮助商家合理有效地提升店铺的转化率，增加店铺的销量，吸引更多的客户。

1）注意事项

（1）同一商品在同一个时间段，只能开一个拼团，不同商品可以创建不同的拼团。

（2）拼团商品支持淘金币抵扣、支付宝红包，不支持店铺红包、店铺优惠券、跨店满减满送等优惠。

（3）拼团商品仅在手机淘宝客户端展示。

（4）不能报名拼团的订单类型：带有上门安装、配送服务的订单等。

（5）同一商品同时报名聚划算和拼团活动，聚划算优先。例如，同一个商品在同一时间报名了聚划算和拼团，宝贝详情页只会显示聚划算活动。

（6）淘宝拼团活动的价格不计入淘宝、天猫营销活动 15 天最低价，24 小时内达到成团人数，即拼团成功，卖家发货。如果没有拼团成功则自动退款。

2）创建流程

第一步：手机淘宝拼团入口。进入淘宝卖家中心左侧“营销中心”，点击“拼团”进入活动报名页（如图 3.65 所示）。

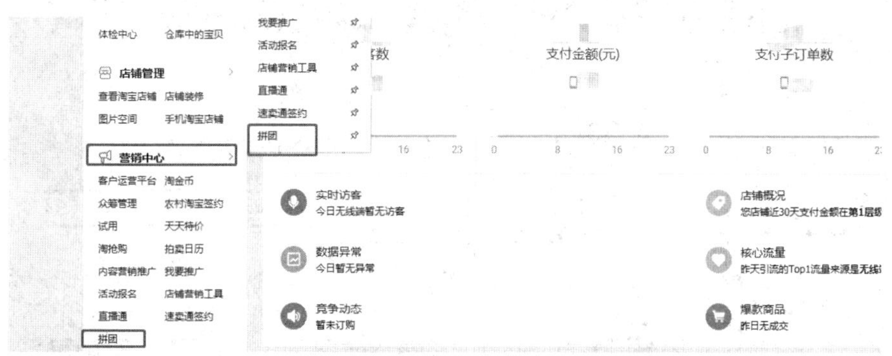

图 3.65　淘宝拼团

第二步：报名。点击创建拼团（如图 3.66 所示。有些用户创建不了，说明店铺还没有达到要求）。

第三步：按照上面填写标题和活动日期，选择要拼团的产品。

第四步：添加产品后要设置折扣，优惠力度根据店铺情况填写。

第五步：点击提交，等待活动时间开始（如图 3.67 所示）。

第六步：打开手机淘宝查看产品的拼团活动，PC 端是不展现拼团活动的。

5. 天猫预售

天猫预售是对未来上架的商品提前进行的营销的活动。先由商家提供产品信息供消费者选择，然后商家再根据消费者的需求量生产产品，并提供给买家。最大的价值在于双方共赢，对于商家来说，预先知道需求可以计划性生产，从而降低库存积压的风险；对消费者来说，预售的产品价格可以更低。目前天猫平台的预售发布表现形式是“定金＋尾款”的形式。

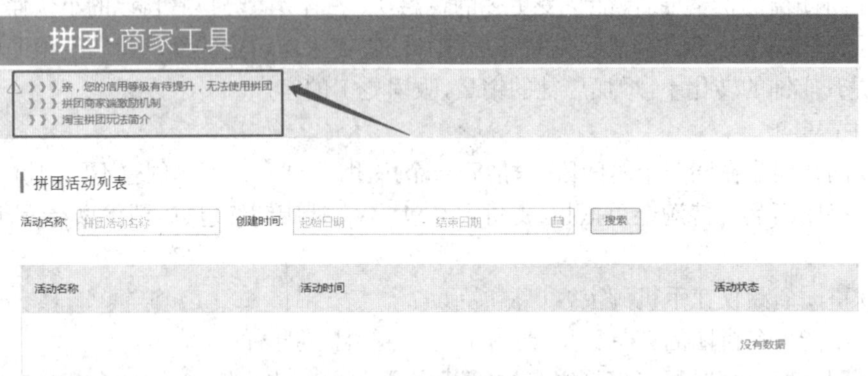

图 3.66 创建条件

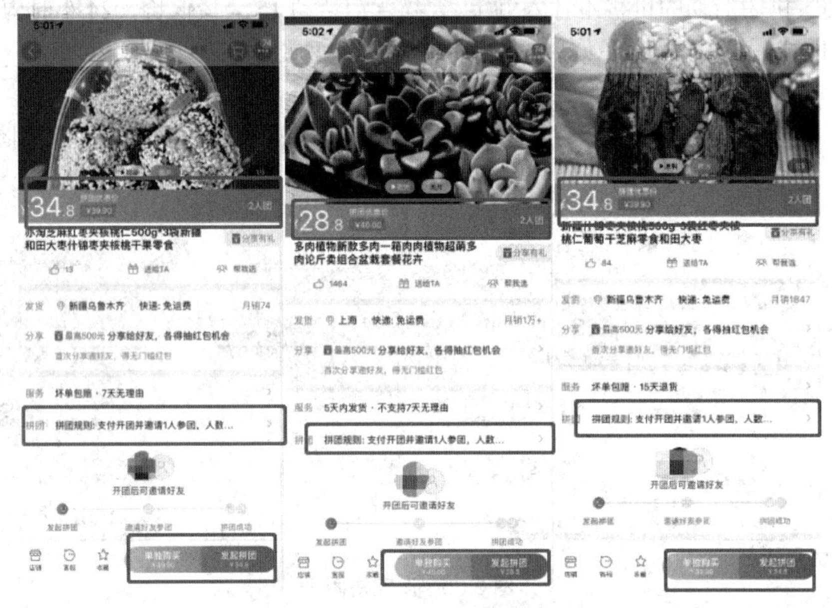

图 3.67 拼团活动展示

1）注意事项

（1）预售工具仅对各行业类目内最优质的商家定向开放使用权限，暂不接受主动申请。

（2）如开放定向招商入口，登录“商家中心”—“官方活动报名”找到“预售商品报名活动”，如果有符合报名的活动可以报名参加，通过后即可获得预售权限。

（3）后台有“设置预售”入口，但一直无人审核，因为常态预售目前行业不审核，如果商家有对应的类目对接小二，须商家与对应类目小二沟通，由类目小二评估是否通过审核。

2）创建流程

第一步：天猫商家可以直接在后台商品编辑时选择编辑宝贝下拉窗的“设置预售”（如图 3.68 所示）。

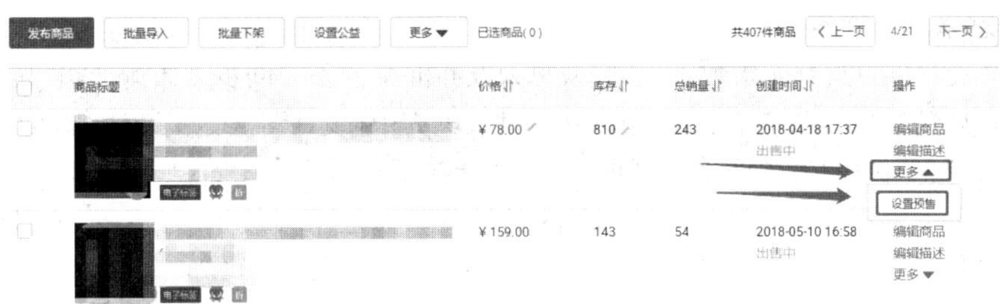

图 3.68　设置预售入口

第二步：设定预售信息，支持一口价的定金与总价或者按 SKU 分别设置不同的定金与总价（如图 3.69 所示）。

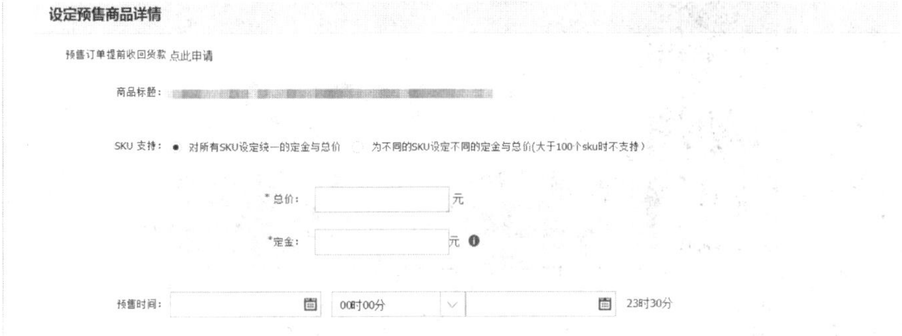

设定预售商品详情
预售订单提前收回货款 点此申请
商品标题：
SKU 支持：● 对所有SKU设定统一的定金与总价 ○ 为不同的SKU设定不同的定金与总价(大于100个sku时不支持)
* 总价：　元
*定金：　元
预售时间：　00时00分　23时30分

图 3.69　设置预售价格

第三步：设置预售时间和付尾款时间、发货时间、限购等内容（如图 3.70 所示）。

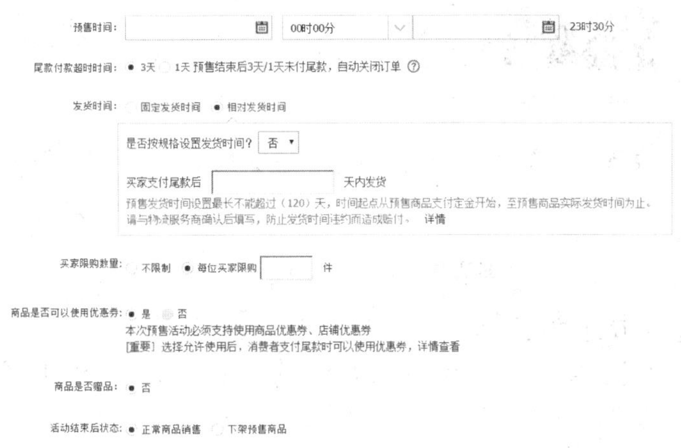

图 3.70　其他预售信息

第四步：提交审核，小二审核通过后，即可上线。

6. 买家秀

买家秀是出现在宝贝评价页面的置顶图片模块，商家可以自主管理模块里的有图评价，如加精、移除、设置封面，把最好、最优质的买家秀置顶，促进其他进店的消费者的成交。

1）注意事项

（1）每天发布的买家秀条数不受限制，每天发布的第一条会同步为微淘动态，其余发布的买家秀会在店铺首页的动态中显示，也会在店铺买家秀中显示（可自定义装修到无线店铺）。

（2）同步商品中的带图评价是延迟一天，才能在买家秀后台中看到。

（3）如果店铺没有买家秀，是因为有的类目买家秀还未开放资格，或者是店铺最近 30 天都没有带图的评价，所以没有买家秀展示。

2）创建流程

第一步：进入宝贝买家秀设置后台。

方法 1，进入“商家中心”点击左侧菜单导航栏中的“自运营中心”，弹出新网页（如图 3.71 所示）。

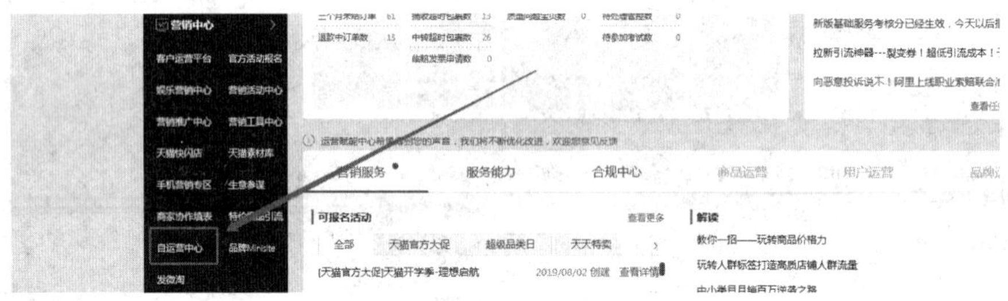

图 3.71 自运营中心

在左侧的菜单导航栏中找到“买家秀”并点击进入（如图 3.72 所示）。

图 3.72 买家秀入口

方法 2，收藏好链接，存好链接标签，方便下次快速进入后台。

第二步：点击“洋淘买家秀”，进入洋淘宝贝买家秀管理页面，对单个宝贝或店铺的买家秀有图评价进行设置（如图 3.73 所示）。

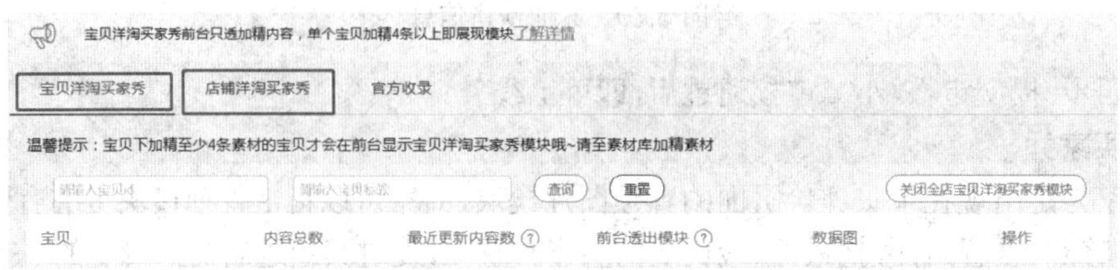

图 3.73 店铺与宝贝买家秀分类

第三步：在宝贝买家秀管理列表里，可进行加精、设置封面等操作，设置这些操作后会使买家秀优先展示到手机淘宝产品评价的最上方（如图3.74所示）。

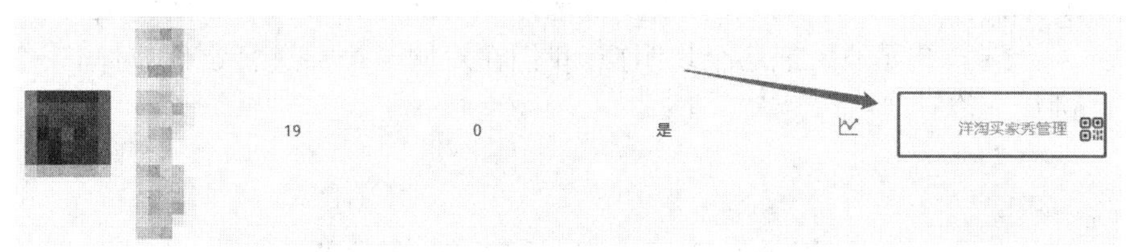

图3.74　买家秀管理

第四步：操作完成后1小时左右生效。

二、营销手段

1. 羊群效应

羊群效应就是比喻人都有一种从众心理，从众心理很容易导致盲从，而盲从往往会陷入骗局或遭到失败。

如图3.75所示，羊多的地方要比羊少的地方更安全，人多的饭店要比人少的饭店更好吃、更实惠，销量高的要比销量少的宝贝性价比更高、质量更有保障，大多数消费者都具有羊群效应心理。

图3.75　羊群效应

消费者也会默认以多数人的意见为准则，依此作出判断，并指引消费者的购买行为。“堆出于岸，流必湍之”，有时候从众是下意识的行为，标新立异是需要成本的。从众效应在电商中的解释就是创造热销的氛围，而这个氛围指的就是高销量。

淘宝的“猜你喜欢”是根据消费者的浏览行为，系统自发地推荐更多的产品给消费者，有时消费者会不自觉或者无意识地点进去看看。有时准备购买不熟悉的商品时，会通过销量排序把销量最高的商品作为自己选择的标准。这也就是为什么有的商家在详情页中插入店铺销量，主要是以展现历史销售数据的形式，把卖点告诉消费者，本店铺的产品是全网销量最高的，此时，只要产品的作用、性价比都能迎合消费者的需求，大部分消费者最终都会选择该产品。

2. 折中效应

折中效应是指消费者的决策具有非理性倾向，会随着情境而变化，当选项集合里新增加一个极端选项后，会使原来的选择方案成为折中选项，即使折中选项不是绝对占优的，它也会更具吸引力，被选择的概率也会很大。比如去理发店可以听到这些价格，普通理发 8 元，高级理发 10 元，特级理发 15 元，会有很多人选择 10 元的；如果只有 8 元和 15 元两个选择时，大多数人会选择 8 元的。把这个想明白，我们在对同类产品进行定价，对同一个宝贝的不同 SKU 进行定价时就更容易确定了。

技能三 官方活动营销

淘宝官方拥有亿级资源曝光量，通过参加官方活动和营销平台活动，在活动期间店铺的销售额可以大幅度提高，还可以通过不同的活动方式打造爆款、清理库存、提升店铺层级和突破瓶颈。下面通过两种官方活动营销方式和两种营销手段来进行深入学习。

一、营销方式

1. 官方活动报名

1）特殊大型营销活动

天猫 618、双 11、双 12、年货节、女王节等（如图 3.76 所示），具体以实时招商规则为准。

图 3.76 特殊大型营销活动

2）普通大型营销活动

天猫普通大型营销活动指除特殊营销活动（双 11、双 12、年货节、女王节、天猫 618 活动）以外（如春季 / 秋冬新风尚、男人节、天猫狂暑季、亲子节等）的活动，具体以实时招商规则为准（如图 3.77 所示）。

图 3.77 普通大型营销活动

3）报名流程

第一步：选择活动。

（1）登录“商家中心”点击“官方活动报名”或者“营销活动中心”，在弹出的新网页中，找到适合店铺的活动（如图3.78所示）。

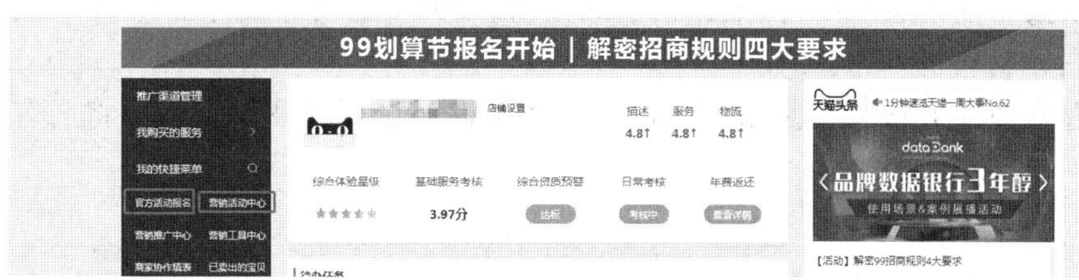

图3.78 选择活动

点击“活动报名”页面中活动对应的“去报名”按钮，进行活动报名（如图3.79所示）。

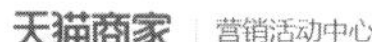

图3.79 报名活动

（2）仔细阅读活动介绍和资质要求（如图3.80所示）。

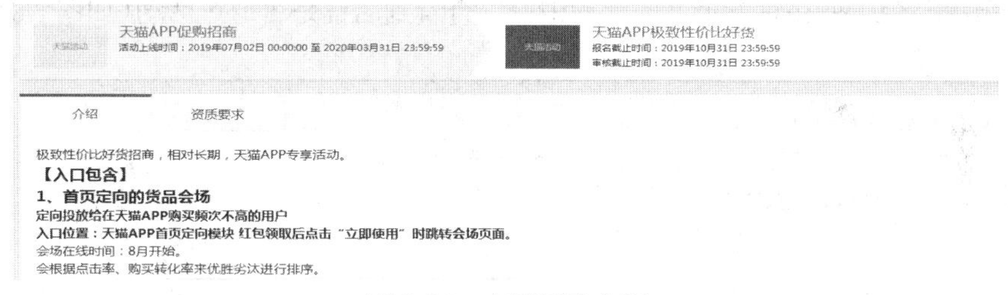

图3.80 查看活动介绍

（3）了解活动详情及规则介绍，并确认自身是否符合报名要求（如图3.81所示）。

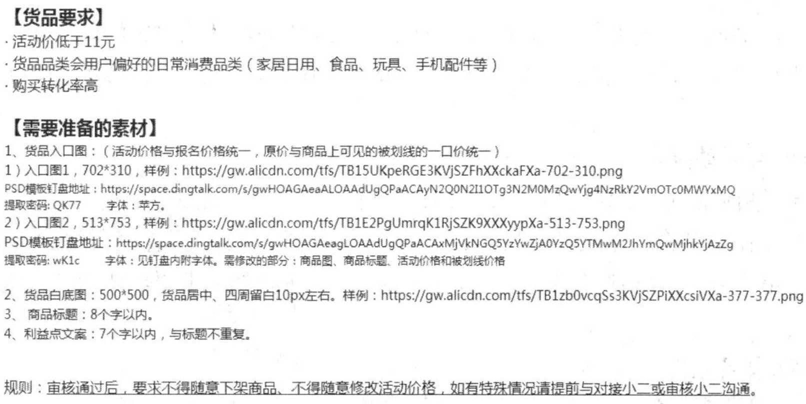

【货品要求】

· 活动价低于11元

· 货品品类会用户偏好的日常消费品类（家居日用、食品、玩具、手机配件等）

· 购买转化率高

【需要准备的素材】

1、货品入口图：（活动价格与报名价格统一，原价与商品上可见的被划线的一口价统一）

1）入口图1，702*310，样例：https://gw.alicdn.com/tfs/TB15UKpeRGE3KVjSZFhXXckaFXa-702-310.png

PSD模板钉盘地址：https://space.dingtalk.com/s/gwHOAGAeaALOAAdUgQPaACAyN2Q0N2I1OTg3N2M0MzQwYjg4NzRkY2VmOTc0MWYxMQ

提取密码: QK77　　字体：苹方。

2）入口图2，513*753，样例：https://gw.alicdn.com/tfs/TB1E2PgUmrqK1RjSZK9XXXyypXa-513-753.png

PSD模板钉盘地址：https://space.dingtalk.com/s/gwHOAGAeagLOAAdUgQPaACAxMjVkNGQ5YzYwZjA0YzQ5YTMwM2JhYmQwMjhkYjAzZg

提取密码: wK1c　　字体：见钉盘内附字体。需修改的部分：商品图、商品标题、活动价格和被划线价格

2、货品白底图：500*500，货品居中、四周留白10px左右。样例：https://gw.alicdn.com/tfs/TB1zb0vcqSs3KVjSZPiXXcsiVXa-377-377.png

3、 商品标题：8个字以内。

4、利益点文案：7个字以内，与标题不重复。

规则：审核通过后，要求不得随意下架商品、不得随意修改活动价格，如有特殊情况请提前与对接小二或审核小二沟通。

图3.81 了解活动详情

第二步：报名申请（如图 3.82 所示）。

（1）在线签署活动协议，每个空格处尽量都要填上信息，这些信息会影响个性化搜索。

（2）填报店铺信息和图片，根据指示的介绍，找美工辅助完成并上传，小二会在钉钉群中通知图片不标准的商家。

（3）选择商品并填写信息，提交等待审核，审核通过后在商品详情页将会有活动效果展示。

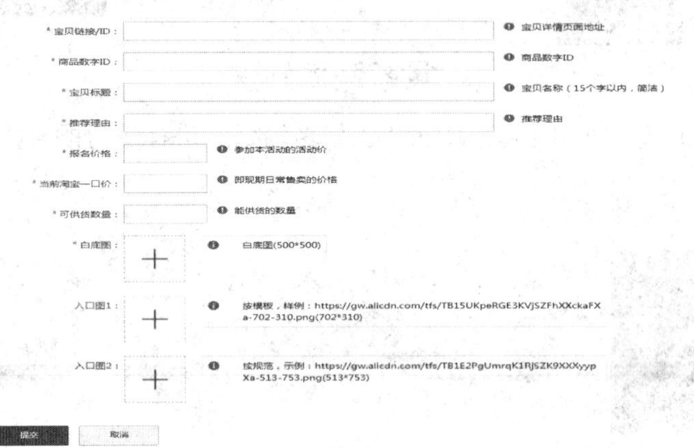

图 3.82　填写报名信息

第三步：活动准备。

（1）确认报名状态，在官方报名的活动中可以查看到店铺是否通过活动（如图 3.83 所示）。

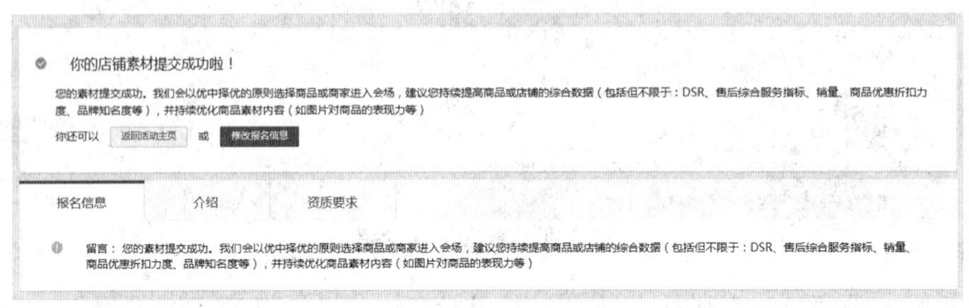

图 3.83　确认报名状态

（2）清点商品库存，核实库存数量，如果库存不足，在活动未开始前可以调整库存数。

（3）检查活动促销价，商品活动价的修改，最好和同事一起完成，修改完成后可以互相检查价格。

2. 营销平台活动报名

营销平台包括聚划算、聚名品、非常大牌、全球精选、量贩优选、淘抢购、男得好货、天猫超级品牌日、天猫小黑盒、天猫超级品类日、大牌甄选、新粉购、天天特卖、每日返现等（如图 3.84 所示）。报名商家必须同时符合或高于营销平台基础招商标准，才有机会参加和通过营销平台活动。

1）聚划算报名流程

第一步：打开淘宝网首页，进入“商家中心”，在左侧导航找到“营销活动中心”并点击进入（如图 3.85 所示）。

第二步：点开“营销活动中心”以后，在“活动报名”中可以看到聚划算、淘抢购等活动报名入口，选择聚划算点击“日常报名”（如图 3.86 所示）。

图 3.84 聚划算营销活动

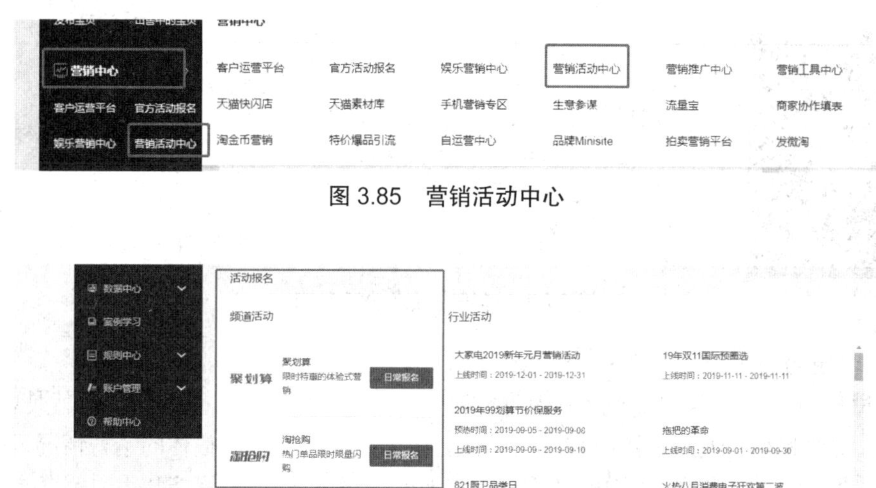

图 3.85 营销活动中心

图 3.86 活动报名入口

第三步：进入报名页面后，选择活动坑位的活动时间（如图 3.87 所示）。

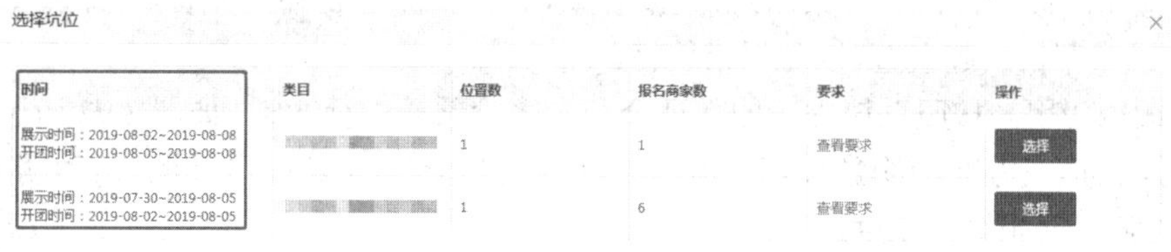

图 3.87 选择坑位

第四步：填写店铺品牌类型等资料，如图 3.88 所示，如果店铺从来没有参加过营销平台活动，点击“现在入驻”，并根据提示完成入驻流程。

第五步：进入商家资料的填写页面，商家如实填写相关信息。

第六步：会看到活动的详细介绍，以及费用的说明（如图 3.89 所示）。

第七步：报名的商品需要满足营销平台的基本规则，否则将无法成功报名。

图 3.88　填写基本信息

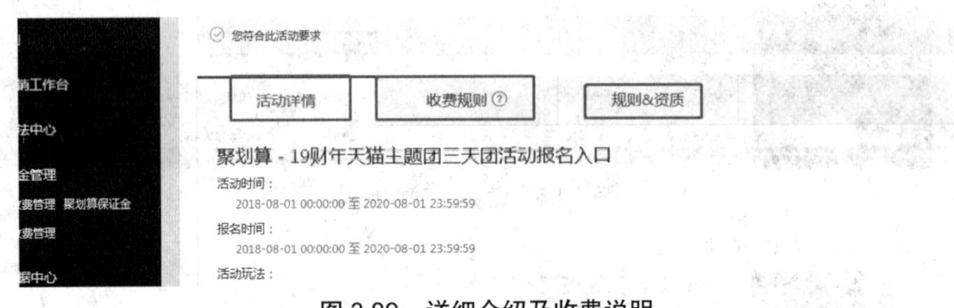

图 3.89　详细介绍及收费说明

2）报名技巧

（1）试着与小二沟通。很多营销活动名额少，不容易争取到，很重要的一点就是要能过小二这一关，主要和小二表明店铺或者商品具体竞争力、品牌竞争力、整体的销售情况，让小二知道，给出这个坑位，能有较好的产出，达得到小二 KPI 的考核要求，最好能和小二有直接联系。

（2）提交商品和素材。审核通过后开始提交素材，按提交页面要求提交对应内容包括宝贝标题、商品素材图、商品利益点等（如图 3.90 所示）。

（3）装修承接页面。设置店铺首页和活动楼层的 M 端和 PC 端（如图 3.91 所示）。

（4）检查。检查价格和文案信息，查漏补缺，店铺页面各处补充完善，产品较多的话，价格最好让同事帮忙一起检查，以免报错价格。

（5）缴纳费用。按照系统提示的保证金和参聚险预算进行缴纳（如图 3.92 所示）。

（6）加大推广力度。预算时要打出利益点，吸引更多消费者收藏加购，活动期重点冲销售额，以降低下次报名的难度。

（7）提前打包。聚划算活动期间，大部分人都只单买活动款产品，所以提前打包一部分商品可以减少活动期的工作量，到时直接贴上快递单就可以交给物流了，会大大提高工作效率。

（8）做好预热。聚划算报名审核通过后就需要把活动方案以公告的形式装修到店铺首页、关联销售、广告词、详情页、淘宝群等位置，通过短信、微淘、旺旺等方式通知客户，鼓励提前收藏加购，加大预热期各的推广力度，预热期要重点关注收藏加购指标。

（9）营销节奏。聚划算活动开始前一小时很重要，几乎可以拿到整体活动 30% 的销售额，所以要优先考虑产品的整体营销节奏，比如前半小时送赠品，前一小时折上折，在聚划算的价格基础上再打 8 折，其他时间段通过定时秒杀的活动，吸引客户持续关注。所以营销方式是一定要丰富，这样也能保证活动产品的销售量。

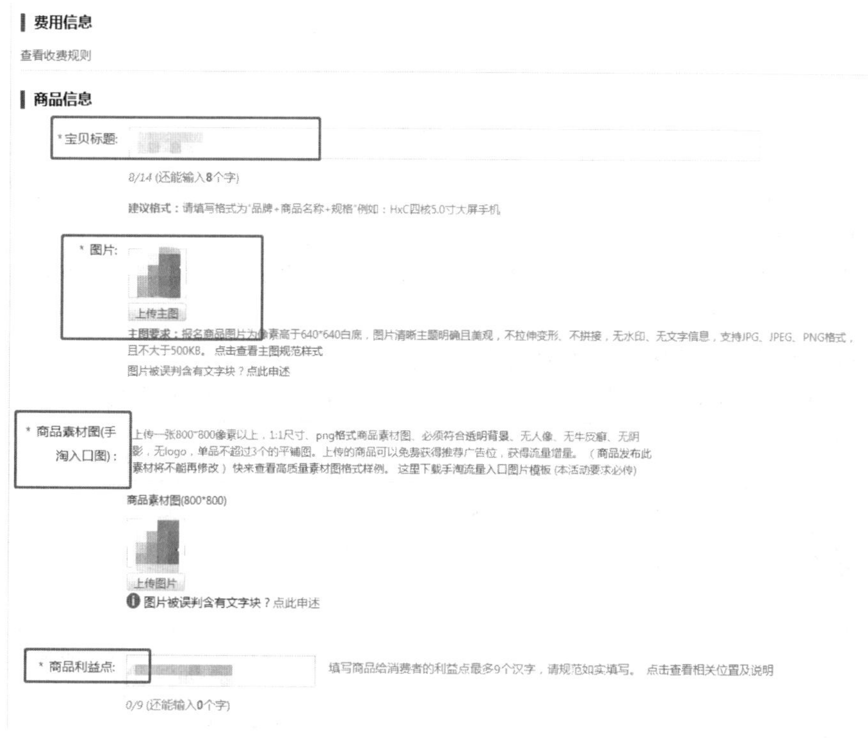

图 3.90　商品信息填写

图 3.91　装修活动页面

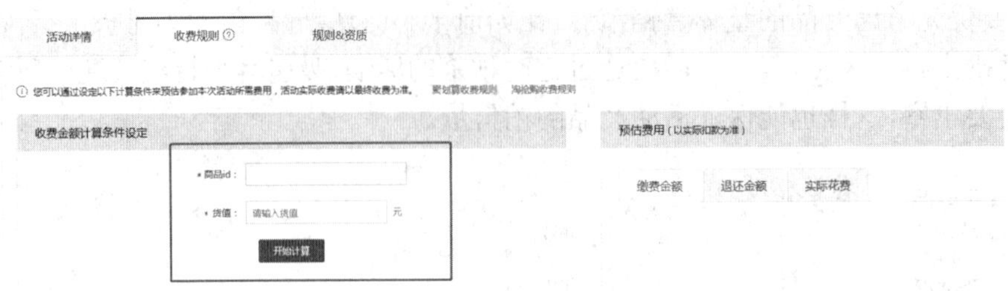

图 3.92 缴纳费用

（10）活动复盘。每次活动之后，要做好复盘，这样才能很清楚地了解活动中哪些方面还存在不足，下次可以更好地改正。

3）总结

（1）报名的产品一定要有优势。

（2）性价比要高，产品价格优惠力度和营销手段很重要。

（3）店铺层级尽可能保证在小二所需要的层级以上，这个是对店铺的综合评分的考核（如图 3.93 所示）。

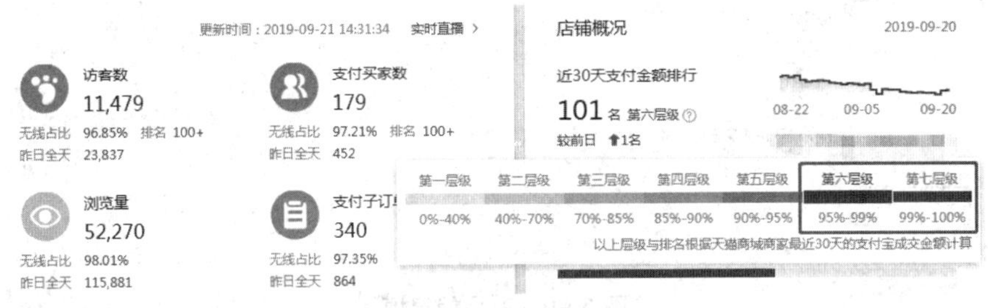

图 3.93 店铺层级

（4）店铺售后问题不能多，切记注意维护店铺动态评分，DSR（卖家服务评级系统）“飘绿”的店铺基础服务分也不会高，参加平台营销活动会困难（如图 3.94 所示）。

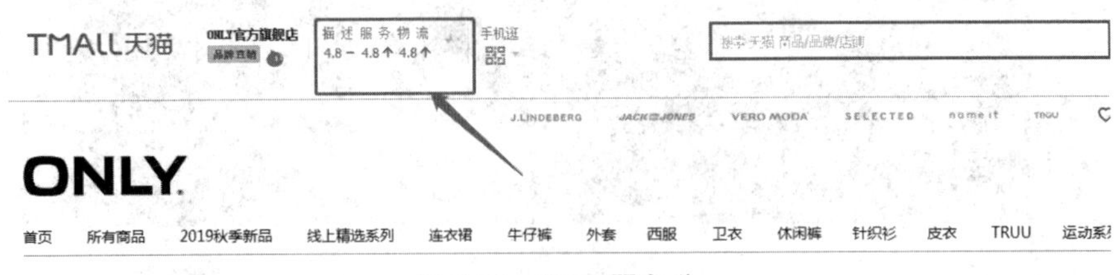

图 3.94 DSR 服务分

（5）如果一次报名失败了就多报几次，对可以调整的人为因素多优化，坚持去报，报的多了，各项指标都符合活动的要求，就会成功的。

（6）如果尝试了各种报名方式都不成功，先去努力提升店铺销量和数据，等店铺数据提升上来了，再去报名活动就会容易很多。如果是系统审核的话，会综合考虑这些数据指标。

（7）要熟练使用 Excel，做店铺库存、价格的参考等统计时会经常用到。

（8）如果第一次报名营销平台活动，可以拿爆款和销量较高的商品去报名，这样活动容易通过，活动时有较好的销量，也可以为下次再报名营销平台活动打好基础。

(9)营销平台的活动坑位有限,上一次的活动数据会决定下一次报名的成功率,这些数据主要指活动总销售额、成交速度(售罄率)、退款率、售后评价。

二、营销平台基础规则

1. 商家条件

1)基础服务考核分要求

(1)基础服务分的考核是报名营销平台活动的基础。基础服务分是由咨询体验得分、物流体验得分、售后体验得分、综合商品体验得分、纠纷投诉得分五个维度组成。官方通过这五点得分可以判断商家是否有能力支撑整体的活动,商家须达到该店铺所属主营类目的要求,基础服务考核分 = 各项单项得分 × 单项权重占比。

(2)基础服务考核分数据查看路径:商家中心—客户服务—服务数据看板—营销体验考核指标(如图 3.95 所示)。

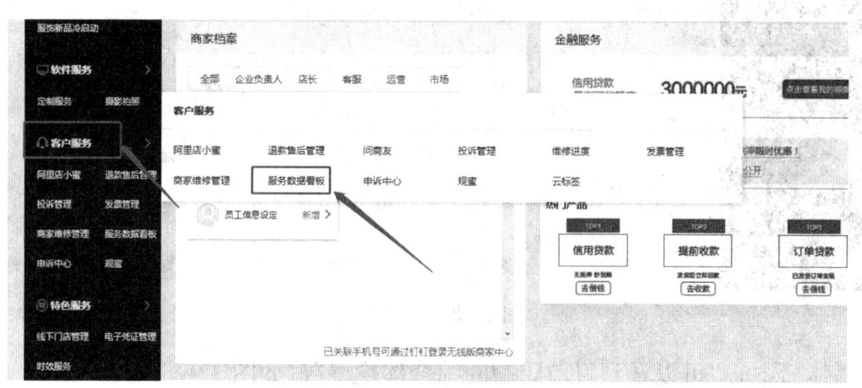

图 3.95　查看路径

不同类目各项体验指标权重占比不同、不同类目各基础服务考核分要求明细不同(如图 3.96 所示)。

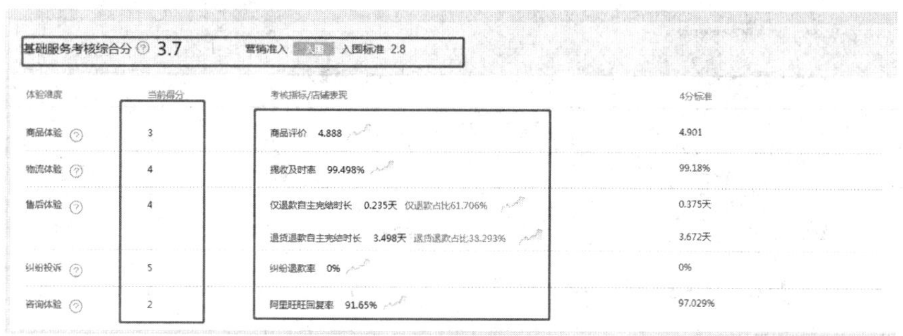

图 3.96　基础服务考核综合分

例如:店铺 A 的单项维度得分如下,商品得分 5 分、物流得分 4 分,售后得分 3 分,纠纷投诉得分 5 分,咨询体验得分 4 分,则店铺 A 的基础服务考核分 = 物流体验(4×20%)+ 商品体验(5×25%)+ 售后体验(3×20%)+ 纠纷投诉(5×20%)+ 咨询体验(4×15%)=4.25 分(如图 3.97 所示)。

组成元素	单项得分	单项权重占比	基础服务考核分
商品得分	5	25%	1.25
物流得分	4	20%	0.8
售后得分	3	20%	0.6
纠纷投诉得分	5	20%	1
咨询体验得分	4	15%	0.6
总计	21	100%	4.25

图 3.97　基础服务分算法

(3)处罚扣分限制规则要求：

①近 30 天(含)内因一般违规扣分累计达 12 分,或存在严重违规扣分(不含 0 分);

②近 90 天(含)内因一般违规扣分累计达 48 分,或严重违规扣分达 12 分的;

③违规情况查看路径:商家中心—体检中心(如图 3.98 所示)。

图 3.98　体检中心

进入“体检中心”可以看到目前店铺的综合体检情况,如图 3.99 所示。

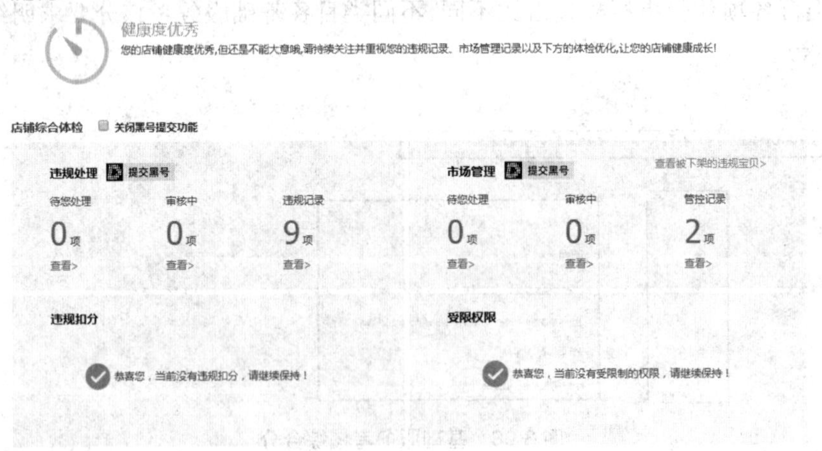

图 3.99　店铺体检信息

案例：Z 商家，5 月 8 日因违反违背承诺规则被扣 4 分，5 月 10 日因违反描述不符规则被扣 6 分，5 月 18 日又因违反违背承诺规则被扣 4 分,则商家在 6 月 1 日申报活动时将被拦截,因命中“近 30 天内因一般违规扣分累计达 12 分”规则。

（4）商家活跃度要求。开店时长（即店铺上线时间）已满 180 天（含）且近 180 天（含）内未达成任何成交的商家，将被限制参加营销活动。举例如下：

① X 商家，店铺上线时间为 2019 年 5 月 10 日，8 月 9 日报名参加活动，但在 5 月 10 日至 8 月 9 日间未产生任何成交，则 X 商家因开店时间尚不满 180 天，故不受该条规则的限制；

② W 商家，店铺上线时间为 2018 年 9 月 13 日，2019 年 5 月 16 日报名参加活动，但在 2018 年 9 月 13 日至 2019 年 5 月 16 日之间未达成任何成交，则 C 商家将被限制参加营销活动，因命中“近 180 天（含）内未达成任何成交”规则。

（5）商家综合排名要求。符合上述基础资质的商家，天猫还将结合商家多维度经营情况（如诚信经营、品质情况等）进行综合排名，若综合排名较低，将被限制参加营销活动（如图 3.100 所示）。

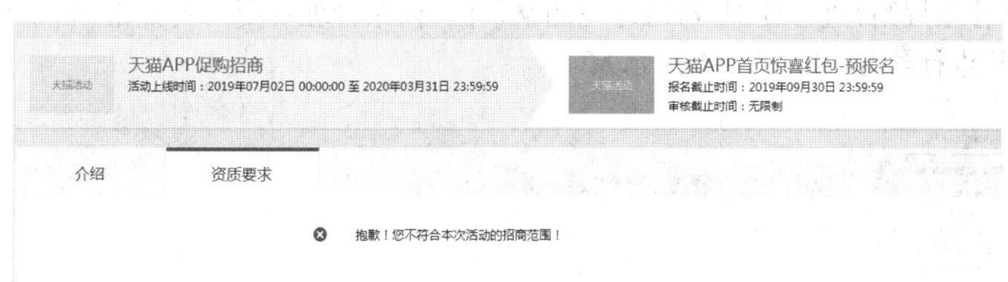

图 3.100　商家综合排名要求

2. 商品条件

报名参加天猫官方发起的营销活动及营销平台活动的商品须符合《天猫及营销平台最低标价》的规定。登录天猫网（www.tmall.com）首页，找到右上角的“商家支持”，点击“天猫规则”，在左侧导航栏中找到“营销活动”（如图 3.101 所示）。

图 3.101　天猫规则

点击左侧菜单栏“基础招商标准”，再点击“天猫及营销平台最低标价规则”进行学习（如图 3.102 所示）。

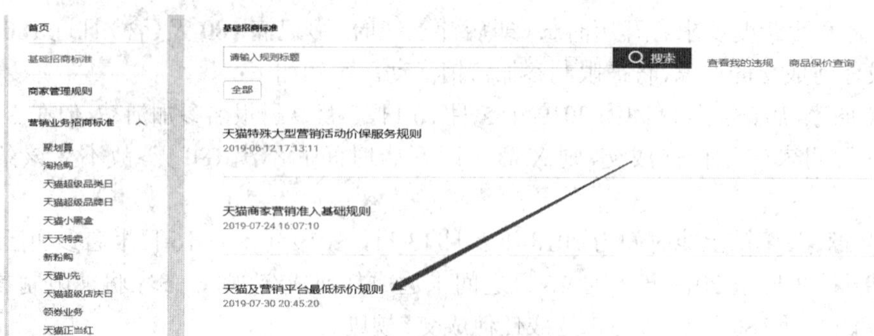

图 3.102　天猫及营销平台最低标价规则

3. 违规管理

商家参与营销平台活动的，若出现违反《营销平台商家管理规则》的行为，则依据《营销平台商家管理规则》进行处理，可通过左侧菜单栏“商家管理规则”，再点击“营销平台商家管理规则”进行学习（如图 3.103 所示）。

图 3.103　营销平台商家管理规则

三、营销手段

1. 赋予效应

赋予效应即部分客户在失去某件已经获得的商品时，其不舍的程度要比刚刚获得该商品时的高兴程度更深。比如说一件很普通却很常用的东西，客户拥有之后如果再放弃它，就会觉得这个东西属于自身财产中很重要的一部分，不愿意失去。所以淘宝中有很多产品和第三方服务一开始都是免费的或者有免费试用期（如图 3.104 所示），等到消费者对其产生了依赖，还是有不少人愿意付费来继续使用该产品或服务的。这也是为什么很多店铺喜欢做免费试用，这种活动比较适合复购率高的类目，或者在产品新品上架破冰时期时选择。

2. 安于效应

安于效应是指很多商家不愿意去尝试，不愿意选择能获得更大回报的机会，他们认为一如既往地工作可以换来平稳的销售额，这样就很满足。购物也是，很多买家，购买了商品，感觉不是特别喜欢，但也不想折腾退货换货，怕垫付退货的运费、路上快递被损坏等等，最后选择收下这个商品。这种现象到店铺日常运营工作中会很常见，当一个产品出现问题时，会担心换了标题、主图、详情页，流量就会下滑而因此不敢去操作。如果确定有更好的标题和更好的主图、详情页，那么就试着修改，试错的过程中也是成长的过程（前提是要有充足修改的依据）。有些商家直通车活动不敢投入一点点预算，却羡慕别人砸几万几十万去推爆一个款，而自己就算有条件也不敢那样操作。还有些商家的宝贝数据根本就不好，投了几万元参加直通车活动不见效还在继续亏本投入，这就是不敢承认错误，不愿意去尝试，也就是不懂及时止损。

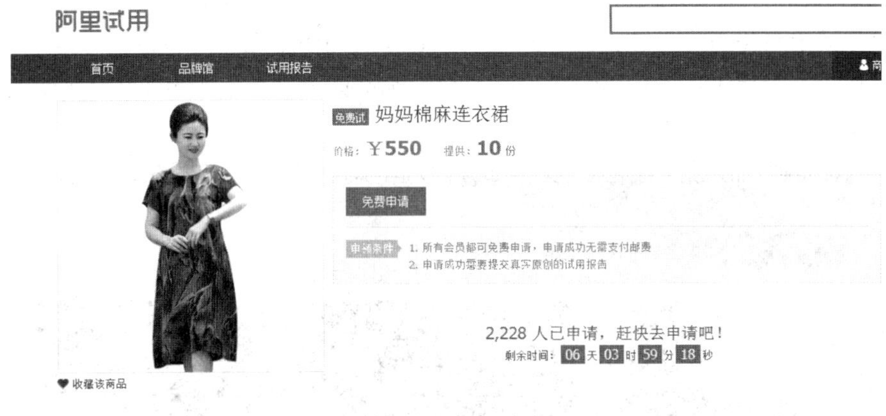

图 3.104　阿里试用

技能四　站内视频内容营销

网店以图片、文字、视频结合的方式进行内容化营销，让消费者对店铺的商品进行深入了解，从而能促进店铺的转化，提升店铺的销售额。内容营销需要通过合理的内容文章，排版形式，发布及传播途径，向消费者传递感兴趣的心智信息，并吸引消费者收藏加购、购买或者转发等，通过这些行为来实现店铺营销的目的。下面通过图文内容营销和短视频直播营销两种内容营销方式以及语义效应和心理账户效应两种营销手段对内容营销进行深入学习。

一、营销方式

（一）图文内容营销

站内内容营销包括有好货、爱逛街、淘宝头条、必买清单、每日好店、生活研究所、家有萌娃、大鱼号、尤物志、盒马、淘女郎、农资农具频道等，以有好货内容营销频道举例（如图 3.105 所示）。

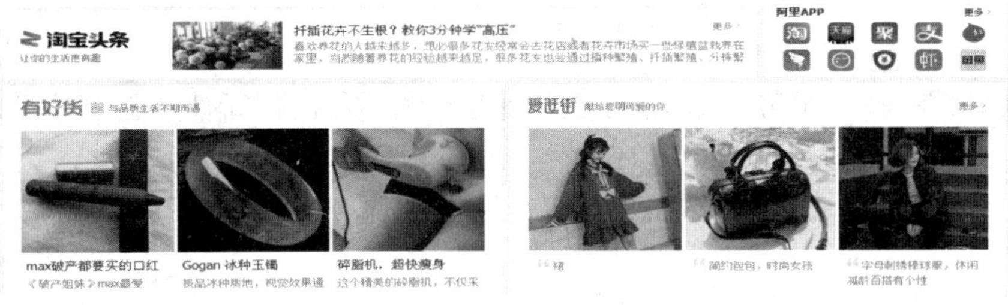

图 3.105　内容营销

1. 注意事项

1）上线次数

商家首先要明确好上线次数，一款商品可以从生产过程、代言人、材质、功能等多个角度写出 *N* 篇有好货的文章，但有好货的平台会对这些文章进行过滤，系统会筛选出一篇文章在有好货频道中进行展示。

2）商品类目

对产品的类目没有较多要求，一般商品有 20 左右的销量和评价就可以找有好货达人进行合作。如果产品属于小类目，且有爆款的趋势，那么即使销量很少也可以进行发文引流。

3）商品条件

（1）小众品牌：品质好、有逼格，受一部分高端小众人群追崇，如图 3.106 所示。

有好货 与品质生活不期而遇

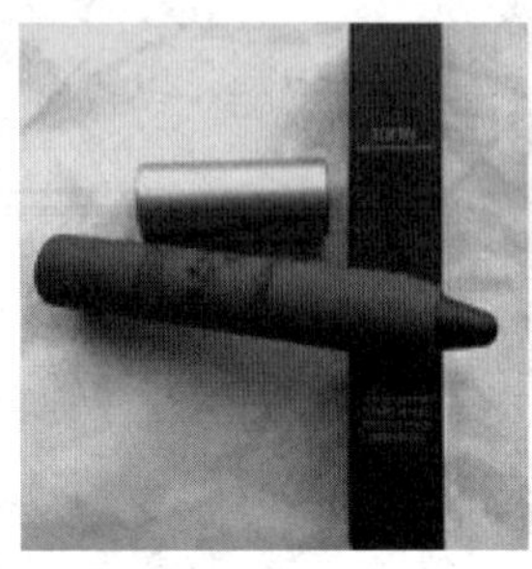

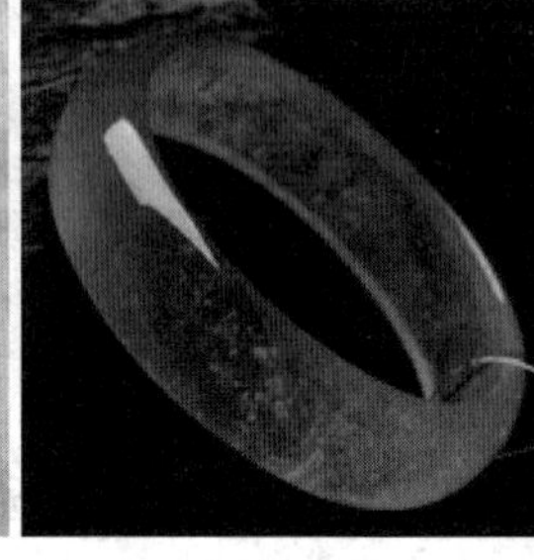

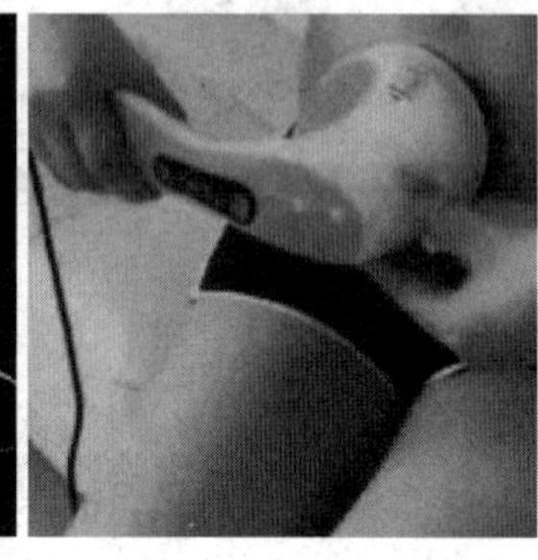

max破产都要买的口红
《破产姐妹》max最爱
5963 人说好

Gogan 冰种玉镯
极品冰种质地，视觉效果通
209 人说好

碎脂机，超快瘦身
这个精美的碎脂机，不仅采
129 人说好

图 3.106　小众品牌有好货商品

（2）设计风格强：有腔调、有特色（如图 3.107 所示）。

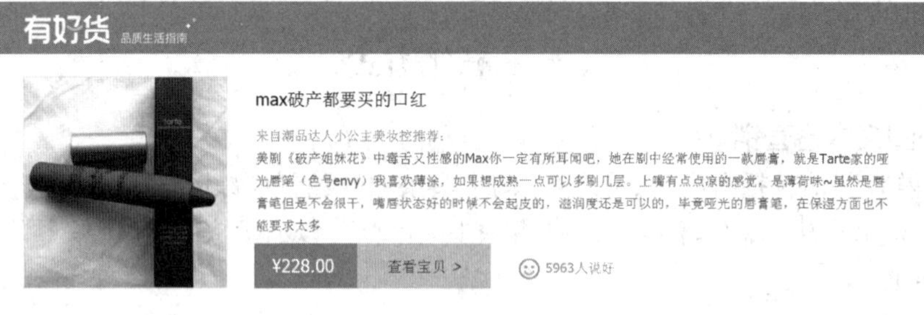

图 3.107　有腔调的口红

（3）创意性强：在外观、使用功能等方面有与众不同的创新性和创意感（如图 3.108 所示）。

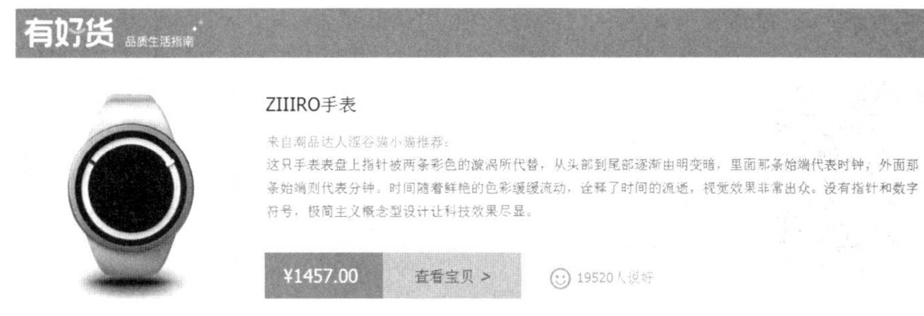

图 3.108　创意性手表

（4）大品牌、奢侈品的限量款：具有一定稀缺性或收藏价值（如图 3.109 所示）。

图 3.109　耐克限量款

（5）全球购商品：挖掘国外口碑好，有品质、有品位、有调性的品牌或商品，已经在国内泛滥的商品除外（如图 3.110 所示）。

图 3.110　全球购

4）常见的不符合的商品类型

（1）很多电商平台经常见到的品牌及商品。

（2）在线下就能买到的热销品牌及款式。

（3）高仿的宝贝，外观、名字与大牌类似或雷同，即所谓的明星同款、大牌仿款、山寨 A 货等。

（4）外观粗糙、品质感差的商品。

2. 发布流程

属于达人文章的导购模式，对宝贝的要求很高，大部分是由淘宝达人推荐展示的，其中也有很小一部分是开放给商家自荐报名的。

（1）如果宝贝足够优秀，在品类中特点较为突出，就会引起达人主动发文推送。这时可以依据数据来选择发文的达人，也可以选取带来流量较大的达人作为其他产品的合作伙伴。

（2）商家自荐的报名入口为淘宝网—商家中心—营销活动中心，这里会不定期推送报名活动。根据官方在千牛或者后台的通知，需要商家及时关注，并按照提示的报名流程操作即可（如图 3.111 所示）。

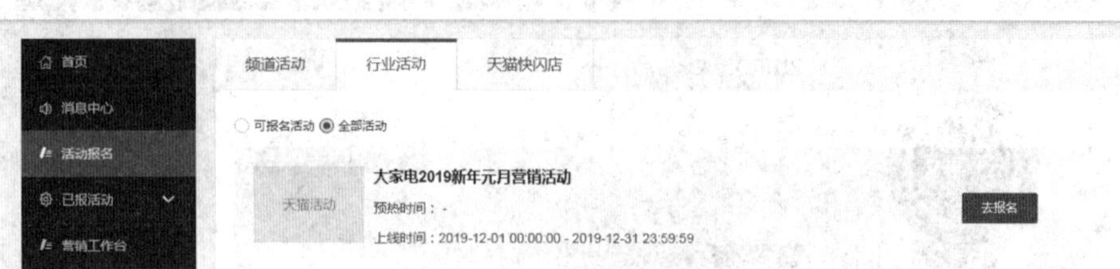

图 3.111

(3)比较常用方法为要先入驻阿里 V 任务的首页：https://v.taobao.com/(如图 3.112 所示)。

图 3.112 阿里 V 任务

①进入首页之后，下拉至第二屏，查看所有官方活动，按渠道找达人(如图 3.113 所示)。

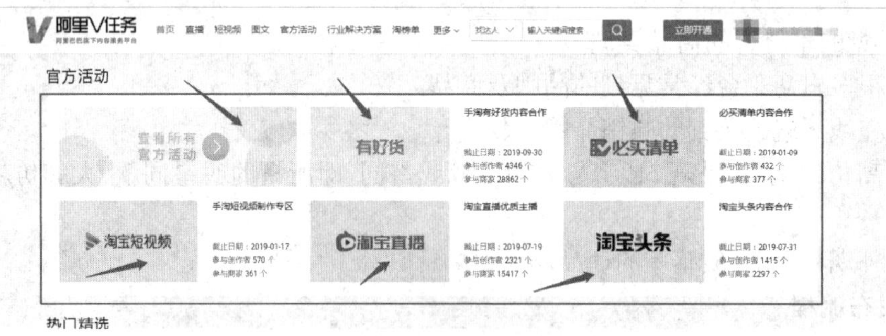

图 3.113 按渠道查找

②点击感兴趣的阿里 V 任务的达人，查看达人的信息资料，往期的内容素材(如图 3.114 所示)。

图 3.114　查找达人

③点击“合作咨询”开始沟通，也可以参加其发布的官方任务（如图 3.115 所示）。

图 3.115　合作咨询

④等达人写好内容，会直接推送到淘宝首页内容公域进行展现。

(二)短视频直播营销

短视频直播营销包括淘宝直播、主图 / 详情视频、淘宝短视频、微淘视频、短视频评价、第三方视频平台等，以下为四种最常用的视频营销方法。

1. 淘宝直播

1）注意事项

（1）店铺首页无入口：需要确定是否使用第三方装修模板，如果使用第三方装修模板则无法展示官方入口，店铺首页需要恢复官方模板进行装修（如图 3.116 所示）。

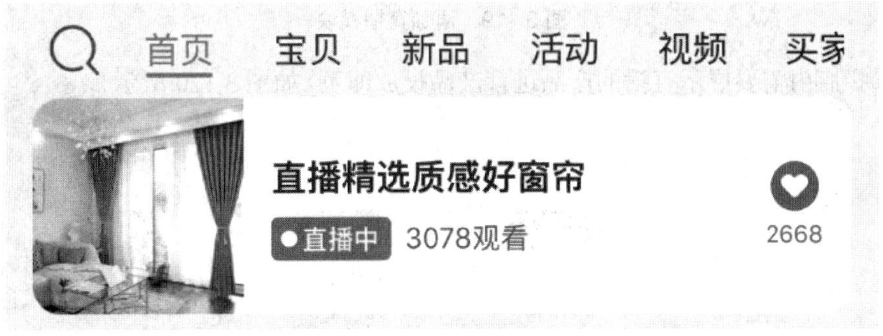

图 3.116　店铺首页直播入口

（2）详情页无入口：如果是原来没有做过淘宝直播的商家，需要在宝贝详情页添加“直播模块”入口才会出现。添加流程如下。

①需要打开商家后台找到“店铺装修”（如图 3.117 所示）。

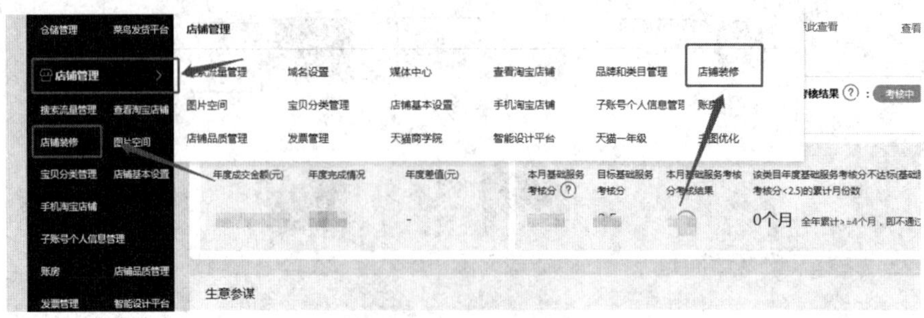

图 3.117　店铺装修

②在弹出来的新页面中选择“详情装修”，点击“批量投放”选项，然后找到“直播”选项进行“创建投放模块”（如图 3.118 所示）。

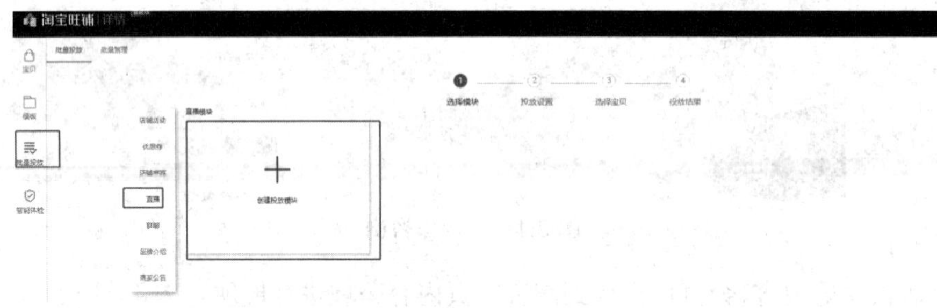

图 3.118　创建直播批量投放模块

③将直播模块添加到详情页中，点击保存（如图 3.119 所示）。

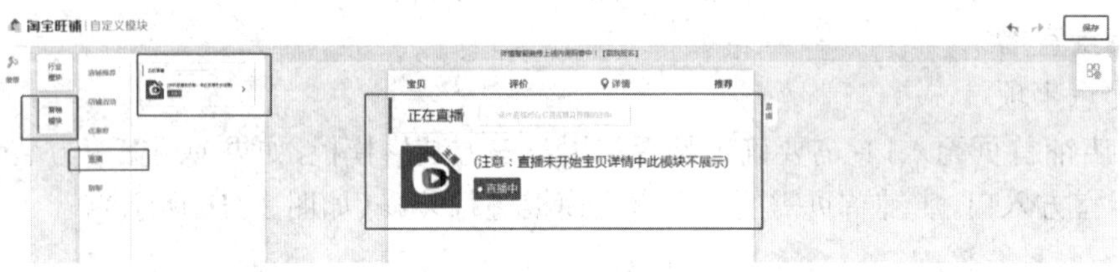

图 3.119　添加直播模块

④选择店内需要展示直播的产品进行产品投放即可（如图 3.120 所示）。

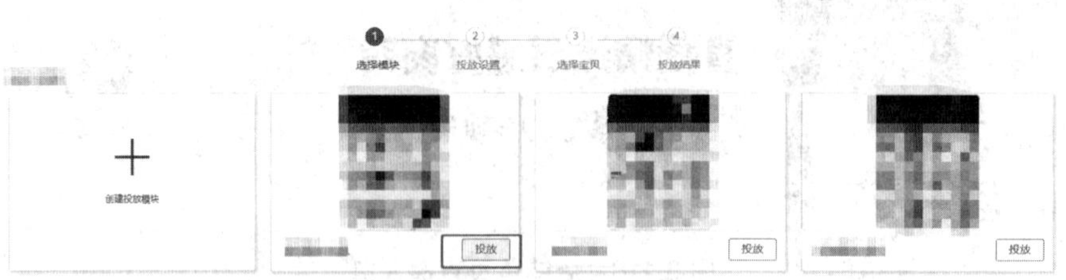

图 3.120　产品投放

（3）中控台显示为错误可能是由于店铺评分、信用等级等原因，未能成功开通直播权限。

（4）不建议主播离开镜头，这样会让消费者失去提问的兴趣，而且用户进入直播间没有声音提示，会让商家错过很多客户。

2）发布流程

（1）淘宝网会更加注重淘宝直播的发展，因为往年通过直播给店铺带来的销量大大超出了想象。2020 年，淘宝直播的门槛将会越来越低，让更多的商家能够参与其中。所以商家们一定要好好把握机会，尽早开通直播的权限。

（2）打开阿里创作平台（https://we.taobao.com/），在左侧菜单栏的“自运营”中找到“直播”入口，并点击进入新页面，如图 3.121 所示。

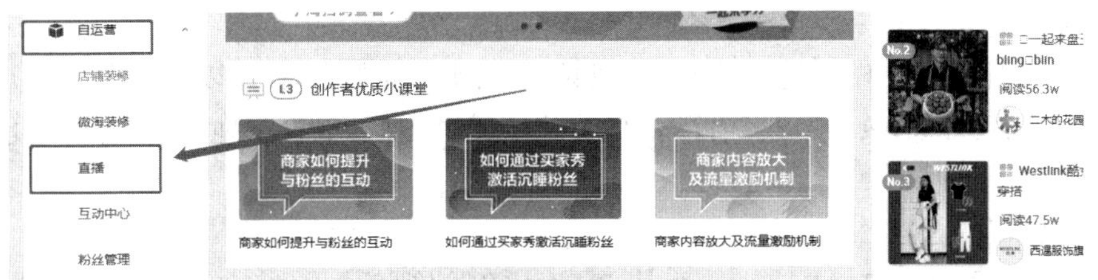

图 3.121　寻找直播入口

（3）进入淘宝直播中控台，点击发布“直播按钮”（如图 3.122 所示）。

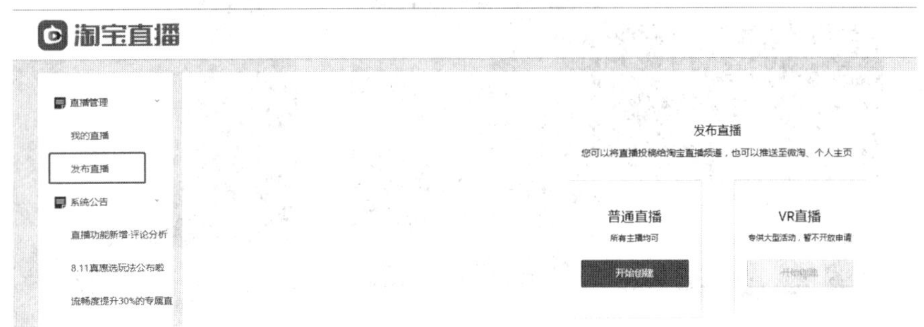

图 3.122　发布直播

（4）填写直播信息，需上传图，填写标题、直播内容等（如图 3.123 所示）。

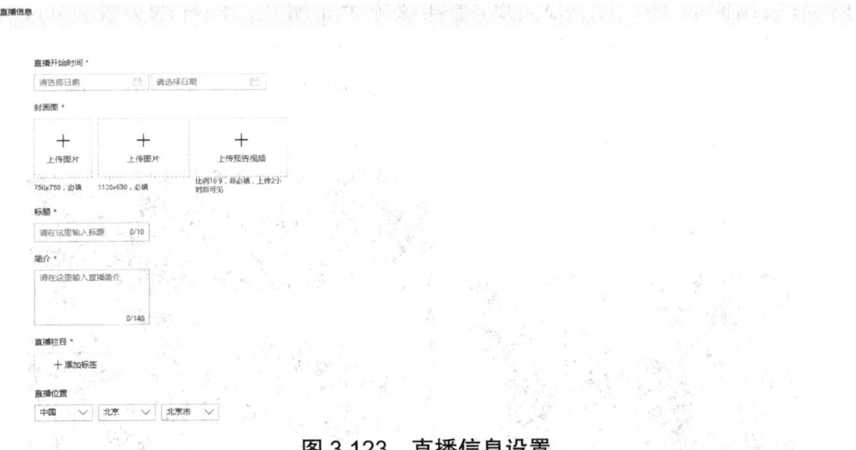

图 3.123　直播信息设置

（5）设置直播的时间和直播中信息流推送的商品，点击“发布”之后，系统会生成直播预告在 M 端的首页和投放直播模块的商品详情页展示直播信息(如图 3.124 所示)。

图 3.124 添加直播推送商品

2. 主图 / 详情视频

主图 / 详情视频的作用是介绍产品,视频不像图片那样单调,可以把宝贝生动形象地展现出来,可以增加详情页访客平均停留时间,让消费者更好、更直观地了解产品,也能促进消费者下单。

1)注意事项

(1)尺寸:可使用 1∶1 或 16∶9 或 3∶4 比例的视频,无线端的视觉效果 3∶4 优于 1∶1 优于 16∶9(如图 3.125 所示)。

(16∶9) (1∶1) (3∶4)

图 3.125 比例对比

(2)时长:不多于 60 s,建议 30 s 以内,短视频可优先在爱逛街等推荐频道展现。

(3)内容:突出商品 1~2 个核心卖点,不建议电子相册式的图片翻页视频。

(4)多角度展示:包括宝贝的前面、后面、侧面等不同角度的图片。

(5)细节特写:把卖点局部放大,比如卖的宝贝是口红,那么把口红的特别之处或者上妆的效果,放大展示出来(如图 3.126 所示)。

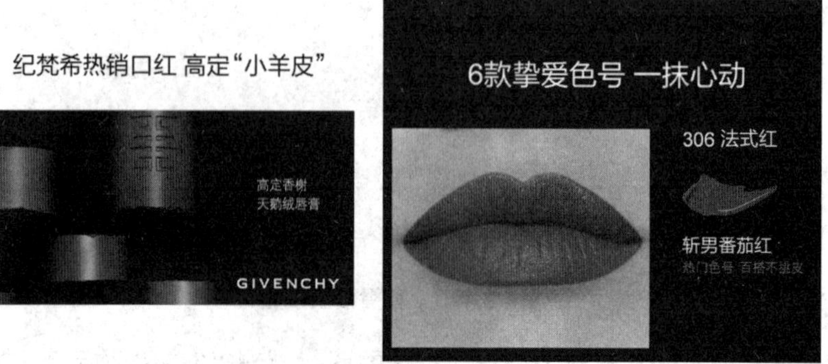

图 3.126 细节特写

（6）介绍细节：如果是功能性的产品，需要着重介绍功能特色和使用方法。如智能家电，可以在主图视频里表现出这个宝贝的使用步骤。

（7）视频定位：根据客群的特征去做针对性的介绍。例如 L 店铺家卖的产品是商务包，那该店铺针对的客户群体就是典型的商务男士，他们注重款式，所以在视频中要突出款式特点。

2）发布流程

（1）第一种方法步骤如下。

第一步：打开“淘宝网”，在“商家中心”找到“出售中的宝贝”（如图 3.127 所示）。

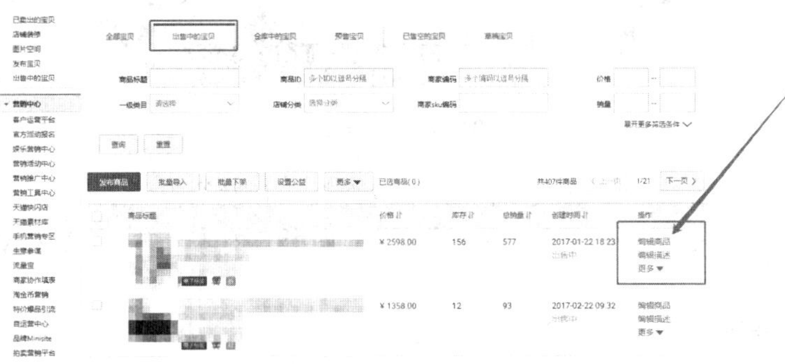

图 3.127　编辑商品

第二步：在商品描述中找到“主图视频 / 详情视频”。

第三步：选择主图 / 详情视频的比例（3∶4、1∶1 或者 16∶9），接下来选择视频（如图 3.128 所示）。

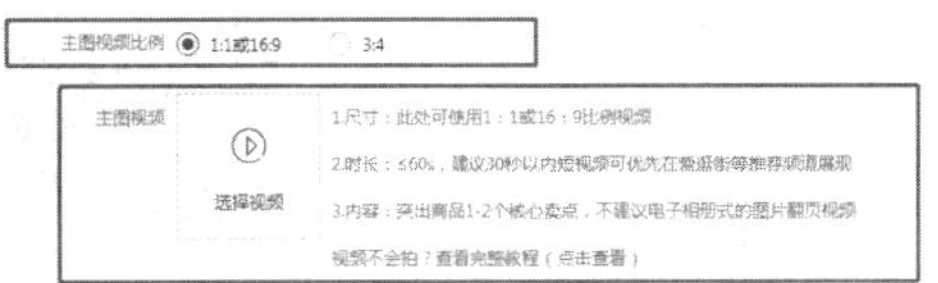

图 3.128　视频比例

第四步：选择对应的视频，如果是已上传过的视频直接在其前面打钩，并确认保存；如果是新视频，点击上传视频，上传当地的视频文件到详情页视频主图或详情视频处，上传的同时也会保存在店铺的视频空间中（如图 3.129 所示）。

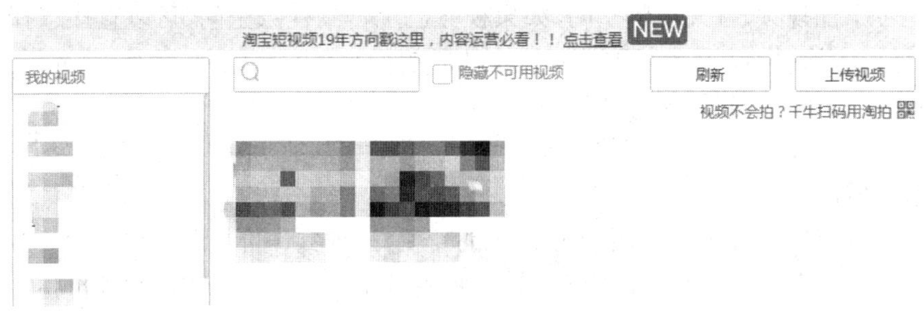

图 3.129　视频空间

第五步：视频传好后，会有 5~10 分钟的审核时间，审核通过后编辑视频的标签（模特、细节、静拍、测评、材质等）。

第六步：保存详情页，等待 5 分钟左右，重新打开页面检查即可（如图 3.130 所示）。

图 3.130 详情页视频

（2）淘拍（taopai.taobao.com）是淘宝对手机视频新开发的视频工具，为了配合手机店铺视频铺满全屏，官方推出淘拍视频工具后，可以面向所有商家开放 3∶4 主图视频权限。创建流程如下。

第一步：打开淘拍，选择主图视频，点击创建视频（如图 3.131 所示）。

图 3.131 创建视频

第二步：填写视频名称、视频比例，建议选择 3∶4 或者 1∶1 的视频（如图 3.132 所示）。

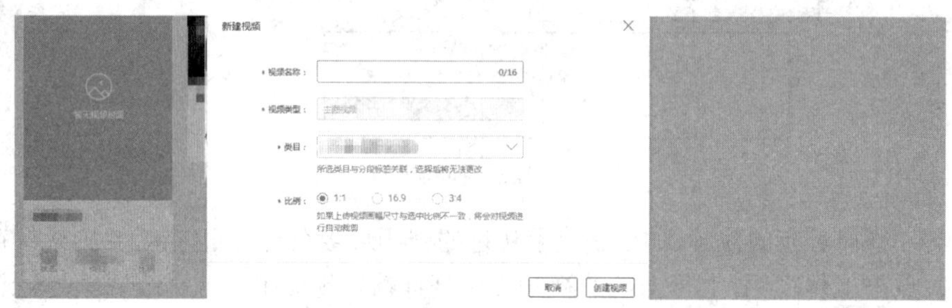

图 3.132 信息设置

第三步：添加视频，打开视频空间，如果视频已上传到视频空间，可以直接选择；没有上传过就选择相应的视频上传然后要选择这个片段的标签（模特、细节、静拍、测评、材质）。

第四步：点击“下一步”，选择要添加的产品。

第五步：上传和视频尺寸相同的 5 张主图，点击“确定”，视频审核通过后将会自动展示。

3. 短视频评价

短视频评价对于在售的商品是一项巨大的变化，短视频评价加入了评价的内容中，如图 3.133 所示。商家需要加大力度鼓励客户拍摄短视频评价。与传统的图片评价相比，短视频评价的方式具有全方位的效果，会让想要购买的消费者在评论区了解产品的反馈情况；也能让消费者更直观地了解产品的优缺点。

图 3.133　短视频评价

1)注意事项

(1)对于好评,商家可以及时予以回复并感谢。这样不仅让购买过的卖家看到店铺的态度,更能让买家打消一些顾虑,在以后的使用过程中出现问题也可以轻松解决(如图 3.134 所示)。

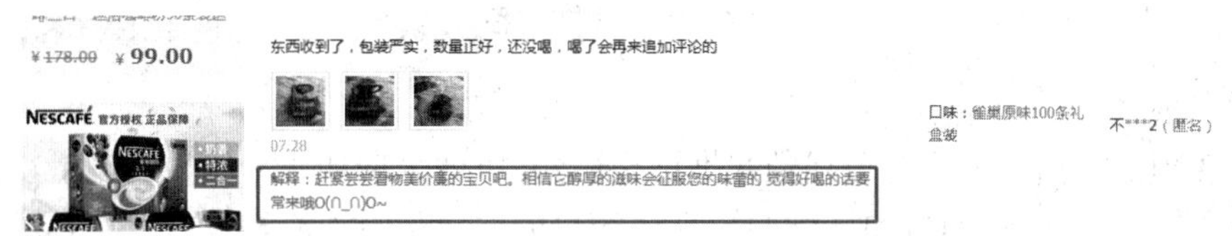

图 3.134　回复与感谢

(2)对于差评,更要及时做好解释以及回复。对于不太好的评价,虽然有些中差评不是宝贝质量方面的问题,但也体现了物流等其他方面的问题。对于此类问题,卖家应及时解释以及回复,避免其他买家看后,对购物体验造成负面影响(如图 3.135 所示)。

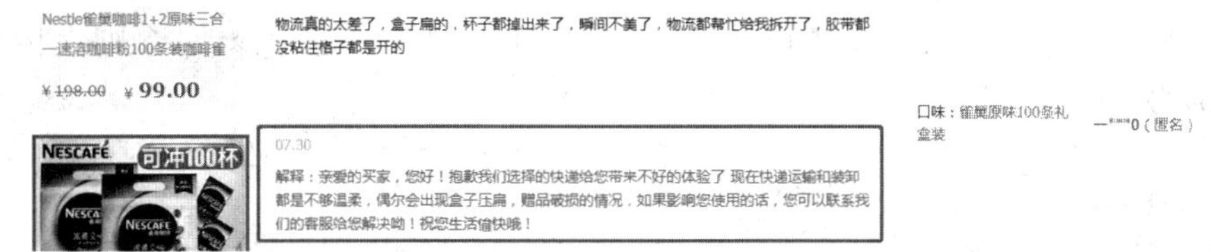

图 3.135　解释与回复

(3)谨防诈骗信息。现在诈骗信息也是层出不穷,对于买家反馈的一些受骗的信息,也要及时在客服追评里面做好跟踪以及提醒。

2)发布流程

发布流程如图 3.136 所示,具体步骤如下。

第一步:打开淘宝 App 点击右下角“我的淘宝”。

第二步:进入“我的淘宝”选项下,在该选项界面中找到并点击打开“待评价”。

第三步:进入“待评价”管理窗口列表后,在下方的列表中找到想要评论的商品,并点击“评价”按钮。

第四步:点击添加视频后,进入拍摄页面,点击“拍摄”按钮,拍摄结束后打钩确认。

第五步：拍摄完成后，进入视频编辑页面，编辑完成后，打钩确认。

第六步：跳转到发布页面，配上简短文字，点击“发布”即可。

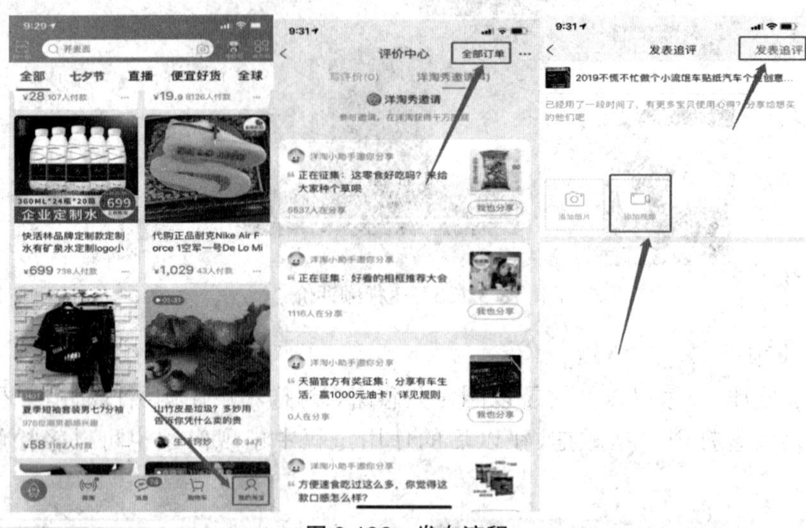

图 3.136　发布流程

4. 微淘视频

微淘视频是指拍摄宝贝的短视频并推送至微淘，以此来增加微淘的粉丝流量，并综合加入产品的介绍，达到营销的目的。微淘短视频的目的主要是吸引流量，可以为店铺增加免费流量。

1）注意事项

（1）注意上传时间，平台规定，每个视频最多 10 min。所以视频的制作，要把握好时间，尽可能在短时间内将商品最好地呈现。

（2）视频中不允许出现暴力、赌博等不良内容。

（3）短视频的大小要在 200 M 以下，超过 200 M 的视频要进行修改，否则上传不成功（如图 3.137 所示）。

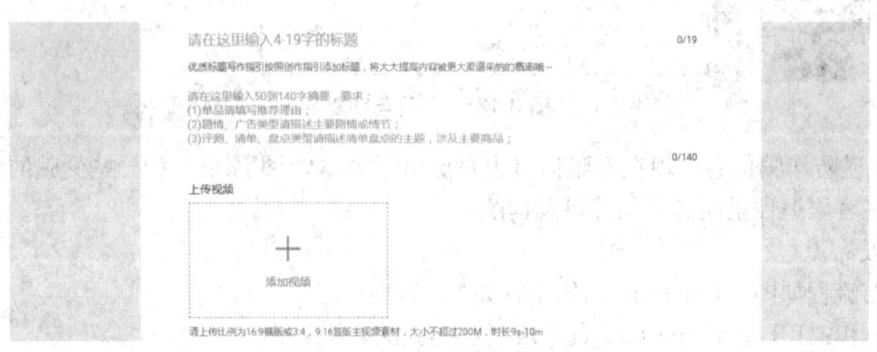

图 3.137　上传要求

2）发布流程

第一步：在浏览器中搜索阿里创作平台（we.taobao.com），点击进入（如图 3.138 所示）。

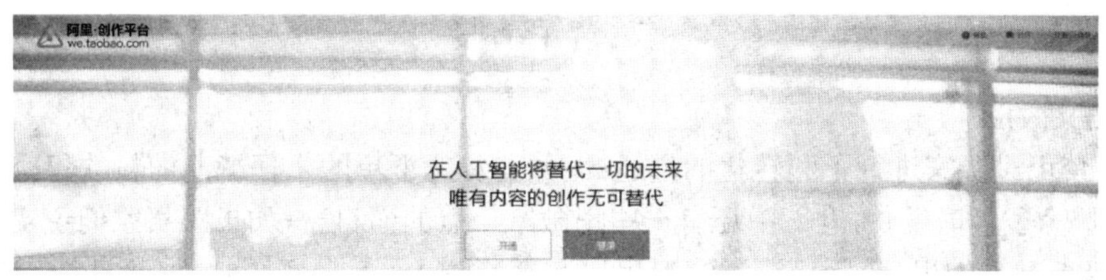

图 3.138　阿里创作平台

第二步：在登录页面，使用淘宝商家号的账号和密码进行登录。

第三步：登录后可以看到很多分类，找到短视频，点击“立即创作”，如图 3.139 所示。

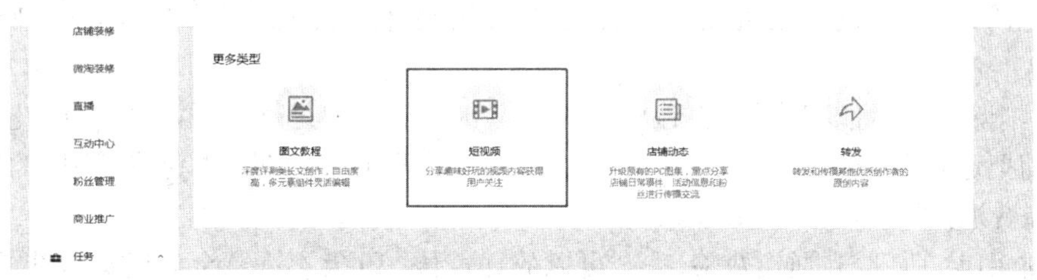

图 3.139　短视频

第四步：在内容编辑页面，输入话题、标题、50~140 字之间的摘要。

第五步：上传本地视频，注意视频的大小、时长要求以及与视频相关的封面图，最后点击“发布”即可，如图 3.140 所示。

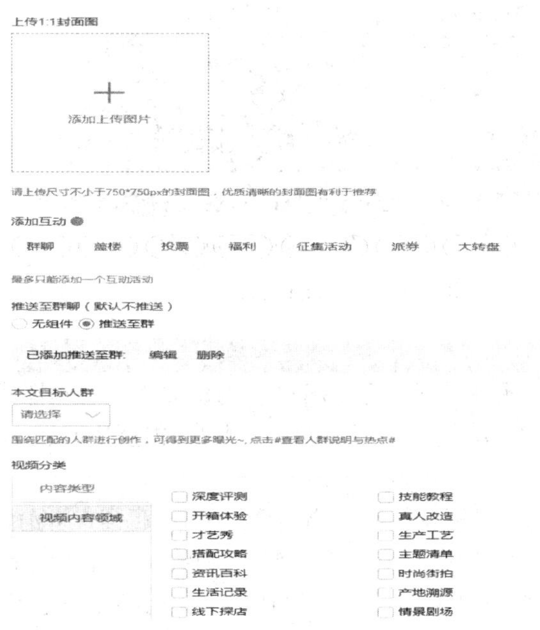

图 3.140　设置信息

二、营销手段

1. 语义效应

（1）禁止对买家进行不利转化的描述：比如消费者下单的牛仔裤薄面料款售空断货，新货还没到，为了及时发货，仓库中还有一些稍微厚一点的面料款，如果跟买家们说实话，很可能出现退货退款的现象，所以这种情况可以和客户说“面料升级，更防磨吸汗”。举个医院的例子，大夫一般不会对病人说死亡率高达80%，但是会说存活率是20%。

做电商也要学会变通，质量一般的产品要宣传性价比，而避开谈质量，这并非是弄虚作假，实情也要在详情中得到体现，比如衣服确实会掉毛，就应该写明会有轻微掉毛，如果质量真的很差的话，则不建议销售此类产品，因为后续会产生大量退货和中差评，影响店铺的信誉。

（2）消除消费者的损失顾虑，让消费者感觉买到产品就是赚到了，心甘情愿花钱购买。建议店铺把运费险开通，会提升网店的转化率。运费险可以理解成“免费试用”的广告词，不喜欢免费退，不需要花一分钱。

如图3.141所示，开通运费险，完全可以放开宣传“30天不满意全额退款”，让买家完全没有购买顾虑。7天无理由退换货也正是电商发展的一个推动力。通过语义效应让买家真正地感觉到踏实，真正退款的人并不会增加多少，但敢于下单购买的人却会多很多。

图3.141　30天无理由退换

2. 心理账户效应

“上帝在此处关上了门，就会在别处开一扇窗”，消费者都有心理账户，店铺做营销，而营销就是要给消费者购买的理由，满足消费者的心理账户，能解决问题，他们自然就愿意下单购买。

如图3.142所示，比如一个机械竞技鼠标要几百元，如果店铺告诉消费者这个鼠标能带来的使用价值，并且满足他们的需求，消费者会更愿意购买；又比如圣诞节路边卖的30元一个的“平安果”，一般人都会觉得几元钱的苹果卖到30元不合适，舍不得买，但如果买来送给女朋友的话，可能还会愿意买。很多类目都会把自己的产品宣传成礼品，送家人、送朋友，只要是要送人的，买家就会愿意接受更高的价格。

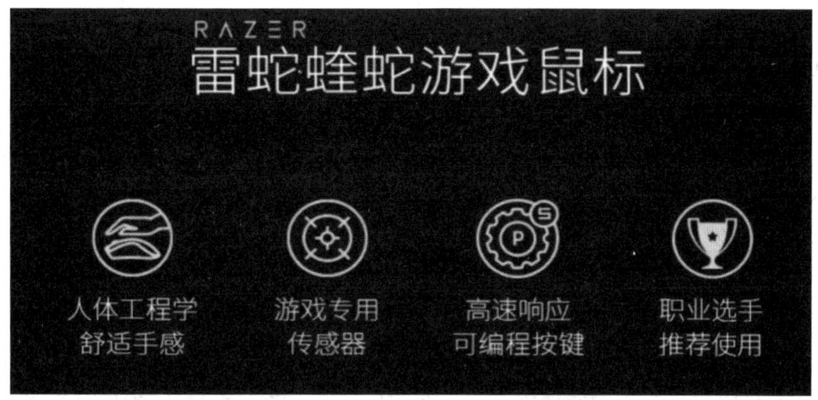

图 3.142　鼠标购买的理由

技能五　推广平台营销

推广是以网店产品和品牌为中心，网店通过各种免费或收费的展示渠道，展现给消费者的一种不断加深印象的方式，长期的印象积累会转化为成交量，可以达到小投入大回报的效果。下面通过直通车推广、智钻推广、淘宝客推广、品销宝推广、超级推荐推广五种推广平台营销方式以及互惠效应和参照效应两种营销手段来对推广平台营销进行深入学习。

一、营销方式

（一）直通车推广

"直通车"是为专职淘宝和天猫卖家量身定制的，按点击付费的效果营销工具，为卖家进行宝贝的精准推广（如图 3.143 所示）。它是由阿里巴巴集团下的雅虎中国和淘宝网进行资源整合，推出的一种全新的搜索竞价模式。下面通过渠道介绍、渠道优势、推广方式和创建流程来学习直通车推广。

图 3.143　直通车

1. 渠道介绍

直通车推广为 CPC（按点击付费）收费模式。直通车排名 = 综合出价 × 质量分，综合出价 = 基础出价 × 平台折扣 × 分时折扣 × 人群溢价等。其平均点击单价实际扣费公式为：PPC= 下一家的出价 × 下一家的质量分 / 自己的质量分 +0.01 元。

1）无线关键词核心推广位

关键词搜索页面的"第 1 位""第 7 位""第 13 位""第 24 位""第 35 位"为直通车广告

的推广位。

其排列形式如下：1X+5Y+1X+5Y+1X+10Y+1X+10Y+1X（“数字”代表商品数；“X”代表直通车广告商品，主图的左上角有 HOT 的标志；“Y”代表非广告商品）。如图 3-144 所示：

关键词搜索结果页：关键词搜索商品页面。

2）无线定向资源位

手机淘宝首页—猜你喜欢、手机淘宝消息中心—淘宝活动、手机淘宝—淘好物活动、手机淘宝—有好货信息流 、手机淘宝—购后猜你喜欢等资源位。

图 3.144　无线核心推广位

3）电脑关键词核心推广位

关键词搜索结果页第 1 页的第一个位置、右侧竖屏 16 个位置、最底端横屏 5 个位置及第 2 页开始每页的前三个位置（如图 3.145 所示）。

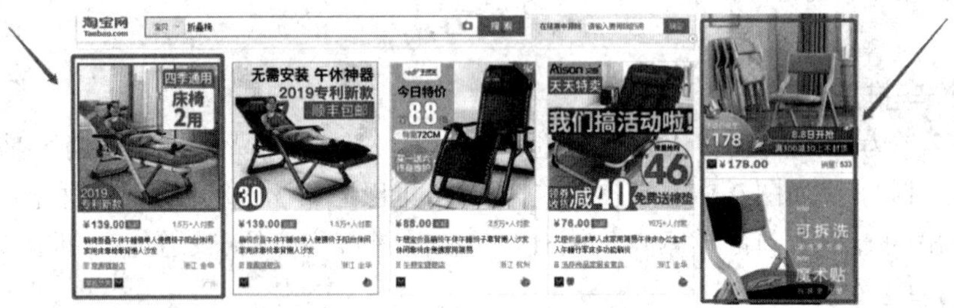

图 3.145　核心推广位

最底端横屏 5 个位置（如图 3.146 所示）。

图 3.146　搜索结果页底端横屏展示位

第 2 页开始每页的前三个位置（如图 3.147 所示）。

图 3.147 第 2 页广告展示位

4）电脑定向资源位

我的淘宝——物流详情页、我的淘宝——已买到的宝贝、淘宝确认收货页、站内评价成功页面、淘宝订单详情页、热卖单品精品、淘宝付款成功页、我的淘宝首页—猜我喜欢、淘宝收藏夹、旺旺每日焦点等。

2. 渠道优势

1）提升产品曝光率

让消费者购买的前提就是让消费者了解该产品，只有先增加产品的曝光量，才有机会让消费者点击进入了解商品，而开淘宝直通车就能够提升产品的曝光率，并且还能够进行关键词引流。

2）引入精准流量

购物时，在淘宝搜索栏处搜索商品的关键词是大部分买家的习惯，而将产品匹配和推广给想要购买的消费者，才是开直通车的目的。对于这些有需求的人群来说，他们很有可能会下单，而对于商家来说，开直通车就给商家们引入了最精准的流量。

3）提高宝贝和店铺的权重

增加了精准访客引流，也就是有机会提高转化率，对宝贝进行推广，不仅能够提升宝贝的销量，还能够带动店铺其他宝贝的销量，同时店铺的层级和商品销量排名会有提升，搜索排名自然也会对应提升。

4）进行精准投放

直通车是只有买家有点击行为，商家才需要付费的一种推广扣费方式，但通过搜索关键词，再进行点击浏览的一般都是精准客户。其实这也是商家在为点击的效果买单，而直通车将产品放在展示位上面进行曝光是免费的。

3. 推广方式

直通车平台的推广方式包括销量明星推广、标准推广和智能推广。下面通过各推广位的优势解析、展示位置以及操作技巧来学习直通车中不同的推广方式。

1）销量明星推广

销量明星推广卡位回归，居于手淘销量排序页首位（如图 3.148 所示），覆盖的流量人群多，打造爆款也会相对容易。

（1）优势解析。

为爆款冲击销量：店铺的爆款商品，如果按关键词搜索结果页销量排序，排在前 20 名的商品，可以制订销量明星推广计划，冲刺销量排序的第 11 个位置，然后进入销量排序前 10 名再争取竞价到第一的位置。销量明星计划要加多类目关键词，因为大词的热度和指数要高很多。

图 3.148 销量明星

提升宝贝和店铺的权重:通过销量明星推广可以使商品排名更靠前,获得更多的流量,增加商品的点击和成交的权重因子,提升店铺和商品权重(如图 3.149 所示)。

质量分	升舱等级	当前出价	展现量	点击量	点击率	花费
7分	首位资格	0.30元	1	1	100%	¥0.24
7分	首位资格	1.50元	-	-	-	-
7分	首位资格	1.20元	-	-	-	-
7分	首位资格	1.08元	-	-	-	-
8分	首位资格	1.89元	1	1	100%	¥1.47
7分	首位资格	1.20元	-	-	-	-
8分	首位资格	1.53元	-	-	-	-

图 3.149 使排名更靠前

(2)展示位置。

手淘 App 关键词搜索结果页按销量排序的第 1 位和第 11 位的固定坑位。

(3)操作技巧。

销量明星的商品也是需要满足一定条件的,即搜索相应关键词,销量排序在前 20 位的商品才有竞争资格。关键词搜索结果页按销量排序排在第 1 到 10 位之间的商品,有机会通过竞价赢得第一的位置,如果是排在 11~20 位的商品,那么可以通过竞价展现在第 11 的位置。出价高的商品能获得“升舱”机会,到达第 1 位或者第 11 位的位置(如图 3.150 所示)。

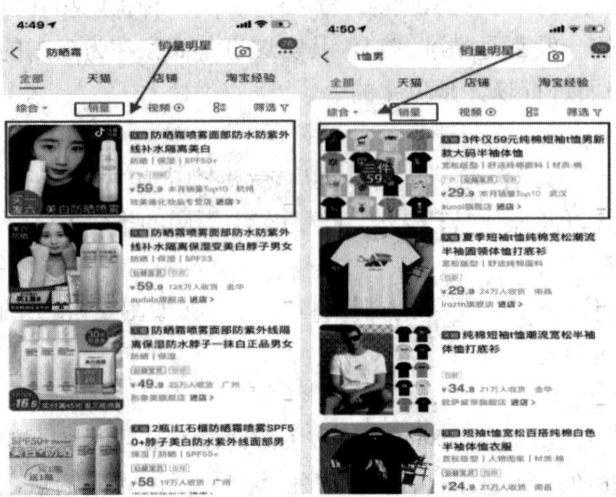

图 3.150 广告展示位置

2）标准推广

（1）优势解析。

为店铺引流：淘宝直通车的标准推广是最开始对商家开放的推广渠道，目前已非常完善，它是将商品匹配给目标关键词搜索人群，以消费者的习惯来对产品进行精准引流。所以通过直通车的标准推广所引入店铺的流量，下单的可能性要比自然流量高出很多，也就是说，直通车的标准推广所产生的成交量是要高于其他流量入口的（如图 3.151 所示）。

流量来源	访客数	下单买家数	下单转化率	操作
淘内免费	339,127 -17.72%	7,296 -24.07%	2.15% -7.71%	趋势
付费流量	142,017 -38.82%	1,798 -36.04%	1.27% +4.55%	趋势
直通车	55,031 -44.80%	736 -48.53%	1.34% -6.77%	详情 人群透视 趋势 商品效果
聚划算	32,262 -42.56%	409 +1.74%	1.27% +77.12%	详情 人群透视 趋势 商品效果

图 3.151 为店铺引流

测图测款：如果店铺想要选出主推款，但具体主推哪一款还不清楚。这时就可以利用直通车的功能，帮产品测款和测图，看其中哪款被客户群接受的程度好，就可以把产品做为主推款，用数据确定要主推的产品。同一个产品，多个不同的主图，哪个作为首张主图在搜索中展示，也可以通过直通车的标准推广测图（如图 3.152 所示）。

创意尺寸	投放设备	展现量	点击量	点击率	花费	投入产出比
800x800	移动	319	102	31.97%	106.85元	6.08
800x800	移动	338	105	31.07%	109.83元	2.36
800x800	移动	291	104	35.74%	110.54元	0
800x800	移动	317	114	35.96%	109.77元	3.82

图 3.152 测图测款

精准人群打标签：商品的人群标签很重要，决定了当前淘宝千人千面个性化的人群推送，好的直通车推广计划，可以提高官方对店铺千人千面精准人群的推送展现。如果直通车推广产品被精准的潜在客户搜索到，哪怕是没有买，只要点击了，淘宝就会记录每个客户的人群的标签。形成标签池后，系统就会推送给相应的人群。

辅助目标销售额：通过制定的月度销售额目标，根据每月的推广费和产出比计算出能辅助店铺完成的销售额，从而在各个方面找出能够提升的空间，进行不断的优化和提升（如图 3.153 所示）。

（2）展示位置。

无线关键词核心推广位：关键词搜索结果页 1+5+1+5+1+10+1+10（1 代表直通车推广位，主图的左上角有 HOT 的标志）。

电脑关键词核心推广位：关键词搜索结果页第 1 页的第一个位置、右侧竖屏 16 个位置、最底端横屏 5 个位置及第 2 页开始每页的前三个位置、最底端横屏 5 个位置。

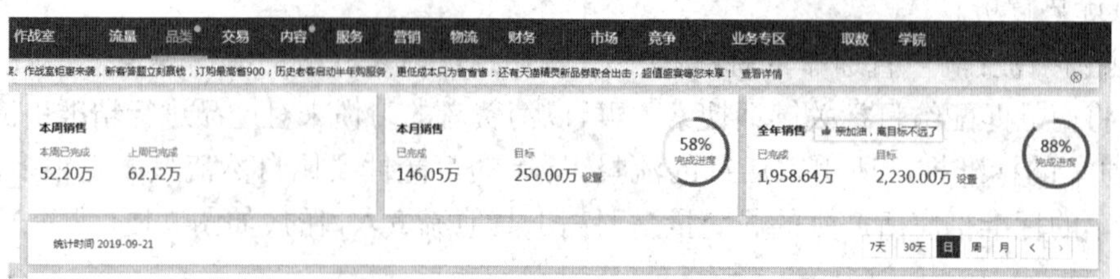

图 3.153 辅助目标销售额

（3）操作技巧。

关键词筛选：选择 20 个左右关键词创建计划，打开直通车流量解析，筛选出展现指数较大的相关词作为备选关键词，在推广词表中把高相关关键词复制下来，依次将词添加到直通车流量解析搜索框中，然后点击数据透视，可以看到行业的平均点击率、点击转化率等数据，经综合判断，再考虑是否加入该关键词，如图 3.154 所示。

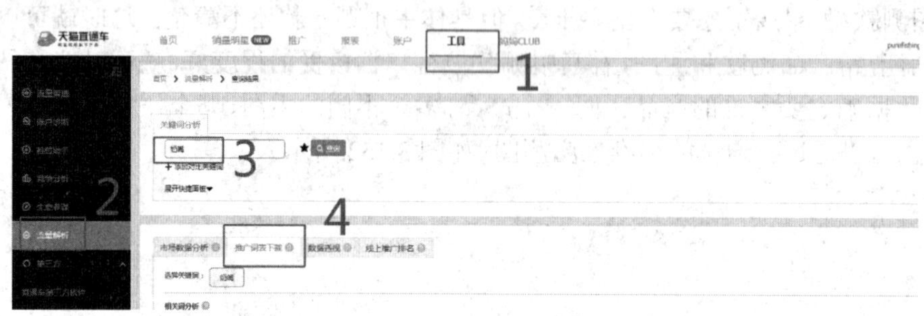

图 3.154 关键词筛选

人群设置技巧：店铺点击率和转化率的提高，可以通过精准的定向人群溢价来逐步提升。参考生意参谋后台客群分析，针对不同的类目选择不同的人群（如图 3.155 所示）。

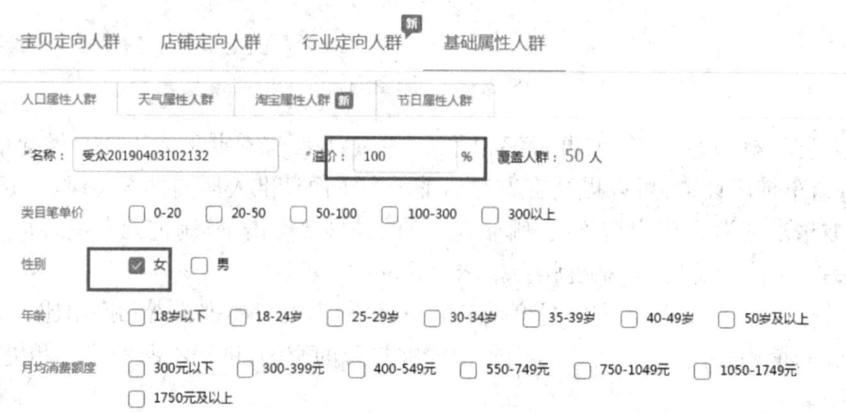

图 3.155 添加溢价人群

建议把系统推荐带有节假标签的人群勾选上，比如双十一未成交等四个人群都选上，优先测试效果。这是淘宝对优质买家进行的打标，可以根据效果来优化是否继续投放该人群（如图 3.156 所示）。

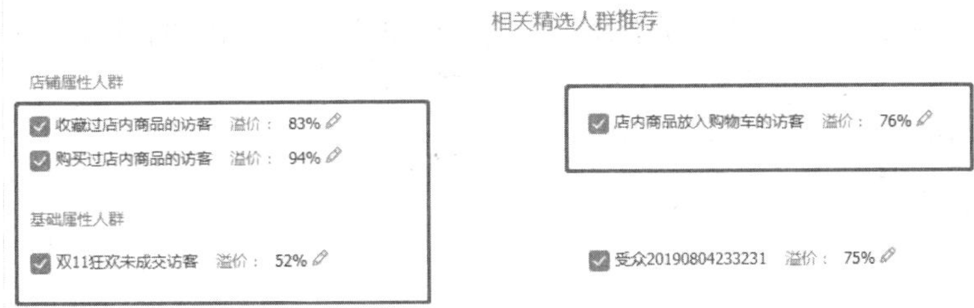

图 3.156　官方标签人群

图片选择技巧：图片是影响产品点击率的关键，所以做推广图片要精致，凸显卖点；结合推广产品的卖点优势，再拟定产品适合满足大部分买家购物需求的卖点，这是为了迎合个性的小众人群；同时要做好市场竞品监控，作出差异化的特点及色彩搭配并重点突出（如图 3.157 所示）。

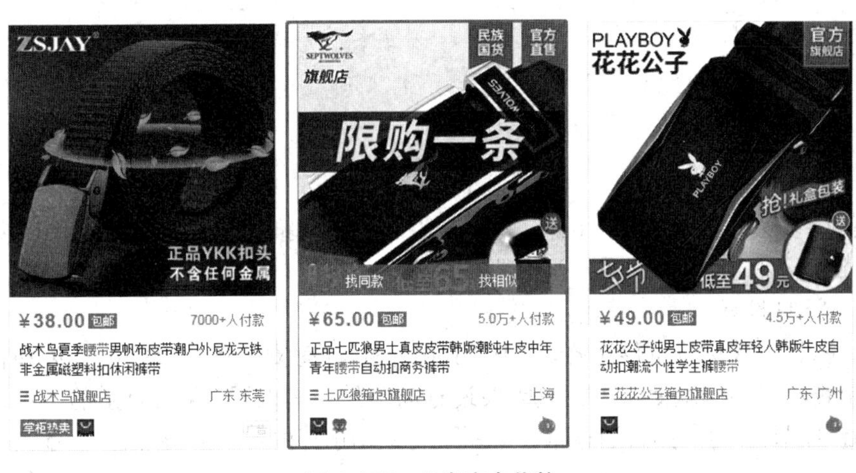

图 3.157　突出卖点优势

出价技巧：根据系统的建议设定关键词的价格，实时监控该关键词的展现效果，并找到对应关键词的排名位置，设置为广泛匹配。由于前期没有积累质量分，针对无展现和展现量较少的词进行加价，以达到获取展现量的目的。积累的点击量作为重要的参考数据，经过综合判断后，删除低点击率和无收藏加购的关键词，随着积累的质量分的提升，降低出价，降低时间折扣比例，并针对效果较好的人群进行高溢价（如图 3.158 所示）。

创意标题技巧：标题内容尽量与产品主图文案、计划中的关键词、产品的标题、产品详情中的关键词匹配，这样可以提升整个推广计划的质量分，从而达到降低（PPC）平均点击花费的效果。

3）智能推广

（1）优势解析。

更明显的测款：智能推广计划是直通车新推出的推广工具之一，产出效果更明显，根据批量测款的数据效果，生成的批量测款报告，让店铺快而准地进行核心宝贝和优质关键词的筛选。

更高的产出效果：系统智能化推荐给需求人群。快速获取优质流量，计划的平均产出效果高于标准计划（如图 3.159 所示）。

状态	全部	关键词	质量分 计算机	质量分 移动	今天22:00-23:00平均排名 计算机	今天22:00-23:00平均排名 移动	出价 计算机	出价 移动	展现量	点击量	点击率	花费	平均点击花费	投入产出比	点击转化率	直接购物车数	收藏宝贝数	直接成交金额
生效中		流量智选词包	-	-	-	-	≤0.05元	≤1.42元	200,270	6,626	3.31%	¥7,430.65	¥1.12	4.31	2.38%	211	174	¥10,208.76
推广中			7分	7分	无展现	无展现	0.05元	0.99元	3,406	209	6.14%	¥170.69	¥0.82	21.64	8.13%	16	13	¥184
推广中			9分	7分	无展现	无展现	0.05元	1.10元	4,902	290	5.92%	¥275.09	¥0.95	20.07	7.93%	14	9	¥1,691
推广中			7分	8分	无展现	无展现	0.05元	1.23元	502	32	6.37%	¥36.48	¥1.14	19.55	6.25%	5	1	¥713
推广中			10分	9分	无展现	无展现	0.05元	1.26元	766	34	4.44%	¥35.55	¥1.05	17.67	5.88%	0	0	¥0
推广中			7分	6分	无展现	无展现	0.05元	1.35元	899	36	4%	¥41.81	¥1.16	16.87	8.33%	1	0	¥184

图 3.158　设置出价

计划类型	日限额	花费	总成交金额	总成交笔数	投入产出比	展现量	点击量	点击率	点击转化率	平均点击花费	直接成交金额	间接成交金额	收藏宝贝数	总购物车数	总收
智能计划	¥400	¥4,640.46	¥66,304.32	257	14.29	303,561	7,830	2.58%	3.28%	¥0.59	¥16,728.86	¥49,575.46	220	1,142	288
智能计划	¥300	¥3,014.66	¥40,753.94	148	13.52	151,613	4,372	2.88%	3.39%	¥0.69	¥22,254.74	¥18,499.20	119	545	158
标准计划	¥200	¥1,941.96	¥23,169.11	82	11.93	44,825	2,672	5.96%	3.07%	¥0.73	¥3,269.11	¥19,900	84	413	110
标准计划	¥250	¥3,196.87	¥28,819.01	101	9.01	85,915	3,099	3.61%	3.26%	¥1.03	¥11,386.11	¥17,432.90	83	377	100

图 3.159　查看产出效果

更高效率：简单便捷的推广设置，简单三步即可完成推广，即第一步选宝贝、第二步设置直通车日限额和出价上限、第三步设置推广方案。系统自动匹配精准人群完成溢价，2 分钟即可完成计划设置。

更多场景：三种场景可供选择，如图 3.160 所示，同时支持单宝贝智能投放和自定义推广，日常销售和新品测款两不误。只需要进行简单的计划设置，免去复杂的关键词挑选和频繁的调价环节，即可开始直通车推广。系统将根据选择的宝贝的特点，来匹配海量的高品质流量。

①场景一：宝贝测款。以商品的收藏加购率为目标，快速均衡引入流量测款宝贝，快速掌握测款数据。

②场景二：日常销售。以提升货品销售为主要目标，选取高精准性和高转化性的关键词及人群，辅助对应的出价，提升转化效果。

③场景三：活动场景。以活动前快速获得较大流量为目标，选取高流量词及对活动有兴趣的人群，活动时集中爆发。

（2）展示位置。

同步标准推广方式的核心资源位。

（3）操作技巧。

出价技巧：智能推广计划可以设置出价的最高上限，也就是当系统智能出价时不会高于设置的出价上限，建议出价为系统推荐出价的 80%，这里可以根据实时监控的花费情况，对出价进行调整。

图 3.160　营销场景

时间设置技巧：如图 3.161 所示，多数类目凌晨 2~7 点可以不投放，可以根据生意参谋数据分析，选择店铺点击率较高的时间段，着重投放。也可以在后台下载分析订单数据，选择广告投放时间。

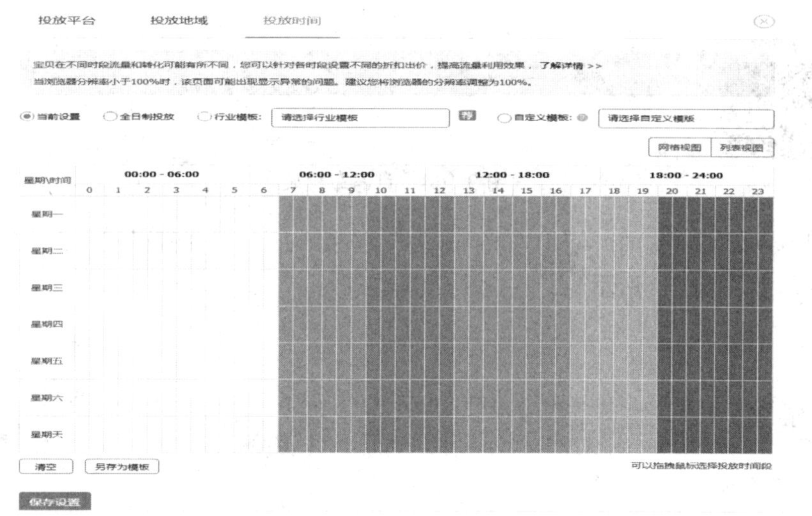

图 3.161　设置投放时间

地域设置技巧：根据不同类目的生意参谋分析或者直通车流量解析工具，选择数据较好的地区。经过投放测试，打开直通车报表，查看地域列表的数据，然后把地区点击率高的留下来，对差的地域综合分析原因，或者取消对该地域的投放。

方法 1：可以通过“生意参谋”—“品类”—“商品 360”搜索对应的产品（如图 3.162 所示）。

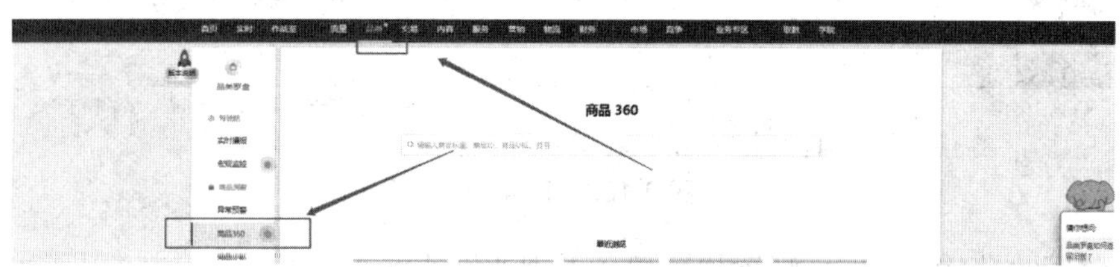

图 3.162　商品 360

再通过点击“客群”—“支付人群”—“地域”来找到地域的排名（如图 3.163 所示）。

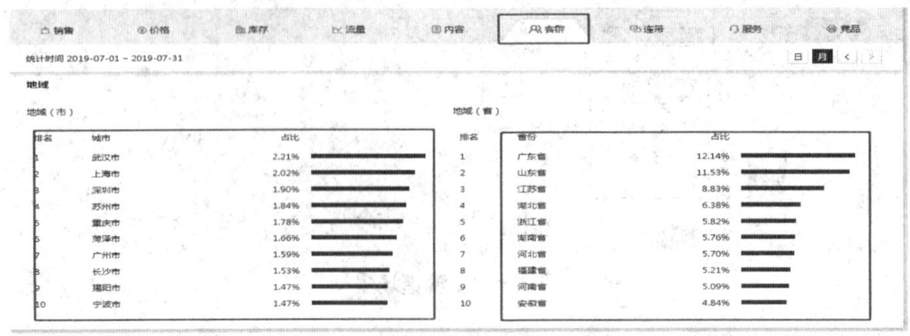

图 3.163　查看地域

方法 2：也可以通过“直通车”—“报表”—“店铺基础报表”查找地域列表（如图 3.164 所示）。

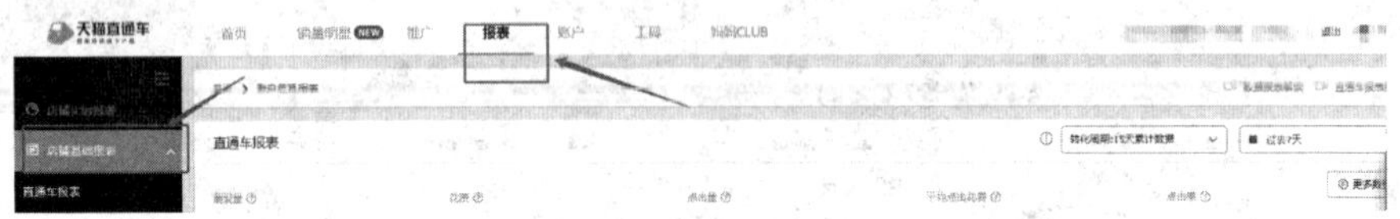

图 3.164　直通车报表

在“地域列表”右侧的时间中选择“过去 7/14/30 天”—“分日详情”即可查到地域的点击购买情况（如图 3.165 所示）。

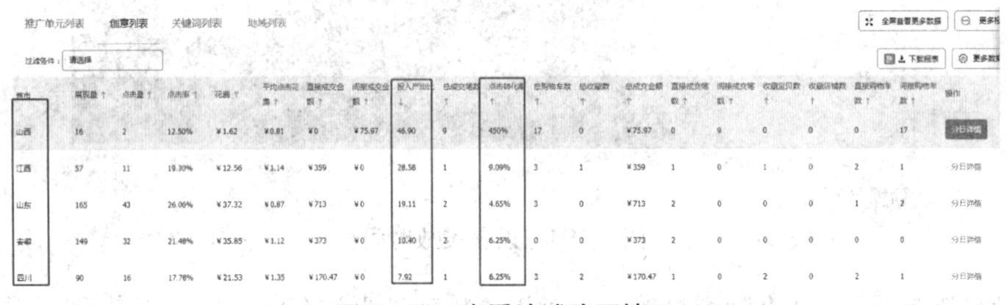

图 3.165　查看地域购买情况

4. 创建流程

（1）商家中心：打开淘宝网点击“卖家中心”进入商家后台（如图 3.166 所示）。

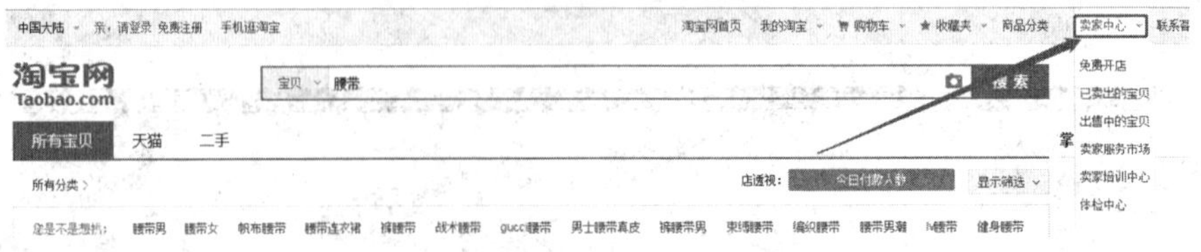

图 3.166　商家中心

（2）营销推广中心：在左侧下拉菜单中找到“营销推广中心”并点击进入（如图 3.167 所示）。

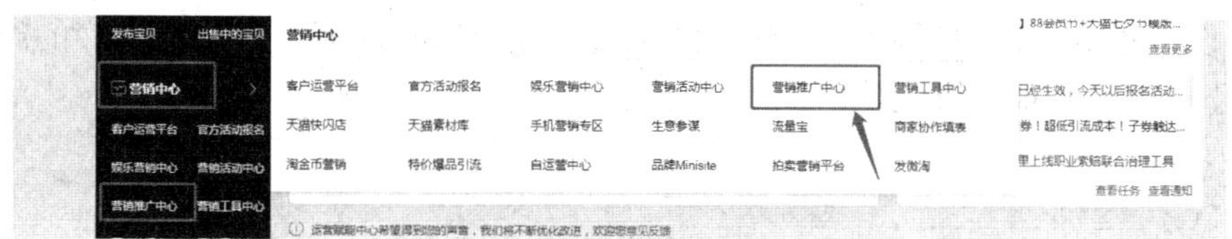

图 3.167　营销推广中心

（3）天猫直通车：找到屏幕中的“天猫直通车”推广并点击进入（如图 3.168 所示）。

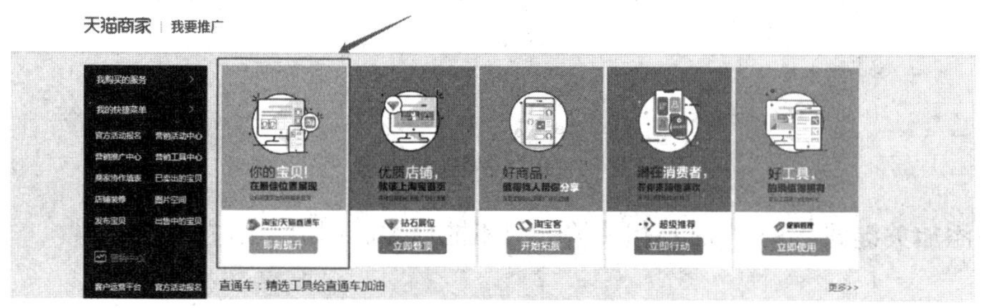

图 3.168　直通车

（4）计划管理：找到顶部通栏第三项“推广”并点击（如图 3.169 所示）。

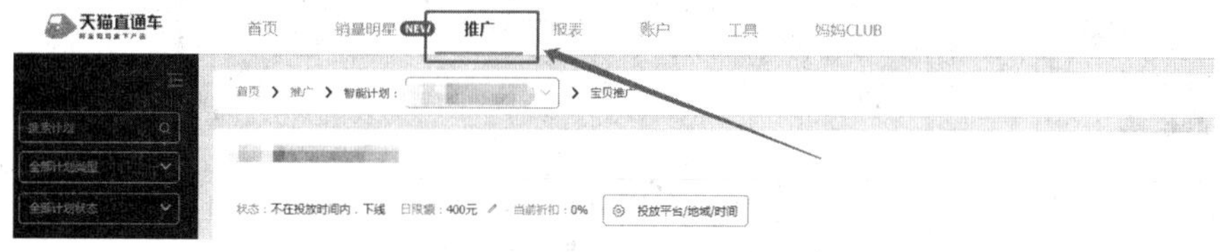

图 3.169　计划管理

（5）建立计划：在宝贝推广下选择“新建推广计划”（如图 3.170 所示）。

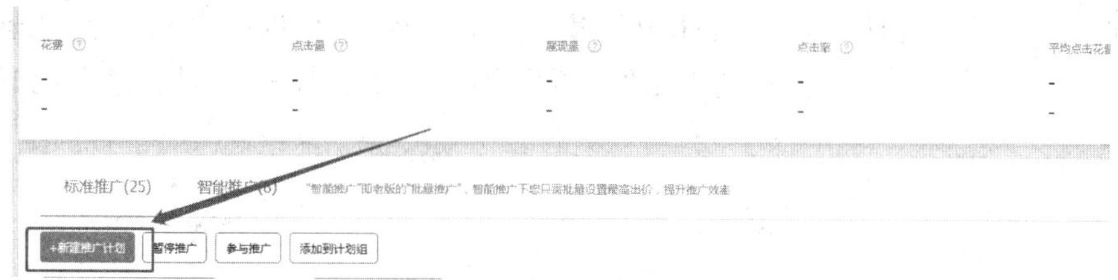

图 3.170　建立计划

（6）设置营销信息：根据自己店铺的需求和目的选择场景、推广方式等，然后点击“推广设置”（如图 3.171 所示）。

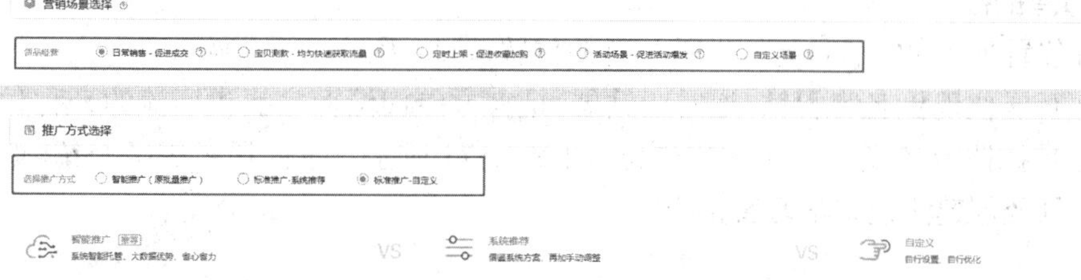

图 3.171　设置营销信息

（7）设置投放信息：填写计划名称、日限额、投放时间、地域并选择要推广的产品等内容，点击下一步设置推广方案（如图 3.172 所示）。

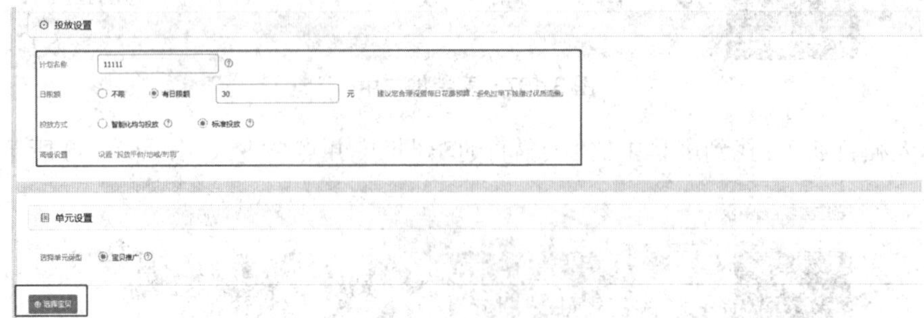

图 3.172 设置投放信息

（8）添加关键词：添加产品高相关关键词和推荐人群（如图 3.173 所示）。

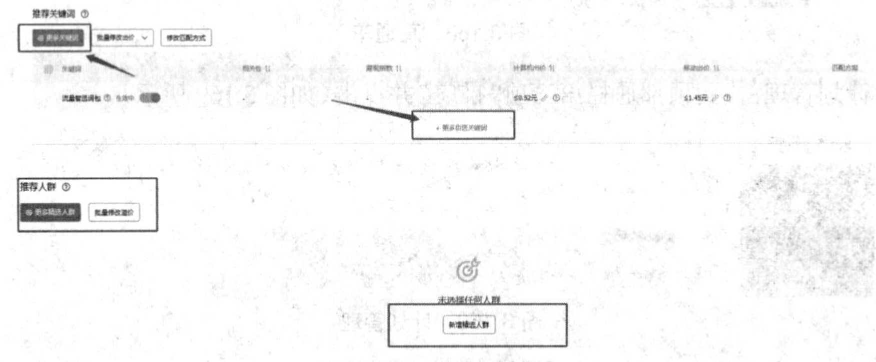

图 3.173 添加关键词

（9）上传创意：回到推广页面点击已经建立好的计划，选择推广中的产品，找到创意选项并点击上传创意，修改创意标题点击“完成”，则完成了直通车计划的建立（如图 3.174 所示）。

图 3..174 添加创意

（二）智钻推广

展现位置处于 PC 端和无线端最醒目的位置，可以用图片创意吸引买家点击，获取巨大流量。钻石展位现更名为智钻，通常叫钻展，是官方专门给商家提供引流的一种付费工具，钻石展位是按照流量竞价售卖的广告位，如图 3.175 所示。下面通过渠道介绍、渠道优势、推广方式以及创建流程来学习智钻推广。

图 3.175　智钻

1. 渠道介绍

计费单位为 CPM(每千次浏览单价)，按照出价从高到低的顺序进行展现。卖家可以根据群体(地域和人群)、访客、兴趣点三个维度设置定向展现。

1)收费模式:CPC、CPM(按点击或者千次展现付费)

智钻推广的排名按照 CPM 千次展现付费进行竞价，CPM(千次展现付费)= 出价 × 点击量 / 展现量 ×1 000= 出价 × 点击率 ×1 000，实际的扣费则是自己的 CPM= 下一家 CPM 的结算价格 +0.1，如果是按照 CPC(按点击付费)的推广计划，要把这个实际扣费的 CPM 价格折算成 CPC。根据公式 CPM=CPC×CTR×1 000，推算出 CPC=CPM/1 000/CTR。

2)核心资源位

(1)站内电脑端:包括淘宝首页焦点图(如图 3.176 所示)、淘宝首页天猫精选大图、淘宝首页焦点图右侧 Banner 2、爱淘宝焦点图、淘宝首页 3 屏通栏大 Banner、淘宝商业搜索底部小图、天猫首页焦点图、淘宝首页 2 屏右侧大图、天猫精选首页小图、我的淘宝右侧 Banner 图、天猫首页通栏图、天猫精选焦点图 2 等。

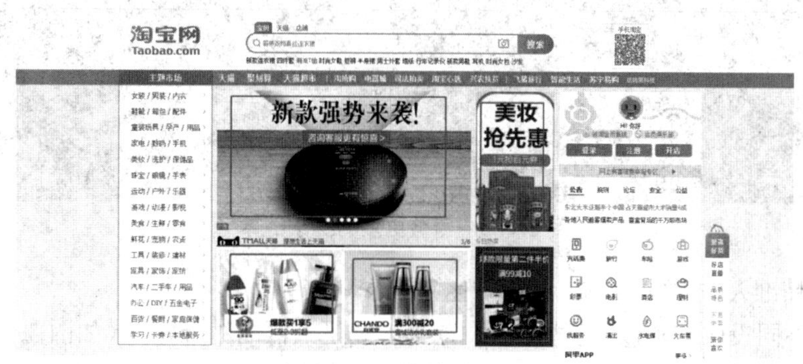

图 3.176　核心资源位

(2)站内无线端:包括手淘 App—手淘焦点图(如图 3.177 所示)、天猫 App 首页焦点图、首页焦点图 2 最新、爱淘宝焦点图、天猫首页焦点图新。

(3)站外电脑端:搜狐—图文详情页大图—流量包。

(4)站外无线端:抖音 App 首页信息流短视频、流量超大 TOP 媒体流量包、618 优质媒体流量包、无线—低价引流—小二推荐、高点击信息流三图—小二推荐、今日头条 App—信息流三图资源包、今日头条 App—推荐页前 10 刷信息流三图、火山小视频 App—首页信息流短视频、新浪新闻 App—图集大图。

3)支持推广形式

商品、店铺首页、承接页、淘积木、直播等。

2. 渠道优势

1)带来更多展现及流量

不同于直通车的关键词搜索，智钻通过设置的资源位和人群定向，在淘宝内外的平台进行投放，可以覆盖更多的买家群体（如图 3.178 所示），能带来更多的展现机会及流量。虽然现在使用直通车推广的卖家比较多，但直通车是有流量天花板的，一旦流量达到一定数值之后，受制于类目关键词的搜索需求，展现有限，进入流量瓶颈期，难以突破。

图 3.177 手淘 App—手淘焦点图

图 3.178 覆盖更多的买家群体

2）定向精准人群，降低成本，提高转化

商家的不同投放需求，通过智钻的设置可以满足人群的精准定向（如图 3.179 所示），避免对其他不相关的客群进行展示，自己进行筛选和把握，展现给想展现的人群看，这样才能带来更高的转化率及更优的产出。钻展是以精准定位为核心的推广工具，人群的定向精准可以让商家降低成本，提高转化率及提升品牌曝光度。

图 3.179 精准定向

3）加深访问深度及收藏加购率，降低跳失率

智钻推广的承接页需要合理规划布局，有清晰的产品线思路，完善好流量闭环，持续监控优化落地页数据，能降低跳失率、提高访问深度。想要抢先对手得到更多的淘宝推荐机会，那么跳失率、访问深度及收藏加购率等各方面就要优于对手。

4）流量的资源整合，带动全店整体动销

钻展带来的精准流量效果很好。通过创意图片和定向推广吸引了更多的精准人群，流量经过店铺流量闭环的资源整合，虽然每款宝贝得到的流量比例不一，但依然能提高宝贝的动销及收藏加购。而且如果控制好钻展节奏，流量的渠道也会慢慢多起来。

5）针对不同人群进行不同维度布局

在活动开始之前，通过智钻将不同的人群分层，分别在不同的层级进行战略布局，可以使计划操控起来更方便，报表数据查看更容易，为活动做好准备，实现不同阶段的投放需求（如拉新），防止老顾客流失及找回部分老顾客，有钻展的配合使活动更加方便、灵活。

6）高回报的引流工具

智钻虽然被定义为引流工具，但可以通过店铺的不同需求进行不同的策略调整。卖家要根据店铺的不同阶段去调整投放的预算。如果投放为不定向访客标签，引来的流量将成为通投流量。这样的流量虽然不精准，但是可以低价引流。但如果对精准人群定向和较好的资源位投放广告，通过店铺活动利益点的引导，活动爆发期的产出会非常惊艳。

3. 推广方式

智钻平台的推广方式包括全店推广、合约保量推广、视频推广和单品推广。下面通过各推广位的优势解析、展示位置以及操作技巧来学习智钻不同的推广方式（如图 3.180 所示）。

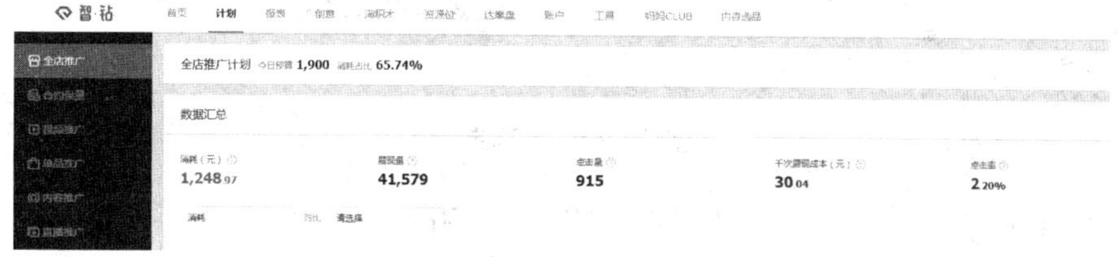

图 3.180　推广方式

1）全店推广

（1）推广主体：全店推广可推广店铺首页、店铺单品、店铺自定义页面，推广主体更丰富。

（2）扣费模式：全店推广支持 CPC 按点击付费和 CPM 按展现付费两种模式。

（3）推广资源位：覆盖淘宝、天猫首页（如图 3.181 所示）以及各个频道大尺寸展位、淘宝无线 App 端以及淘宝站外（如新浪微博、腾讯、优酷等各大优势媒体），资源位可选数量大于单品推广。

（4）人群定向：全店推广计划提供 CPC 和 CPM 模式下不同的定向人群组合（如图 3.182 所示）。

①通投：不限人群投放。

图 3.181 天猫首页

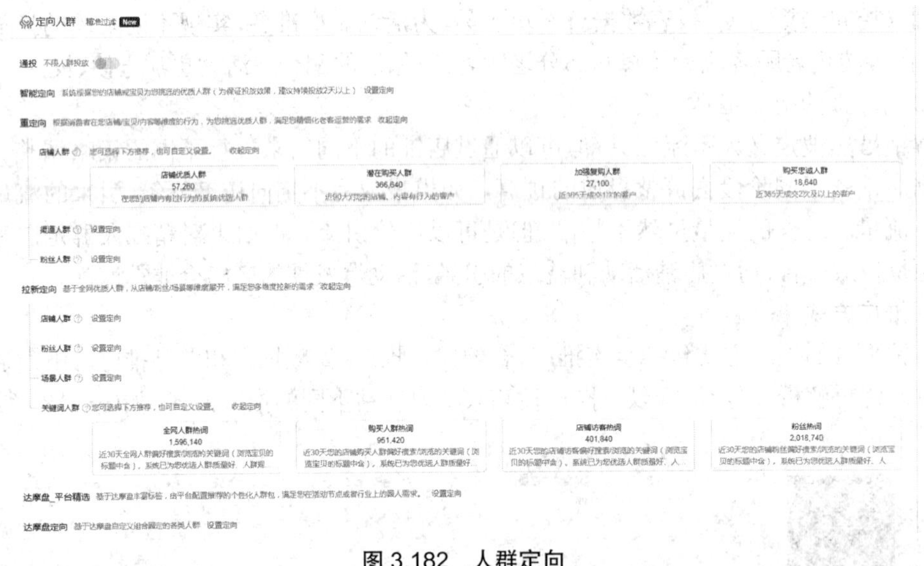

图 3.182 人群定向

②智能定向:系统根据店铺或宝贝挑选的优质人群。

③重定向:根据消费者在店铺、宝贝、内容等维度的行为,挑选优质人群,满足精细化老客运营的需求。

④拉新定向:基于全网优质人群,从店铺、粉丝、场景等维度展开,满足多维度拉新的需求。

⑤达摩盘定向:基于达摩盘丰富的标签及标签的自由组合,由平台配置推荐个性化人群包,满足在活动节点或者行业上的圈人需求。

(5)创意:创意直接影响点击率和引流效果。可以在图片创意上增加店铺的特色、活动、利益点信息等,提高创意的点击率;也可以由店铺美工设计后店铺自行上传审核,灵活方便。根据不同资源位做不同尺寸的创意图片,同时后台提供创意模板工具、创意快捷制作工具,提高作图效率。

2)合约保量推广

(1)推广主体:可推广店铺首页、店铺单品以及店铺自定义页面。合约保量是智钻提供的以订单购买方式,定价、定量获得点击的计划类型。商家只需设置投放日期及目标点击量，系统将会计算合约的金额。计划生效后，系统会在投放日期内自动进行投放，获取点击（如图 3.183 所示）。

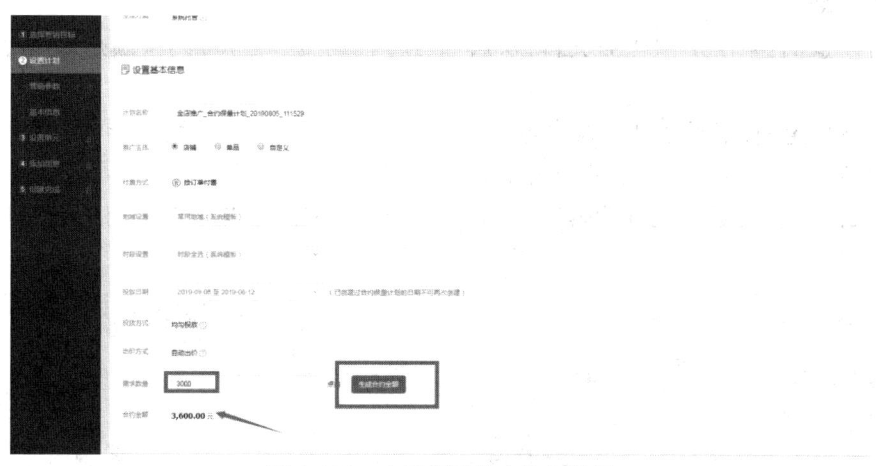

图 3.183　合约保量基本信息设置

合约保量：系统以成交量（转化）为目标进行优化，适合提升店铺销售额。

拉新保量：系统以进店量（点击）为目标进行优化，适合店铺引流。

注意：同一投放日期只可存在 1 个合约保量计划，计划创建完成后系统将提前冻结订单金额；计划生效期间不可修改（仅支持更换创意），直至订单履行完毕。

（2）扣费模式：按合约的点击数计算进行扣费。

（3）推广资源位：目前仅限无线 /PC 首焦。

（4）人群定向：系统托管—智能定向，无须人为操作，系统一键托管。

（5）创意：系统生成自动化创意，无须人为操作，系统一键托管。

3）视频推广

（1）推广主体：商品。

（2）扣费模式：采用 CPM 扣费模式，即按千次展现付费。

（3）推广资源位：按展现计费，在抖音、优酷、火山小视频等媒体推广视频，实现种草和拉新（如图 3.184 所示）。

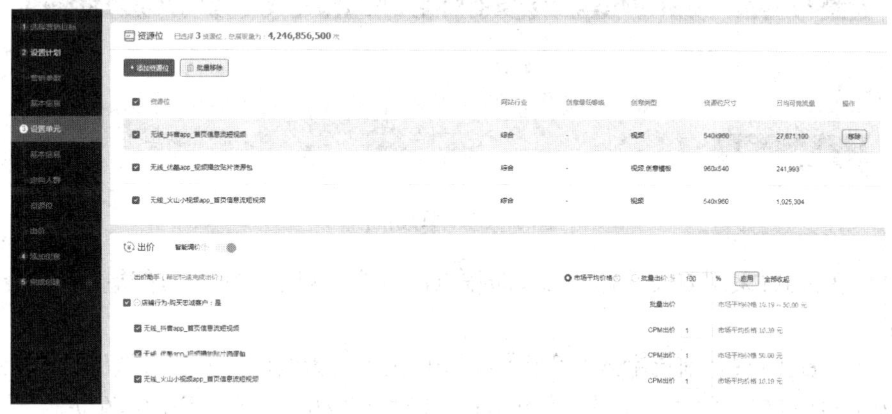

图 3.184　推广资源位

(4)人群定向。

①重定向:根据消费者在店铺、宝贝、内容等维度的行为,挑选优质人群,满足精细化老客运营的需求。

②拉新定向:基于全网优质人群,从店铺、粉丝、场景等维度展开,满足多维度拉新的需求。

③达摩盘定向:基于达摩盘及自定义组合的丰富标签,由平台配置推荐的个性化人群包,满足在活动节点或者行业上的圈人需求。

④类目型定向:近期对某些购物兴趣点有意向的人群,兴趣点定向的升级版(如图3.185所示)。

图3.185　人群定向

(5)创意:创意仅支持视频上传,可以在视频模板中制作创意视频,提高在投放平台创意的点击率。

4)单品推广

(1)推广主体:单品推广是为店铺指定商品快速获得流量的推广工具。店铺可以投放热销或者准爆款,圈选宝贝对应的人群进行定向展现,从而获取优质流量,提升店铺曝光度和销量。单品推广只支持推广店铺单品(仅供了解),目前已升级为超级推荐(如图3.186所示)。

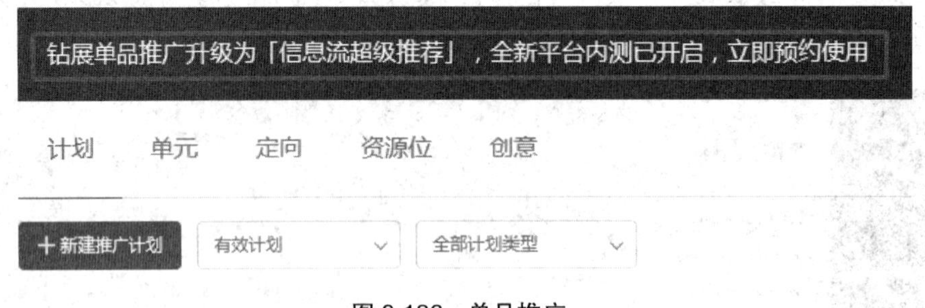

图3.186　单品推广

(2)扣费模式:采用CPC扣费模式,即按点击付费(展现不扣费),单次扣费不会大于自己的出价。

(3)推广资源位:目前已融入“超级推荐”内,仅支持无线的丰富优质资源位。无线重点资源位为手机淘宝首页“猜你喜欢”的第4、6、8排带有“HOT”标的三个资源位。

（4）人群定向（旧版，仅供了解）；新版钻石展位单品推广已升级为超级推荐。

①智能定向：根据店铺的访客属性、宝贝标题、属性等，智能匹配适合投放宝贝的精准人群；同时系统将智能定向中的优质人群，以标签形式额外透出，便于广告主溢价拿量。

②扩展定向：包含相关、热门的购物意图标签，可以获取智能定向外的更多流量。

③达摩盘定向：仅针对智钻达摩盘客户开放，其功能、操作与全店推广基本一致（如图3.187所示）。

图 3.187　添加定向

（5）创意：支持自定义图片作为推广创意。无线手淘资源位的"猜您喜欢"位置的创意要求较严格。

①浅色背景图：可以使用场景图，但避免色调过深。

②无牛皮癣：牛皮癣即大块的标签贴，如图中的红色角标。

③无边框无水印。

④少文字。

⑤图片清晰高，不会显得模糊。

4. 创建流程

以全店推广为例。

第一步：营销推广中心。在左侧下拉菜单中找到"营销推广中心"并点击进入（如图3.188所示）。

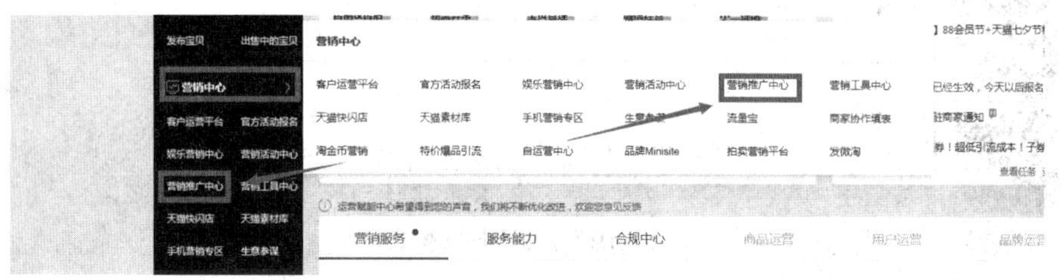

图 3.188　营销推广中心

第二步：钻石展位。找到屏幕中的"钻石展位"推广并点击进入（如图3.189所示）。

图 3.189　钻石展位

第三步：建立计划。在最上方菜单导航栏中找到“计划”并点击，选择左侧菜单导航栏中的“全店推广”并点击“新建计划”（如图 3.190 所示）。

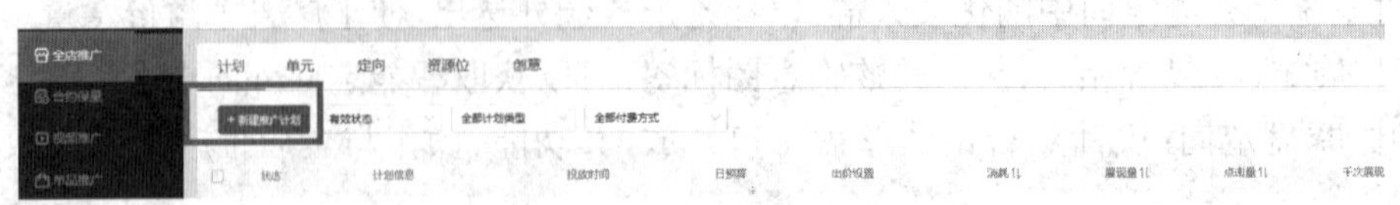

图 3.190　建立计划

第四步：设置营销信息。选择场景、目标、方案、人群等内容（如图 3.191 所示）。

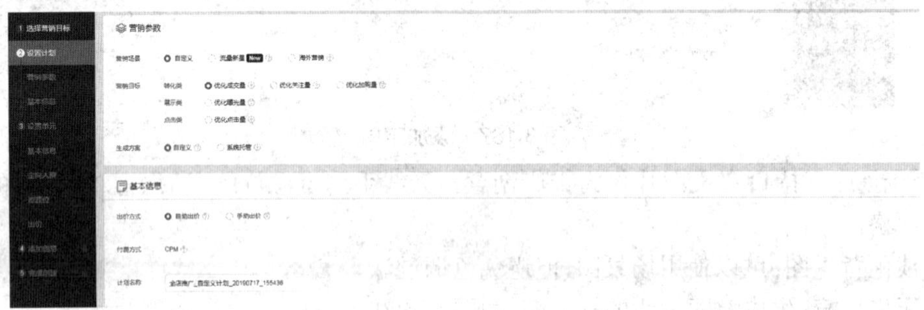

图 3.191　设置营销场景

第五步：设置基本信息。填写计划、地域、时间、投放日期、预算等内容（如图 3.192 所示）。

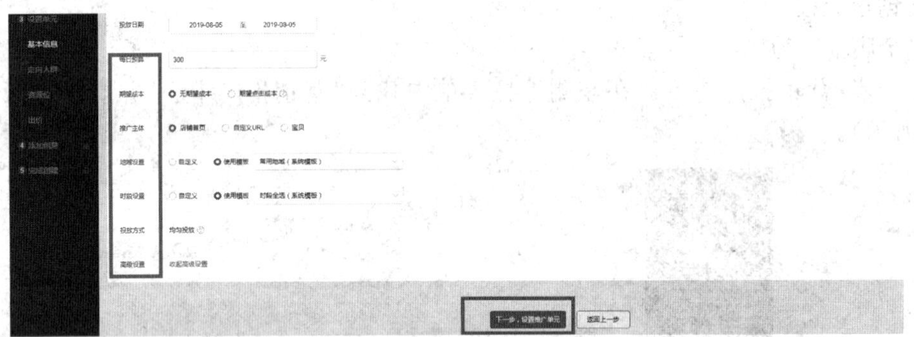

图 3.192　设置基本信息

第六步：添加定向人群、资源位、出价。选择准备用智钻广告投放的人群、广告的资源位和对应的出价（如图 3.193 所示）。

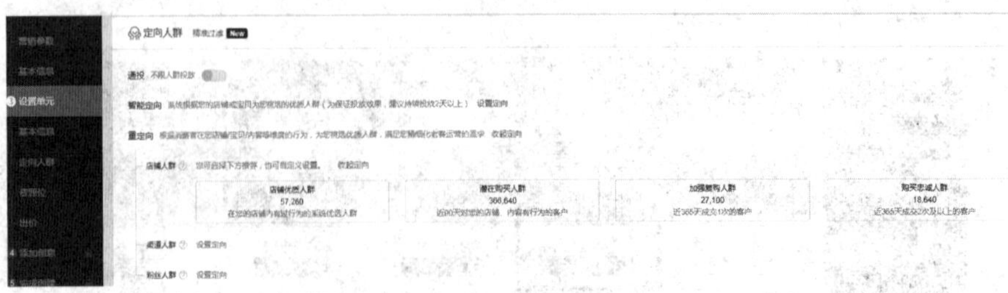

图 3.193　添加定向

第七步：上传创意。上传已经创建好的创意，点击“下一步”，创建完成。

（三）淘宝客推广

“淘宝客”是一种按成交付费的推广工具（如图 3.194 所示），也是指帮助卖家推广商品并获取佣金的职业。下面通过渠道介绍、渠道优势、推广方式以及创建流程来学习淘宝客推广。

图 3.194　淘宝客

1. 渠道介绍

淘宝客先从推广专区获取属于自己的商品代码，买家经过淘宝客的推广（链接、个人网站、博客或者社区发的帖子）进入淘宝卖家店铺完成购买后，淘宝客就可得到由卖家支付的佣金。

（1）收费模式：CPS（效果付费），CPS= 成交金额 × 佣金比例 × 服务费比例。

（2）核心资源位：QQ 白菜群、微信特价群、微信朋友圈、微信小程序商城、购物 App、各类优惠返利网站等。

2. 渠道优势

（1）出单快：因为淘客出单快，销量高，可以提升搜索销量排名（如图 3.195 所示），从而增加店铺各项数据，带动自然排名。

图 3.195　提升搜索销量排名

（2）DSR 评分快速拉起：DSR 评分考核包括描述、物流、服务。通过淘宝客大量出单，产品性价比高，容易快速拉起评分（如图 3.196 所示）。

（3）能够带动流量提升：淘宝客可以提升关键词销量的排名，促使排名靠前，从而获得更多的流量支持，有流量、点击率、转化率，就可以带动自然搜索。

(4)店铺清仓:要挑选利润高的滞销款做清仓活动。一般要优惠力度和佣金比例很大,淘客团队才会认真做推广(如图 3.197 所示)。

图 3.196　DSR 评分

图 3.197　店铺清仓

(5)为活动做铺垫:根据官方活动或营销平台活动,提前制定淘客计划,有流量就能满足活动的前提要求,为旺季或者报名活动打下基础。

(6)增加收藏加购和店铺转化:为店铺增加人气,也就是通过细节增加店铺的细分权重。

(7)圈鱼塘:可以积累客户,导出的订单,圈起来,等上新或者活动的时候可以提前促销做基础销量。

(8)打造爆款:通过测款的方式了解到一款产品具有爆款的潜力,可以利用淘客进行大力度推广,销量上来之后,其他权重也会很快上来。

(9)提升层级:按近 30 天支付金额的层级排名,每个层级获取流量的能力都不一样,店铺的权重也不一样。

3. 推广方式

1)通用计划

顾名思义,通用就是所有的淘宝客都可以参与推广,店铺一旦开通淘宝客推广,系统就会默认开启通用计划。开启后,通用计划是无法暂停和关闭的。淘宝客可以及时获取推广链接帮助卖家推广,可以是整店的商品,也可以对某些商品单独设置佣金比例。单独设置商品按照单独设置的佣金比例计算佣金,没有单独设置的商品按照类目下设置的佣金比例计算。

2)如意投计划

如意投开通后,需要对不同的产品进行佣金比例设置,计划中的商品是经系统精算后,按成交付费的方式来进行精准营销。如意投计划是一款精准转化的推广工具,能够快速提升流量,一般会出现在淘宝特卖频道的“热卖推荐”及热卖单品等展示位置,很能吸引买家的关注。如意投计划主要针对爱淘宝的搜索群体。店家设置的返利越高,得到爱淘宝展示的概率越高。

3)定向计划

商家为了便于管理店铺推广的淘宝客,可以给淘客进行等级设置,为不同等级的淘客设置不同的佣金比例。可规定哪个等级的淘客在这个定向推广计划中，有淘宝申请加入此推广计划后，由商家审核，或可以设置自动审核才能加入推广计划中（如图 3.198 所示）。

图 3.198　定向计划

4）自选计划

自选计划是为商家管理淘宝客而量身定制的新计划，除可以查看淘宝客推广店铺效果数据、淘宝客推广能力评估外，商家还可根据各淘宝客的推广情况选择同淘宝客建立具体的推广关系（如图 3.199 所示）。

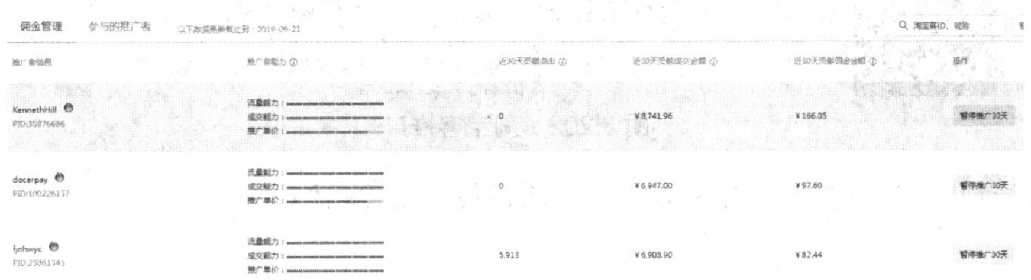

图 3.199　淘宝客合作关系

5）营销计划

（1）默认计划：从当前有效的日常策略和活动策略中选最优的佣金率和优惠券进行推广（所有淘宝客均可查看并推广）。

（2）日常计划：在营销计划下新增主推商品后设置的商品日常推广策略。

活动计划：是报名招商团长活动时设置的商品活动推广策略（如图 3.200 所示）。

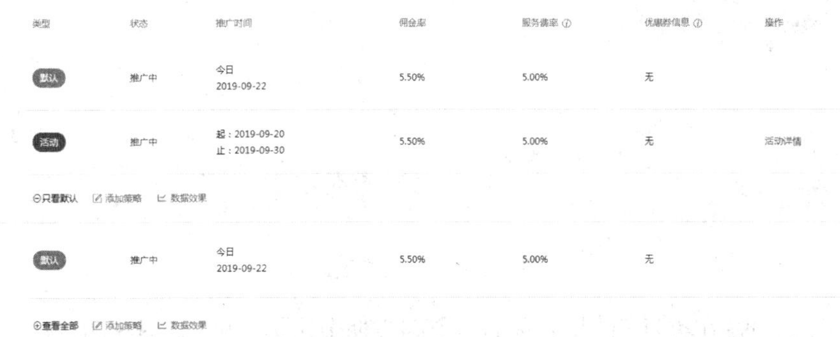

图 3.200　营销计划

4. 创建流程

（1）营销推广中心：在左侧下拉菜单中找到“营销推广中心”并点击进入（如图 3.201 所示）。

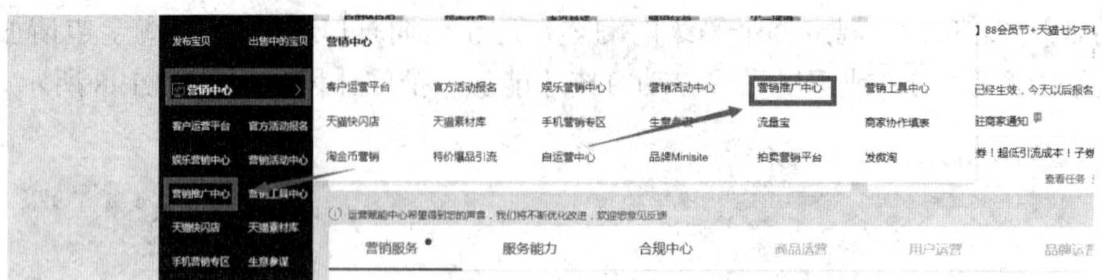

图 3.201　营销推广中心

2）淘宝客推广：找到屏幕中间的“淘宝客”推广并点击进入（如图 3.202 所示）。

图 3.202　淘宝客推广

（3）计划管理：在新版淘宝客后台顶部通栏找到第二项“计划管理”并点击（如图 3.203 所示）。

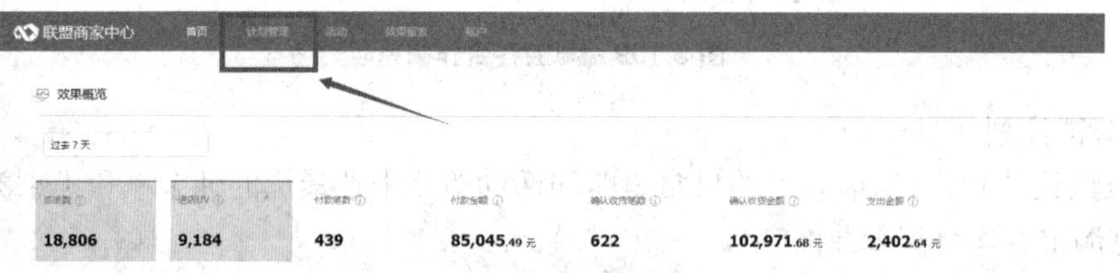

图 3.203　计划管理

（4）指定计划：比如找到“通用计划”点击进入，打开新页面（如图 3.204 所示）。

图 3.204　找到指定计划

（5）佣金管理：在类目 / 商品名称的后方编辑佣金比例即可（如图 3.205 所示）。

图 3.205　佣金管理

（四）品销宝推广

品销宝是专门为品牌打造影响力和扩展品牌流量的推广工具（如图 3.206 所示），它是针对有实力、有名气、有影响力的品牌而推出的服务。下面通过渠道介绍、渠道优势、推广方式以及创建流程来学习品销宝推广。

图 3.206 品销宝

1. 渠道介绍

商家要想品牌拥有更高的展示率，拥有更好的展示位置，就要不断优化出价系数，高于同行业的价格，才有机会展示出来，获得更大的流量。

（1）收费模式：CPM（千次展现付费）竞价模式，CPM（千次展现付费）= 出价 × 点击量 / 展现量 ×1 000= 出价 × 点击率 ×1 000，实际的扣费则是自己的 CPM= 下一家 CPM 的结算价格 +0.1。

（2）核心资源位：PC 端关键词搜索结果页顶部通栏、底部通栏和右上方第一个广告位，无线端关键词搜索结果页顶部通栏。

（3）支持推广形式：商品、店铺首页、承接页、淘积木等。

2. 渠道优势

通过在淘宝搜索品牌词或品类扩展词，触发品牌专区在第一屏搜索栏下的首要位置进行展示。“品牌专区”位置占据首屏屏幕 30% 左右，冲击视觉抢先，品牌颜值脱颖而出，匹配品牌身份及调性，打造品牌官方阵地。

3. 推广方式

1）明星店铺

明星店铺是品销宝最早的基础推广工具，按千次展现计费，对全部品销宝用户开放。通过设置品牌流量包、出价系数以及制作推广创意，完成整个推广操作。

当有买家在 PC 淘宝网和手机淘宝搜索框中输入特定品牌关键词时，只要出价为第一名，即可在搜索结果页最上方的位置获得展现。其无线端和 PC 端的展现位置（如图 3.207 所示）。

无线端 PC 端

图 3.207 广告展现位置

2)品牌首推

这款产品共更名过 2 次,在无线端还没崛起的时候,是 PC 端的天下,第一个名字叫“一夜霸屏”,后更名为“品牌独秀”,再后来就是现在的“品牌首推”。顾名思义,这个推广位置霸占搜索结果页的推广位置比例非常大,一个广告的位置约等于 4 家的直通车推广位占据的位置。PC 端样式(如图 3.208 所示)。

图 3.208 PC 端样式

4. 创建流程

(1)营销推广中心:在左侧下拉菜单中找到“营销推广中心”并点击进入(如图 3.209 所示)。

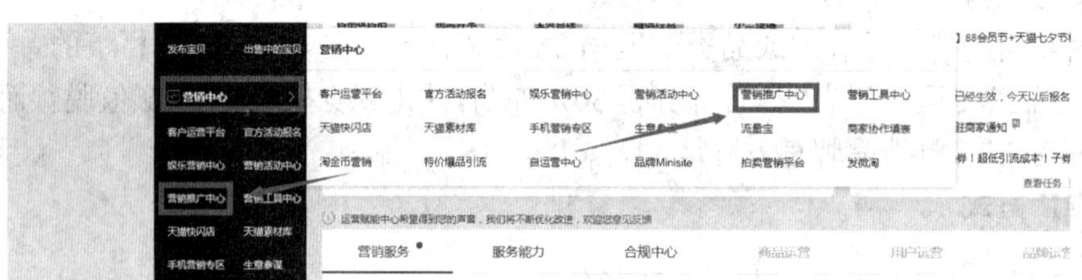

图 3.209 营销推广中心

(2)淘宝客:找到屏幕中间的“淘宝客”推广并点击进入(如图 3.210 所示)。

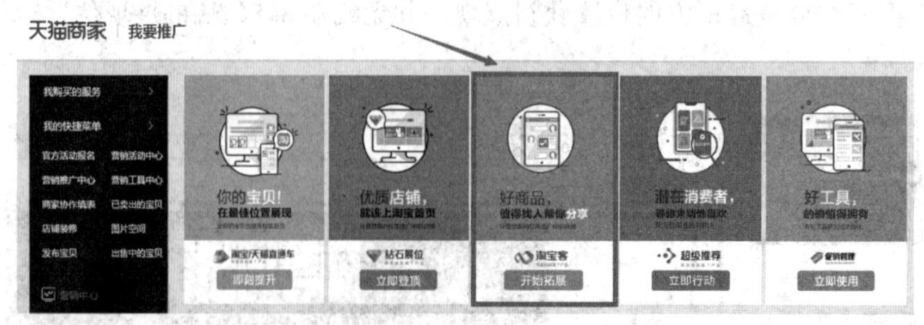

图 3.210 淘宝客

(3)品销宝:“品销宝”位于“营销平台”下方第七项,点击打开即可(如图 3.211 所示)。

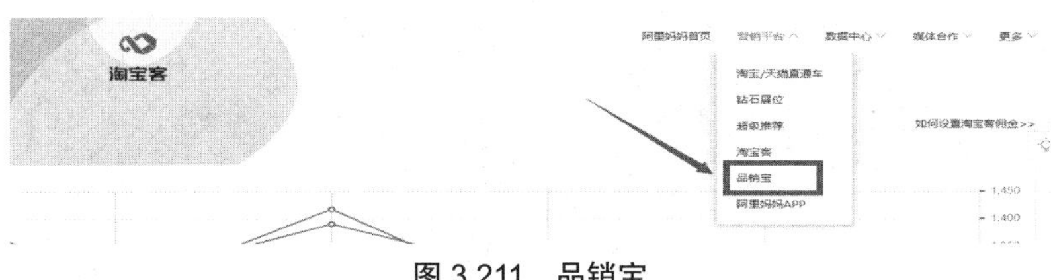

图 3.211 品销宝

(4)新建计划:点击左上角“新建营销计划”弹出两个选项,以明星店铺为例(如图3.212 所示)。

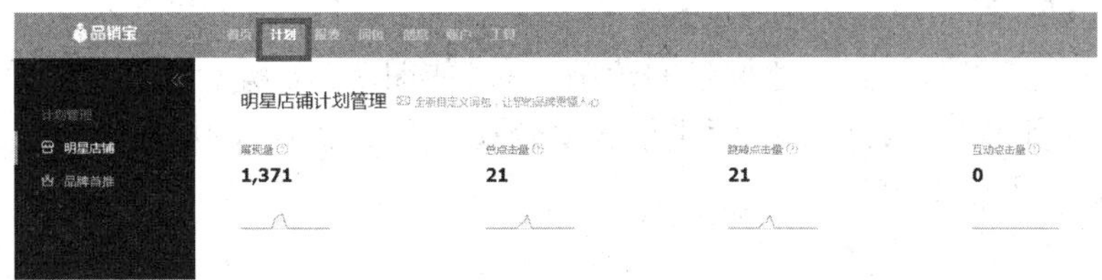

图 3.212 新建计划

(5)计划基本信息:填写计划名称、每日投放的预算和投放的日期等基本信息(如图3.213 所示)。

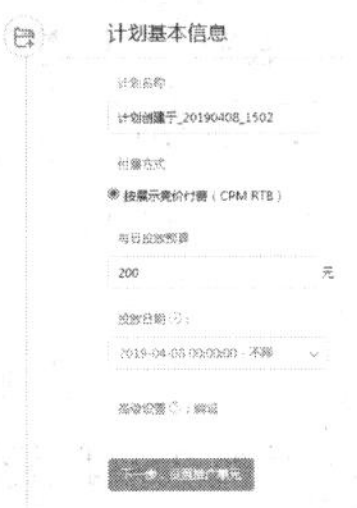

图 3.213 设置基本信息

(6)高级信息:设置投放地域和投放时间(如图 3.214 所示)。

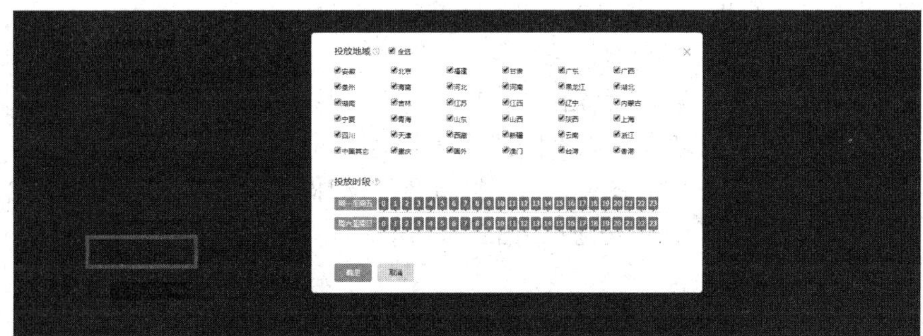

图 3.214 设置高级信息

(7)设置推广单元:填写单元名称,选择词包等信息(如图 3.215 所示)。

(8)添加创意:找到计划对应的图片上传即可。

图 3.215 设置推广单元

（五）超级推荐推广

1. 渠道介绍

超级推荐是典型的面向推荐场景的营销产品（如图 3.216 所示），它将猜你喜欢、微淘、直播广场、有好货等淘内典型的推荐类位置聚合在一个产品后台中，为商家提供更简单、更高效的推荐类营销服务。

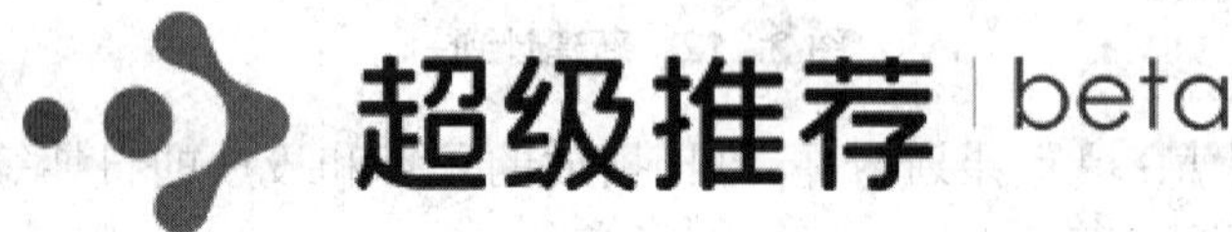

图 3.216 超级推荐

（1）收费模式：CPC、CPM（按点击或者千次展现付费）。其排名按照 CPM 千次展现付费进行竞价，CPM（千次展现付费）= 出价 × 点击量 / 展现量 ×1 000= 出价 × 点击率 ×1 000，实际的扣费则是自己的 CPM= 下一家 CPM 的结算价格 +0.1，如果是按照 CPC（按点击付费）的推广计划，要把这个实际扣费的 CPM 价格折算成 CPC。根据公式 CPM=CPC ×CTR×1 000，推算出 CPC=CPM/1 000/CTR。

（2）核心资源位：猜你喜欢（首页 / 购物车 / 支付成功页）、微淘关注热门、有好货、直播广场精选。

（3）支持推广形式：商品、微淘图文、哇哦视频、直播间、淘积木（超级推荐专属模板）。

（4）展现样式：猜你喜欢（首页 / 购物车 / 支付成功）—商品样式、首页猜你喜欢—内容样式、微淘 / 直播 / 有好货—内容样式。

2. 渠道优势

（1）场景全覆盖：覆盖超过 7 亿活跃用户，达到亿级曝光，囊括手淘核心推荐渠道（猜你喜欢、微淘、直播、有好货），迎合消费者“逛”的需求，引爆推荐场景中的流量。

（2）多创意沟通：支持商品、图文、短视频、直播间、淘积木等多种创意，让商家以更丰富多样的形式与消费者进行全方位沟通（如图 3.217 所示）。

图 3.217 多样的投放形式

（3）多维度价值：升级原有的单一成交价值体系，从消费者运营视角出发，提供消费者流转价值，助力商家消费者运营，实现用户增长（如图 3.218 所示）。

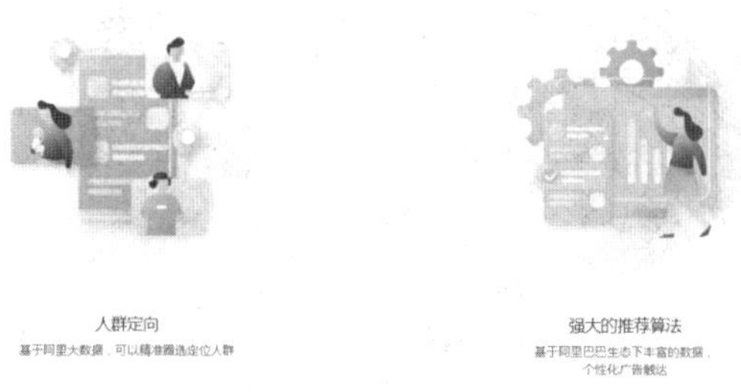

图 3.218　多维度价值

（4）数据技术驱动：基于海量用户行为，实时动态推荐最优人群。全新定向体系，从商品、店铺、类目、内容等多角度，帮助商家精准找到潜在消费者（如图 3.219 所示）。

图 3.219　数据技术驱动

3. 推广方式

（1）商品推广：以陈列商品的形式展现在推广结果页，当买家点击时可跳转至该商品。

（2）图文推广（包括短视频）：以多种形式（比如微淘、淘积木、短视频等）展现在推广结果页，产品线更丰富，更容易满足客户一次性买全的购物需求。

（3）直播推广：以直播预告的形式展现在推广结果页，需提前策划好直播方案及封面图。

4. 创建流程

（1）营销推广中心：在左侧下拉菜单中找到“营销推广中心”并点击进入（如图 3.220 所示）。

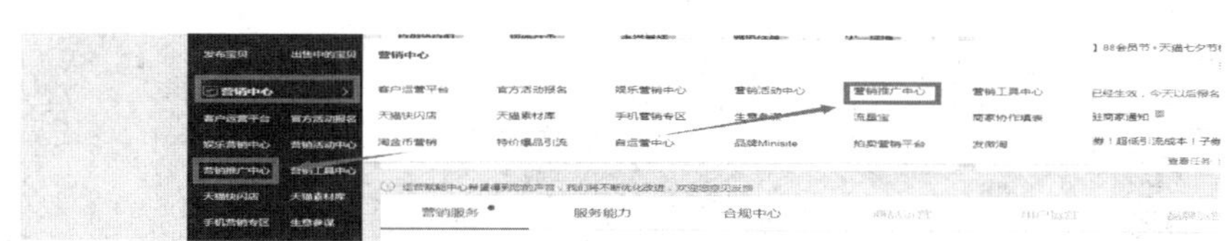

图 3.220　推广中心

（2）超级推荐：找到屏幕中间的“超级推荐”推广并点击进入（如图 3.221 所示）。

（3）新建计划：点击左侧的“新建推广计划”，找到“商品推广”，点击“新建标准推广计划”（如图 3.222 所示）。

（4）计划基本信息：填写计划名称、每日投放的预算和投放的日期等基本信息（如图 3.223 所示）。

(5)添加宝贝:选择要推广的宝贝点击“确认”(如图3.224所示)。

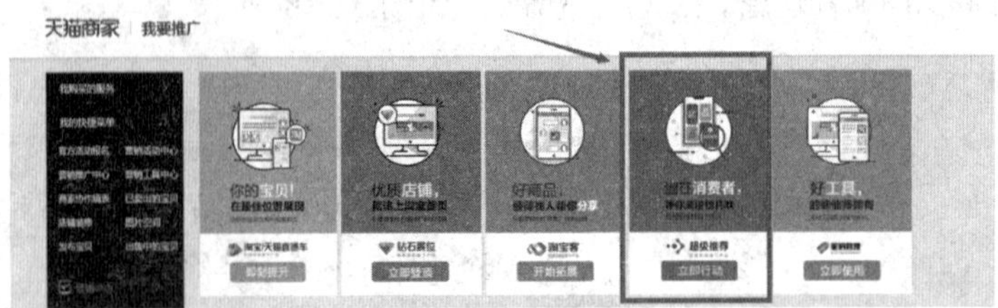

天猫商家　我要推广
超级推荐

图3.221　超级推荐

账户余额
可用余额　2,311.42元
充值　账户明细
今日预算
商品推广　15,965元
图文推广　5,300元
直播推广　-元
新建推广计划
推广主体
商品推广
图文推广
直播推广
+ 新建智能投放计划　推荐
+ 新建标准推广计划

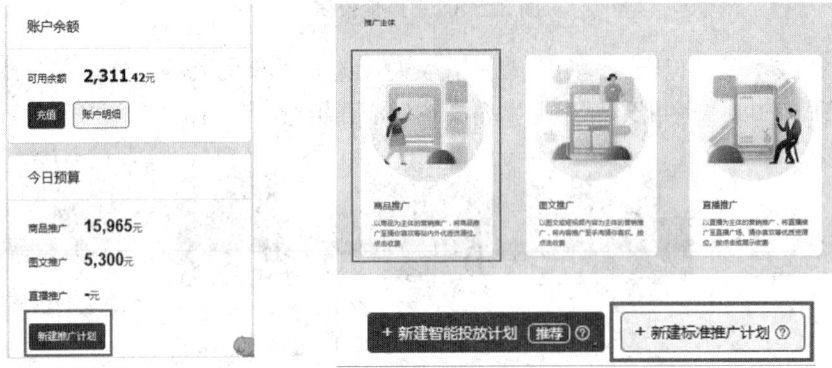

图3.222　新建计划

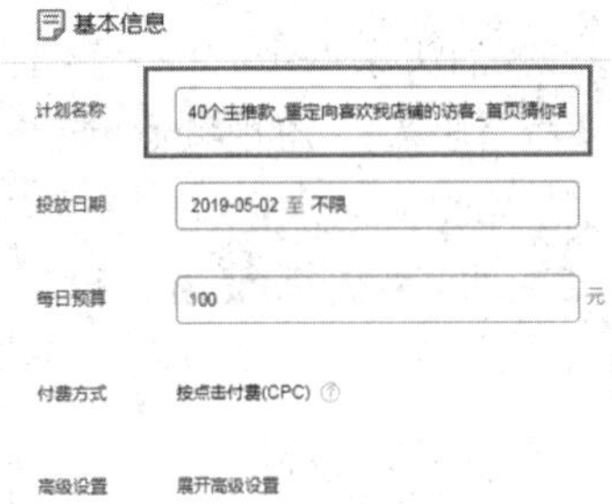

基本信息
计划名称　40个主推款_重定向喜欢我店铺的访客_首页猜你喜
投放日期　2019-05-02 至 不限
每日预算　100　元
付费方式　按点击付费(CPC)
高级设置　展开高级设置

好处:
1. 方便后期优化;
2. 方便交换工作。
总体来说就是提升工作效率。

图3.223　基本信息

添加推广宝贝
553　51　2019-05-02
350　22　2019-05-02
确定　取消

未添加推广宝贝
+ 添加推广宝贝
推广宝贝

满足条件:
1. 要至少有一个以上评价;
2. 最近30天真实成交一笔以上。

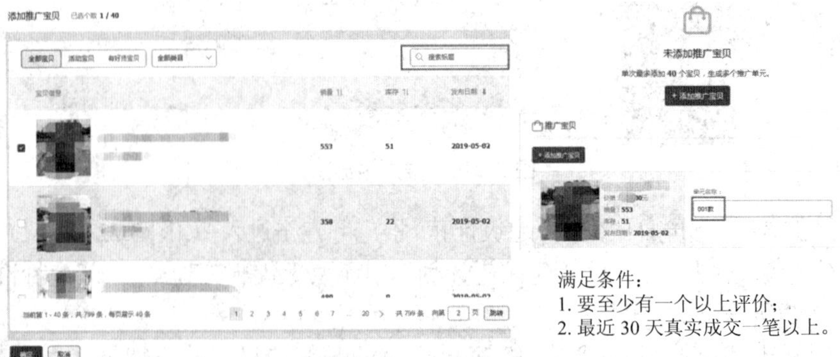

图3.224　添加宝贝

（6）单元设置：进行其他单元设置，完善定向人群、人群出价、资源位溢价等信息（如图3.225所示）。

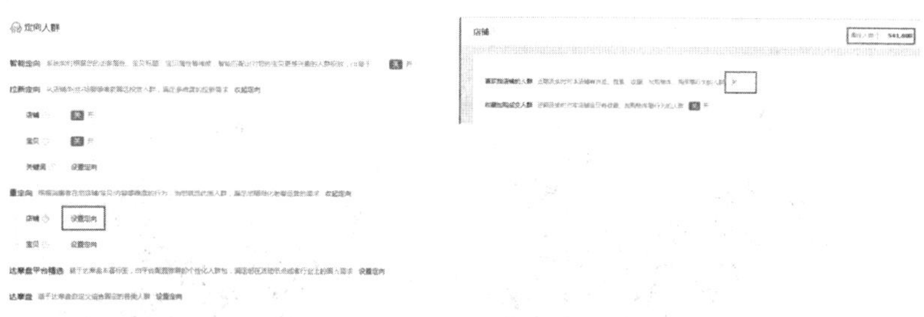

图 3.225　单元设置

（7）上传创意：点击上传已做好的创意图片，替换原创意中的5张主图，注意要打开创意万花筒，会对买家进行个性化展示（如图3.226所示）。

图 3.226　上传创意

（8）完成推广：刷新后可看到新建的计划（如图3.227所示）。

图 3.227　新建的计划

二、营销手段

1. 互惠效应

互惠效应指的是别人给了我们好处，我们也应当尽量回报（如图3.228所示）。互惠效应使得人们在接受别人恩惠后自动产生一种亏欠感、负债感，不还就会心存内疚。

现在很多店铺不再描述精美的产品，而是转去重点描述制作产品的艰辛，设计师的不易，找原材料多难，制作或采集的工人多危险，拍摄多麻烦，时间要多长……从而让买家觉得卖家为了给大家准备产品多么不容易，看了不买都觉得对不起对方。其实在日常运营推广中，很多都是互惠原理的体现，像包邮、赠送试用包、免费试用、赠送礼品、第二件半价、全额赔付等等，只有给了买家优惠，买家购买了产品，商家才能从中获得和收入，这是一种互惠的行为。

图 3.228 互惠效应

2. 参照效应

（1）通过参照物的存在，让店铺产品更直观明确地展示给买家，这种方式比文案描述和数据获得的效果更好。比如某商家正在销售一款超薄的显示器，图片介绍超薄、特别薄、非常薄，买家都很难形成具体的印象，但如果换一种图片的介绍方法，消费者一下子就明白到底是有多薄了。

如图 3.229 所示，产品是 6 mm 的显示屏，很多人对 6 mm 有多薄并没有概念，如果把显示器的侧面和 7 mm 厚的苹果手机摆在一起拍摄，显示器是多薄，第一眼就能看出来，参照的目的不是让买家去探究 6 mm 到底多厚，而是要将买家的疑虑快速打消，从而提高选择商品下单的速度。

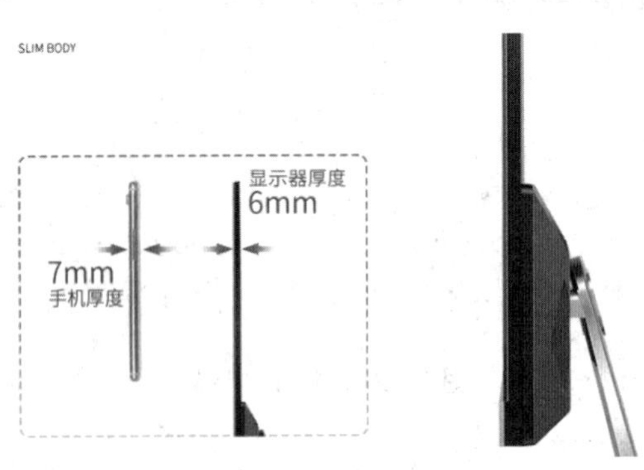

图 3.229 参照效应

（2）有些图片解决不了的问题，在文案上应该尽量让产品跟买家熟知的东西关联起来，也就是利用买家已经熟悉的事物，来解释市场上少见的产品，让买家能更快速地接受新品，让他们觉得这个新产品就是某个熟悉产品的升级版或多个熟悉产品的组合版。让买家建立对新产品的认知和信任，进而才会有购买的可能。

技能六　店铺老客营销

如图 3.230 所示，老客营销是网店的生存和发展之道，商家要创造利润，而网店的利润来自顾客的消费。网店的利润客户来源主要有两类：一类是新客户，即利用市场营销方法进行广告宣传和促销活动，吸引潜在客户初次购买产品；另一类是原有网店的消费者，他们已经购买过网店的产品，使用后感到满意，没有抱怨和不满，经网店加以维护愿意连续购买产品。

图 3.230　老客营销

下面通过粉丝积累、会员等级、定期店内活动、淘宝群建立维护、短信推送五种老客营销方式以及门槛效应和七秒定律两种营销手段对店铺老客营销进行深入学习。

1. 营销方式

1）粉丝积累

如图 3.231 所示，通过二维码进行店内外宣传，引导买家关注本店微博、微信、微淘等。把成交的客户积累起来，有上新或者活动，可以在微信或者微淘等渠道发布产品信息和客户感兴趣的内容，平日里可以发放一些小额的优惠券，增加粉丝的活跃度。

有的产品适合建群，可以让客户自动讨论，让店铺的忠实粉丝带动新粉丝；有的店铺并不适合群聊的形式，比如某旗舰店，适合单独加客户为好友，有上新或者活动可以发朋友圈或者单独发某一个客户，产品价格质量的原因不适合建群。

图 3.231　二维码宣传

2）会员等级

建立会员等级，不同等级的会员会享受不同的特权。会员等级可以分为普通会员、高级会员、VIP 会员、至尊 VIP 会员等，通过这种方式，带动老客户加入会员的行列，提高客户对店铺的黏性，使客户为了享受更多的特权而提升自己的等级。

3）定期店内活动

①店铺会员日：设置某一日为店铺会员日，会员日当天过了某一门槛，系统自动满减。

②完善店铺积分系统：购物时订单自动生成店铺积分，或者让客户以游戏的形式来店铺赚取积分，并且可以把赚到的积分使用在购物中。

4）淘宝群建立维护

建立淘宝群以后，多用于粉丝互动，加强群活跃度，鼓励晒单，不定期设定抢红包，限时抢购等活动。

5）短信推送

快递发出或者签收以短信邮件的形式通知客户，增强客户对店铺的好感度，短信实时性强，文案操作容易，而且内容简单；邮件需要文案和设计配合，实施困难，并且可控能力差，优势是内容为多媒体形势，可以传递大量的图文信息。

可以选择在上新或者活动时发出带有利益点的提醒短信（如图 3.232 所示）提高客户对店铺的关注度。

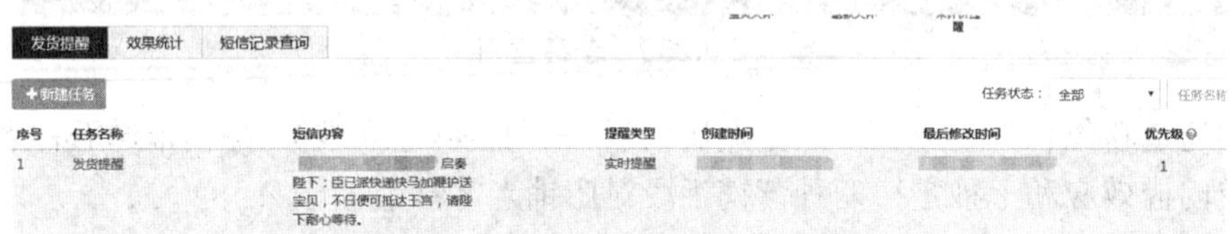

图 3.232　短信推送

2. 营销手段

1）门槛效应

这种效应一般用在老客身上比较多，指一个人一旦接受了他人一个小的要求，后续就有可能接受更大的要求。比如买家要求优惠 80 元，可以先只答应优惠 30 元，再慢慢提高优惠力度，实际上是可以直接给出 80 元优惠的，但不要一开始就答应，如果轻易就答应优惠 80 元，客户可能会索取更多的赠品和服务，要让对方认为我们已经尽力让价了。

2）7 秒定律

利用消费者的第一感觉，让他们在 7 秒内完成下单，这是营销界总结出的“7 秒定律”，如图 3.233 所示，即买家会在 7 秒内决定是否有购买商品的意愿。宝贝留给买家的第一印象就影响了买家的兴趣，如果有购买意愿，才会去了解功能、质量、售后等宝贝细节，明白这个定律是做好详情页的关键。自己去打开不同的宝贝测试下，7 秒钟能看完哪些内容，自然就知道把重要的内容放在哪些地方更好。

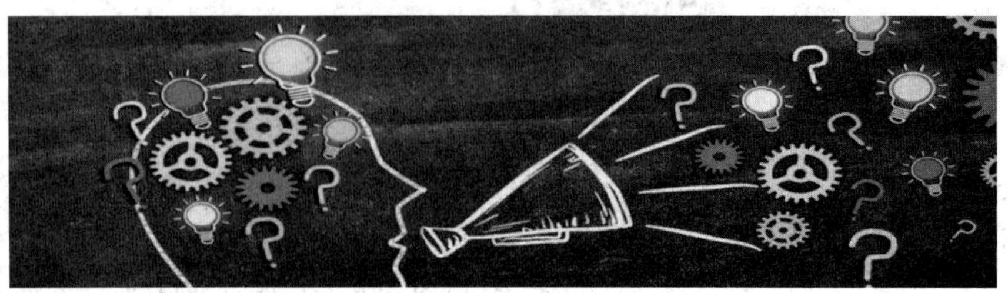

图 3.233　7 秒定律

技能七 新媒体平台营销

新媒体平台营销是指利用当今快速发展的社会衍生出的新型媒体平台进行营销的方式。可利用这些平台拓宽自身店铺的局限性，为公司带来更多的收益。而且营销方式也变得更多元化，大幅度缩短品牌与用户转化的距离（如图 3.234 所示）。

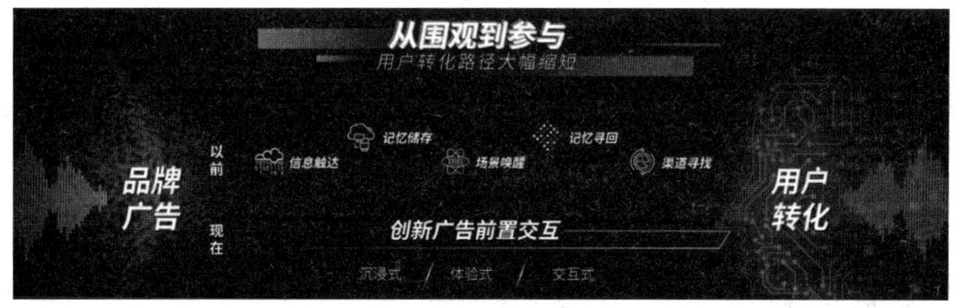

图 3.234 缩短距离

下面通过短视频 / 直播平台、社交平台、自媒体 / 论坛平台三种新媒体营销方式以及马太效应和权威效应两种营销手段应来对新媒体平台营销进行深入学习。

一、营销方式

（一）短视频、音频、直播平台

1. 直播平台

淘宝直播、花椒、YY、映客、一直播、企鹅、斗鱼、虎牙、战旗、龙珠等直播平台。

2. 短视频平台

抖音、快手、秒拍、火山小视频、西瓜视频、美拍、全民 K 歌等短视频平台。

3. 音频平台

喜马拉雅 FM、蜻蜓 FM、考拉 FM、荔枝 FM 等音频平台。

4. 优势

1）营销策划更加专业

视频营销和日常的店铺营销不同，做视频相对来说是一个专业性比较高的工作，如同做电影一样，需要好的编导、策划、脚本等；同时还需要摄像师，音响师、灯光师等。所以这不是凭借一个人的力量就能够完成的，而是需要一个团队的力量才能够将这件事情做好。

当然也有一些玩自拍的短视频营销高手，他们做的短视频营销的策划更加专业，也正是因为其专业性比较高，才会避免出现仿制的行为，这样就能够保证营销策划的独一无二性。

2）品牌更加强势

短视频能够更加灵活地表达品牌的形象和产品的效果，能够在消费者心中留下深刻的印象。在这个属于短视频的黄金年代，能够开启消费者无限的想象空间，提升用户价值和商业价值（如图 3.235 所示），这也是短视频营销手段最成功的地方。视频相对于文字来说，具有强烈的视觉冲击，更能够植入人的脑海。

图 3.235 提升用户价值

看小说和看电视的区别也在于此，而且在看视频时，人们的心情会比较轻松，这也是短视频的一大优点。所以人们会对短视频比较感兴趣，从而减少对广告的排斥。

互动增多：由于短视频的接受度比较高，再加上人本身就有好奇的特点，所以用户一般比较易于接受新的事物，甚至去模仿。因此用户很有可能会模仿视频内容，甚至录制一段新的视频，而这无形中就提高了视频的宣传度，从而达到了营销的目的。

目前的短视频营销平台很多，竖屏视频已成为用户的主流使用习惯（如图 3.236 所示），52% 的手机用户锁定竖屏，并且 94% 的用户在使用手机期间是处于竖屏状态。营销人员只需要将视频上传到短视频平台以及大的影视网站并在短时间内与用户产生互动评论、点赞、转发等。短视频的内容策划得好，产品也很有可能在一夜之间卖爆。

图 3.236 主流使用习惯

3）渠道更加宽广

互联网上的直播平台各种各样，这时利用直播的特点和互联网的特点，店铺可以将短视频发到各个直播平台上，让更多的人观看，达到宣传的效果。而且随着智能手机的发展，在一些微信平台上短视频的转发量也越来越高，所以无论借助哪个平台，都能够提高视频的播放量和浏览量，从而达到更好的宣传效果。

5. 技巧

1）诉求清晰，明确你要做什么

是为了传播品牌还是实现转化？如果转化是下单，那么需要持续性的营销，单次效果不会很好。因为传播品牌，只需让用户达到一个了解的程度，有初步印象就行，但下单就需围绕功能持续加深用户的印象，这样促成付费概率更大，或者以后当用户有需求时，第一个想到的就是此品牌。

2）内容策划一定要结合产品和诉求

内容策划的形式需要脑洞大开，根据产品不同调性，视频可能需要走心的、无厘头的、卖萌的、魔性的、干货有价值的、吐槽的等形式，但是无论用哪种形式，都需要结合产品价值，策划需要有创意。

3）产品植入要巧妙

但凡广告明显的内容很难得到大规模的转发，除非内容价值大到可以抵消用户对广告的反感，这种价值可以是深度或娱乐的，但是每个人的价值点不一样，所以很难做到一个所谓的最高价值视频。那么最好的方式就是植入巧妙，润物细无声。

4）视频长度要严格控制

首先，视频长度最好是控制在 5 分钟以内，注意节奏，便于传播和无 Wi-Fi 的情况打开。根据调查，超过 5 分钟的视频，有 95% 的人不愿意用流量观看，但是 2~3 分钟的视频有 60% 的人还是可以接受直接用流量观看的。其次，短视频的节奏一定要快，包袱最好密集。

5）视频发布时间要把握好

发布的时间最好是周末。因为大部分人在家，有 Wi-Fi，刚起床会刷朋友圈或者微博，更容易被看到。

6）标题和封面一定要做好

标题和封面直接决定视频的生死，一定要抓人性。因为人们每天都活在各种信息流里面，决定其是否点击一个内容的时间也就几秒钟，所以标题一定要短，关键字明显。封面最好是博眼球，或者能勾起好奇心的图片（如图 3.237 所示）。

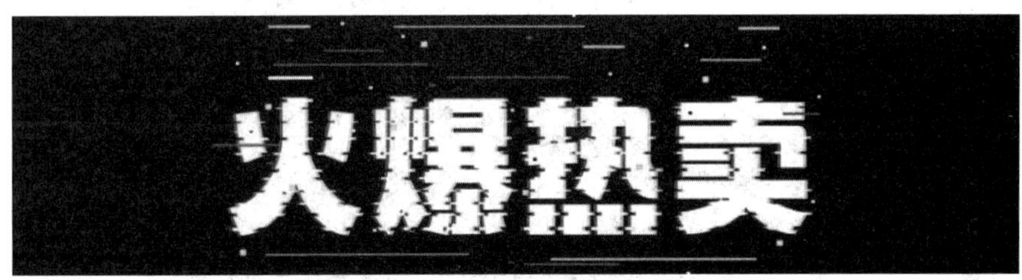

图 3.237　关键字明显

6. 营销方法

1）利用外部平台争取获得开屏广告的宣传

开屏广告一直以来是广告营销都不能错过的位置，要用好短视频营销阵地（秒拍、美拍、快手、小咖秀、B 站、腾讯视频、爱奇艺、优酷等）扩散渠道。争取拿到首页热门、频道推荐、排行榜等位置，因为最省钱的方式是借助别人的流量。短视频平台也是千万级的 DAU（日活跃用户数量），所以能上到首页的话（如图 3.238 所示），直接新增播放量可想而知。

2）和网红及平台上 KOL 合作

找一个 1 000 万粉丝的大 V 效果有可能没有找 5 个 200 万粉丝的 KOL 好，因为多个 KOL 同时宣传，会有一种全网爆款刷屏的感觉，会更吸引人点击（如图 3.239 所示）。很多大 V 流量粉丝都造假，且配合度低，性价比不高。但 KOL 的筛选也很重要，需要找到一些精准且流量真实的进行合作。

3）单页信息流广告

各类短视频平台都已开放这类的广告页，在浏览视频中间未出现标注为广告的小视频，如果网店的创意或者音乐够吸引人，大多数用户也会选择观看。

4）对企业的日常工作及领袖型人物传播

例如，在抖音上可以看到某公司抖音账号都有类似的视频展示，即使只是平时的办公室日常工作也有大量用户评价互动。当然如果办公室日常工作非常有趣，利用玩法带动产品销量，这个玩法也同样适用。

图 3.238　首页开屏广告

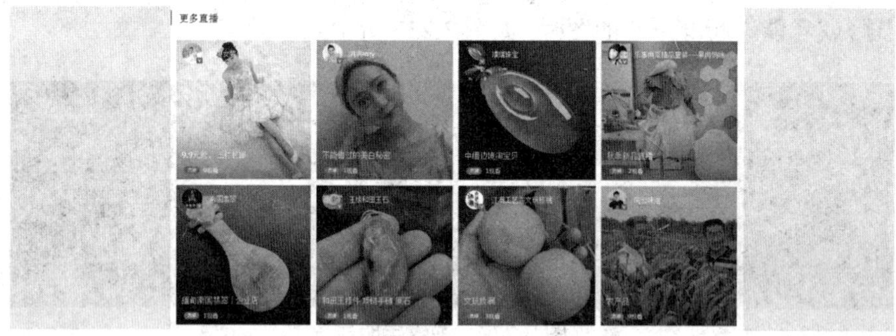

图 3.239　寻找网红及 KOL 合作

7. 操作流程

（1）要先设定出今年的新目标（如图 3.240 所示），通过视频营销从想要曝光的人数、视频投放的定向人群等方面作出策略规划。

图 3.240　设定目标

（2）分析视频接受度的方法：通过5“W”1“H”法（WHAT，WHY，WHERE，WHO，WHEN，HOW）来分析视频能否满足了客户好奇心，视频能否给目标客户带来价值，观看视频的客户能否会将视频分享出去（如图3.241所示）。

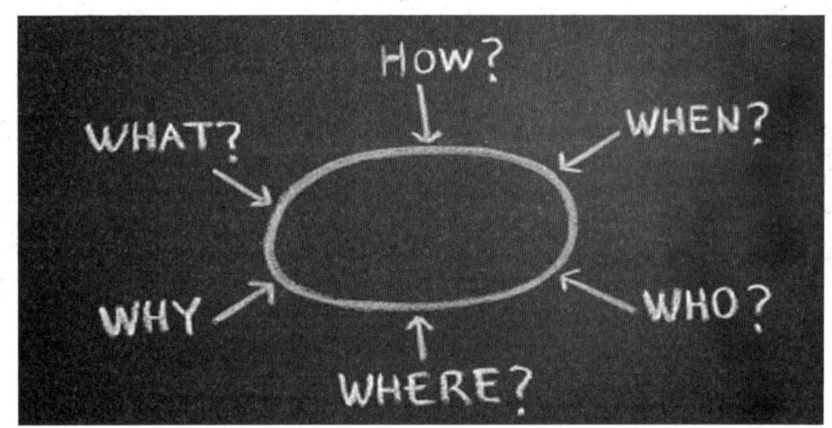

图3.241　分析视频接受度

（3）简单的拍摄技巧以及剪辑知识：可以手持手机、相机、DV拍摄，也可以放在三脚架上或者任何支撑物上拍摄。视频剪辑软件有App自带工具、绘声绘影、PR、AE等。

（4）修改完善视频：不断以步骤1和步骤2的角度来观看已完成的视频，持续修改到自己满意为止。

（5）发布视频：发布完善好的视频，并实时关注效果。

（二）社交平台

1. 微信营销平台

微信营销平台包括微信个人号、微信公众号、微信群、微信广告资源。

2. 微博营销平台

微博营销平台包括企业官博、微博广告资源。

3. 问答营销平台

问答营销平台包括知乎、简书、百度问答、悟空问答、搜狗问答、360问答。

4. 优势

1）拓展网店营销策略新渠道

在网店的发展过程中需要拓展营销渠道，打破平台限制的流量瓶颈，所以越来越多的电商企业也尝试在社交平台上施展拳脚。无论是开展各种各样的线上活动（例如伊利舒化奶的开心牧场等），或者病毒营销等（植入了企业元素的视频或内容可以在用户中像病毒传播一样迅速地被分享和转帖），所有这些都可以在这里实现，因为社交平台最大的特点就是可以充分展示人与人之间的互动（如图3.242所示），而这恰恰是一切营销的基础所在。

2）低企业的营销成本

社交平台“SNS”分享式的信息传播模式，具有更强的互动性。通过店铺给出的分享集赞就可以获得店内某些礼品，用户更乐意主动获取信息和分享信息，社交平台显示出高度的参与性、分享性与互动性。社交网络营销传播的主要媒介是用户，主要方式是“众口相传”，因此与传统广告形式相比，社交平台无须大量的广告投入，相反因为用户的参与性、分享性与互动性的特点很容易加深对一个品牌和产品的认知，容易形成深刻的印象，从媒体价值来分析可以形成好的传播效果。

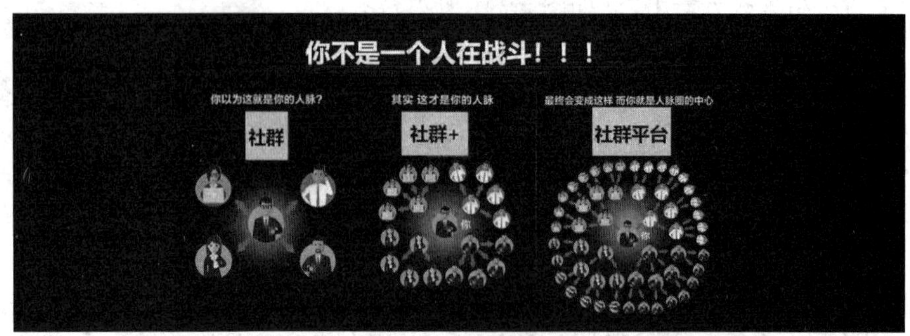

图 3.242 人与人的互动

3）目标用户的精准营销

社交平台可按不同类目行业划分为不同的圈子，网店在开展网络营销时可以很容易对目标按照地域、性别、购买力状况等进行用户的筛选，从而有针对性地与这些用户进行宣传和互动。可以只针对部分人群开展营销，从而实现目标用户的精准营销。

4）满足网络用户需求的营销方式

社交平台模式的迅速发展恰恰符合了网络用户的真实需求，参与、分享和互动，它代表了网络用户的特点，也符合网络营销发展的新趋势，没有任何一个媒体能够把人与人之间的关系拉得如此紧密。无论是朋友的一篇日记、推荐的一个视频、参与的一个活动，还是朋友新结识的朋友都会让人们在第一时间及时了解和关注到身边朋友们的动态，并与他们分享感受。只有符合网络用户需求的营销模式才能在网络营销中帮助电商企业发挥更大的作用。

5. 技巧

1）前期注重吸引粉丝

关注互动和粉丝数，前期粉丝数更重要，没有粉丝的活动性价比太低。想办法把用户转化成为好友和关注粉丝最重要。

2）不要过分推商品

社交媒体平台是沟通工具，应该将它们用于社交互动。与粉丝建立关系，不要通过发布过多的促销内容来推动，这样可能会导致用户反感。

3）商业化合作

在某社交平台较为有影响力的人可以成为社交营销中的合作伙伴（如图 3.243 所示）。有影响力的人有很多忠实的追随者，让他们代表品牌在社交平台形成一定的传播。

4）加入其他类似社群

社交网络群体覆盖量很大，其中由相似兴趣的人讨论不同的主题。可以找到并加入此类群组，发表评论、提出问题并分享有趣的资料，以便发展品牌的粉丝网络。

6. 营销方法

制定一个可供管理的社交平台营销战略。

先要明确店铺的能力，在每个社交平台上预算每天可以在管理上花多少时间，了解这个可以帮店铺弄清该优先在哪些社交媒体渠道上进行营销。有效的社交平台营销管理通常涉及以下几个方面的工作，这些都是制定社交媒体营销战略的因素。

图 3.243　商业化合作

（1）设计：不仅要为注册的社交媒体账号设计一个用户喜欢的页面，还需要和设计师合作优化社交媒体上的图片简介、内容配图等内容（如图 3.244 所示）。

图 3.244　页面设计

（2）内容制作：不仅需要为社交媒体策划和编辑内容，还需要与其他部门合作来推广宣传公司的促销信息。

（3）内容监控与粉丝互动：如果品牌已经在网上让用户产生了负面情绪，想通过社交媒体渠道提供客户服务，那么就要根据实际需要在这上面合理安排时间。为了保持用户的参与度，应该积极正面回答用户问题。

（4）分析：分析监控包括销售数据分析、粉丝分析、用户参与度分析和用户满意度分析，可以根据这些数据分析结果来优化内容战略，并及时调整社交媒体管理策略。

（5）确定目标人群：产品主要面向哪类消费人群，则应该在哪类社交网站上下功夫。如果没有特别集中的品类社交平台，产品主要是面向零散的个人用户，推荐用微信，因为微信营销的客户黏性很强，是日常的聊天软件之一。

（三）自媒体、论坛平台

1. 自媒体营销平台

自媒体营销平台包括头条号、搜狐号、一点号、百家号、网易号、企鹅媒体平台、UC 自媒体平台、凤凰媒体平台等。

2. 论坛营销平台

论坛营销平台包括百度贴吧、豆瓣、天涯论坛等（如图 3.245 所示）。

图 3.245　自媒体、论坛营销平台

3. 优势

1）广泛性

专业媒体和众多的自媒体作者都可以叫作自媒体，这也体现了自媒体平台的广泛性。信息来源的广泛性，也使得电商在一定程度上能够得到更多的发展，合理地运用自媒体传播手段，将自己的品牌有效地传播出去，在感兴趣的粉丝中形成一定的影响，后期也可以通过粉丝形成一定规模的粉丝经济（如图 3.246 所示）。

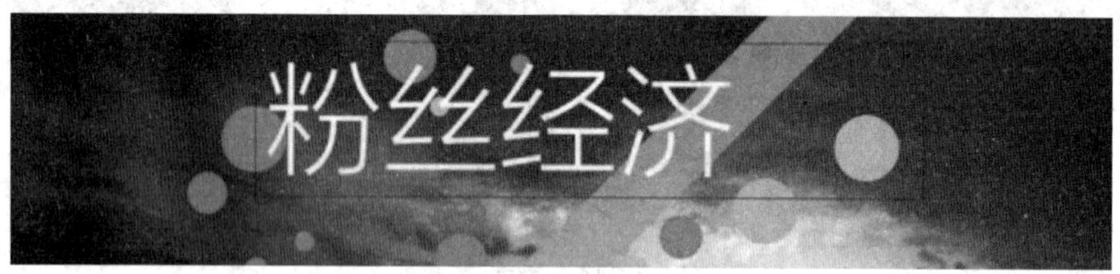

图 3.246　粉丝经济

互联网自媒体的出现使得人人都能将自己的视频上传，极大降低了内容创作的成本。

2）丰富的精准性

使用今日头条时可以发现，即使刷新一天一夜，也还是会有源源不断的内容被推荐过来，而且这些内容都是和之前浏览过的内容有关。设想下宝妈经常关注育儿或者母婴类的消息，那么店铺配合营销文章，得到了客户群的认可，也能使品牌得到传播，同时对店铺销售额的提升打下基础。

4. 技巧

1）注意平台规则

每一个自媒体的推荐规则都不太一样，规则需要自己摸索，慢慢更新内容来进行适应。

2）注意内容选择

内容与网店的产品要有关联，并且关联性一定要强，每天发布的内容差别性不能很大。

3）行业要垂直

在做自媒体之前一定确定自己所熟悉的产品，比如你是化妆品或者女装的卖家，那就以此来进行自媒体定位；自媒体忌讳的是泛泛，喜欢的是垂直和精准。

4）塑造品牌形象

在做自媒体的同时，一定不要忘记品牌形象的建立，要做一个有侧重点的自媒体，要知寒问暖，这样才能让粉丝感受到企业的态度，提升品牌的影响力。一旦品牌影响力形成，创造回报的阶段也就开始了（如图 3.247 所示）。

图 3.247　创造回报

5）增加粉丝互动

通过后台的数据分析监控（如图 3.248 所示），每天都要与粉丝进行互动。可以安排专员对粉丝的诉求进行解答，使其黏性增强。做内容就是为了获取粉丝和流量，所以粉丝比内容更为重要，要对粉丝的评论进行回复，必要的时候，可以建立一个粉丝群。

图 3.248　监测后台数据

5. 营销方法

文章写作题材很重要，如果选择了不被大众所接受的题材，那么这篇文章基本上也不会有较高的浏览量。

（1）先要尽可能多地找到关于店铺内容方面的知识，比如写钓鱼，那就去钓鱼吧、快乐垂钓吧、四海钓鱼等，以及一些垂直领域的 App，找最新的钓鱼内容。

（2）向优秀的店铺学习（如图 3.249 所示），比如服装领域，那就去看服装大 V 是如何写这些文章的，品牌是如何植入的，产品又是怎样被巧妙地展现的，了解当天服装颜色搭配、穿搭效果。总结后，要比自己预想的提升得更快。

图 3.249　店铺学习

（3）要从读者的眼光去写文章，可以去评论区找选题，比如店铺销售的是陶瓷，要找到点赞量最高的评论，拓展主题写一篇文章，内容包括好的陶瓷是由哪位大师烧制、运用的材料以及烧制的工艺，并介绍今天这款产品属于这位知名大师的限量款。这样巧妙地植入商品信息，可以引发消费者用心去感知。

（4）可以去关注每天的热点事件（如图 3.250 所示），总结成文章的关键词，或者电商领域的大人物，比如马云、刘强东等这些名人，如果写作过程中涉及他们的话，尽量要把他们的名字加上，可能会带来一定的流量，当然不是说加上名字就能带来流量，而是要找到新鲜的动态，可以关联到店铺的商品，加上他们的名字结合，就会产生爆款的文章。

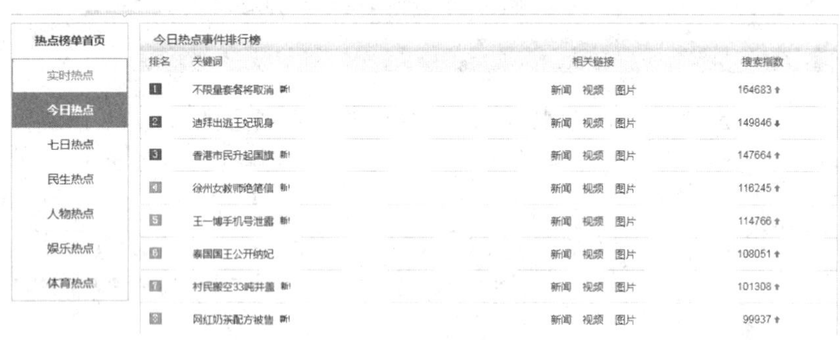

图 3.250　热点事件

二、营销手段

1. 权威效应

在新媒体营销平台上权威的影响力非常的大，在详情页中如果能展示出所卖的产品是正品（如图 3.251 所示），有质检报告，有品牌授权，有权威人士证明等，那么买家就会更容易信任产品，减少购买决策疑虑的时间。让买家觉得卖家专业是很重要的，特别是功能性的产品，在设计页面和写文案时都要考虑如何显得专业，一些有利于证明产品专业的东西如前面说的品牌授权、许可证、备案凭证、环保认证等都可以整合到详情页中，甚至重要的认证直接放到800图上。

权威的作用应该很好理解，如果卖儿童牙膏的页面上有通过演医生走红的知名明星代言，生意想不好都难。

图 3.251 权威证书

请权威名人不适合中小卖家，商家能做的主要是在详情页对宝贝进行描述时，尽量显得专业，特别是对功能和细节图的描述要用专业的术语（特定类目）来表达，给人一种卖家是专家的感觉，这样买家更容易被说服，转化率也不会差。

2. 马太效应

马太效应在电商这里也可以这样理解，当店越来越大，获得越来越多资源支持时，为了树立典型，或者在平台流量到达瓶颈的情况下，会把其他平台的流量也转移过来，这样就可以达到分销的目的，可以根据每个平台不懂的特点，找寻不同的玩法，目的是使店铺越做越强大，也就是强者越强，弱者越弱的现象。

极速开车上10分，女装店月入百万的爆款秘籍。

直通车是一款淘宝内置的站内推广平台，它不仅可以给店铺引入大量的流量，而且可以辅助完成年度目标销售额。店内的许多款产品也可以通过直通车来打造成爆款，下面通过准备计划、梳理好操作步骤、规划周期并实施优化、查看报表持续优化、总结这五个步骤学习直通车实操玩法。

1. 做好基础准备（如图 3.252 所示）

（1）做好基础准备工作代表的就是要把款式测好，价格定好，介绍起来就是普通的几个字，但是很多店铺不以为然，好多老板认为运营卖不出东西就是没技术，就是没能力。其实影响运营的关键因素还是比较多的，一个真正的爆款，一定是先定价，再定款，最后做推广计划。先看市场上哪个价格段还有潜力，这个价格段头部卖家效应明不明显，还有什么卖点不是他们主打的，根据价格确定成本，以成本来定款，最后交给运营推广。

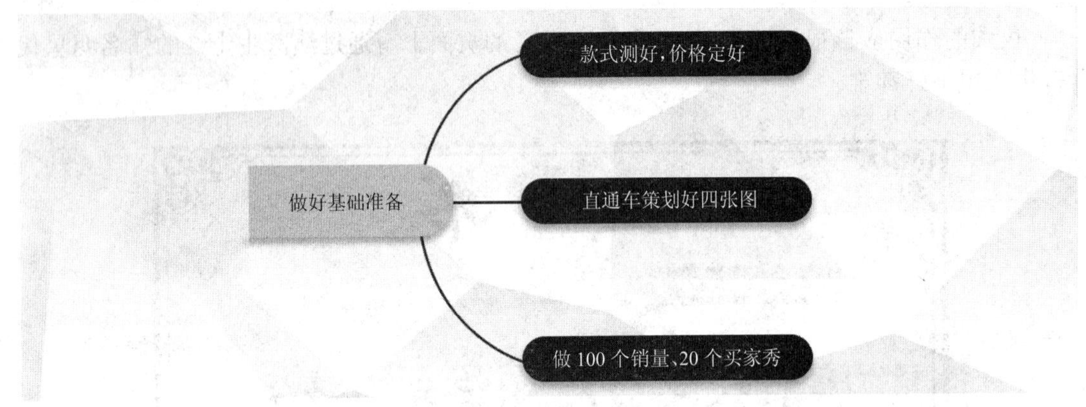

图 3.252 做好基础准备

（2）测图的时候需要美工按运营的要求，准备5~8张直通车图片，开轮播，满100个点击，去掉点击率最差的那一张，再添加一张进去，满100点击，再去掉最差的那张，循环下去，直到4张图都达到行业平均点击率的1.5倍左右。

（3）找到靠谱的淘宝客，对产品做基础销量50~200笔，有老客户，做老客活动也可以。基础评价30个，买家秀20个，如果是卖女装，买家秀找专业模特拍摄，淘宝上就有，20元左右一张。

2. 梳理好操作步骤（如图3.253所示）

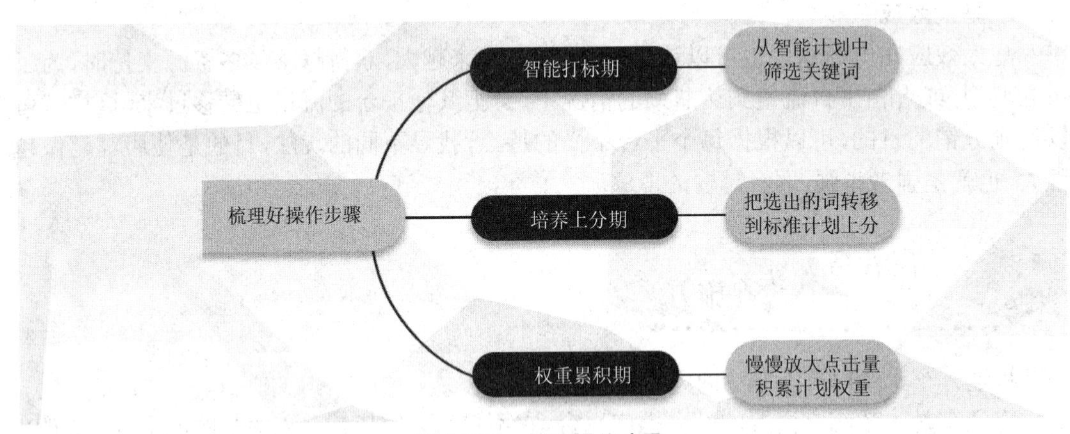

图 3.253 梳理操作步骤

（1）智能打标期：创建“直通车智能计划”，选好产品，推广5~7天，积累点击量，从智能计划的报表中，筛选出高于行业点击率且有转化的关键词。

（2）培养上分期：把筛选出的词转移到新建的“直通车标准计划”中，持续优化点击率，达到设定指标，稳定上分。

（3）权重累积期：逐步的扩大关键词的点击量，集中积累计划的权重。

3. 规划周期并实施优化（如图 3.254 所示）

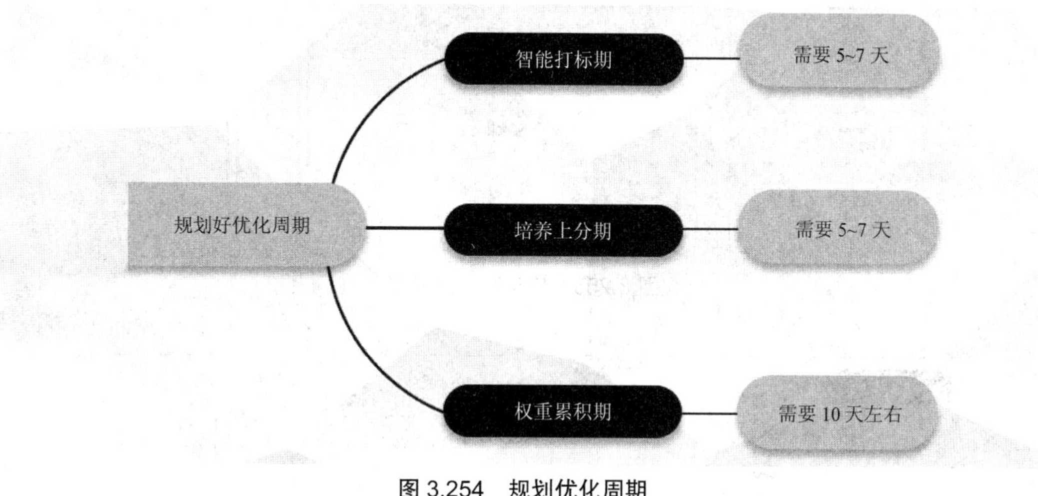

图 3.254　规划优化周期

1）智能打标期

店铺需要 5~7 天的时间在智能打标期这个阶段，需要通过智能定向计划挖掘更适合产品的关键词，这样用词更为精准，转化率更高。

（1）建立智能推广计划。选择日常销售，推广方式智能推广，日限额 300~500 元，每天 300 个点击以上暂停投放。

（2）开始优化关键词。下载分析智能推广报告，从第二天开始，大词、热词屏蔽掉，只保留和产品匹配的精准词。

（3）开始筛选“神”词。计划推广 5~7 天之后，累积 3 000 左右的点击量，把所有有转化的关键词筛选出来，没成交但是收藏加购高的词也一起筛选出来。

2）培养上分期

店铺需要 5 天左右的时间在培养上分期这个阶段。这一阶段，需要建立一个标准计划，用 5 天左右的时间把关键词上到 10 分，培养计划权重。

（1）复制“神”词。把上一阶段的智能计划筛选出来的词复制过来，把质量得分 6 分以下，且优化创意标题都不能提升质量分的关键词删掉，开始培养标准计划，每个词控制在 200 以上的展现，删掉点击率低于行业平均水平的词。

（2）营销设置。

匹配方式：非标品开“广泛匹配”，标品开“精确匹配”。

地区设置：除港澳台以外，全开。

时间设置：白天 10 点、下午 3 点、晚 7~11 点开，其他时间关（如图 3.255 所示）。

出价设置：统一出价行业均价 1.5 倍左右，非标品出价到移动前十，标品尽量卡前三。

（3）人群设置。在生意参谋中找到产品客群的人群标签，主要是以性别、年龄、消费额度三个数据为主。添加自定义人群、性别、年龄、消费额度“三三”组合，统一设置溢价 30%（如图 3.256 所示）。

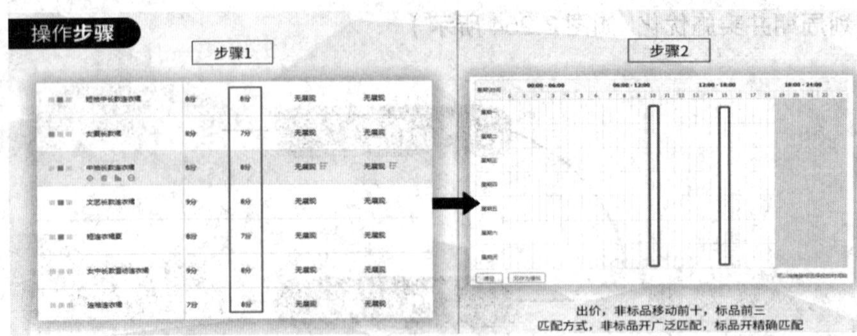

图 3.255 出价和时间设置

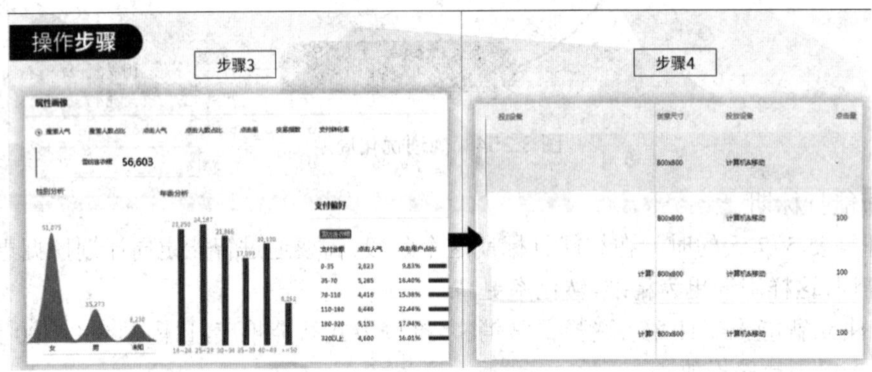

图 3.256 人群设置

(4)创意图设置。添加最开始测试好的四张创意图,设置轮播和智能标题。每个创意最少要求 100 个点击,点击率最高的那张设置成 PC 端、移动端全投,其他三张设置成只投 PC 端,投放模式开启优选。

(5)分析人群。把展现大于 200,点击量偏少,并且点击率较低的人群删除。把展现量大于 200,点击率大于整个计划点击率的人群,溢价提高到 35%~80%(如图 3.257 所示)。

图 3.257 分析人群

(6)添加其他人群。当关键词开始上分后,意味着权重值开始上升,这时候店铺定向人群,溢价 35%;淘宝优质人群,溢价 35%;喜欢店铺新品的访客,溢价 35%;智能拉新人群,溢价 35%。

(7)优化地域。点击量从高到低排序,留下前十个。这样持续开 5~7 天,基本上所有词都会上 10 分（如图 3.258 所示）。

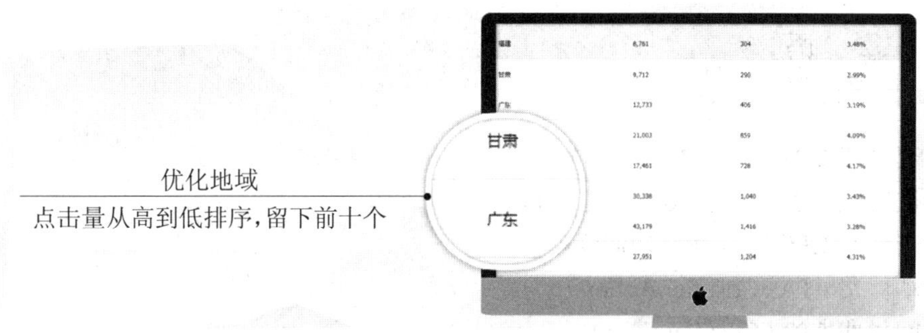

图 3.258　优化地域

3）权重累积期

在前两个阶段打基础比较成功的情况下，权重累积期就比较轻松了，这阶段需要 10 天左右，主要是放大数据，稳中求胜。

（1）要考虑点击率稳定的情况下，再确保点击量增加。每天加 1~2 个精准词和地区，可以是长尾词、二级词，也可以勾选一些点击量高的省份。

（2）如果产品转化效果非常不错，可以加大推广力度，或者参加大型活动时，递增幅度可以加大，加词、加地区、加时间段，还是要在点击率平稳的基础上，再放大点击量。如果转化基本不变，那暂时保持原来的幅度就可以。

4. 查看报表持续优化

报表是 7 天的产品数据，从 PPC 可以看到，基本维持在 0.2 元左右，近 7 天消耗 66 931 元，成交 873 157 元，产出比为 13，点击率为 6.14%（如图 3.259 所示）。

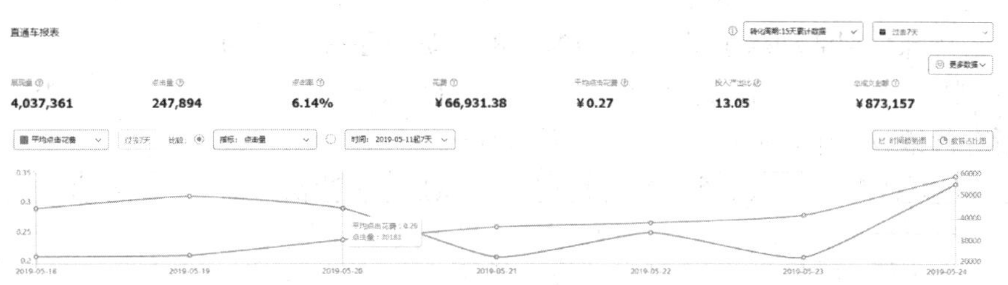

图 3.259　数据展示

通过案例的学习，可以了解在使用直通车打造爆款时，应该提前做好的基础准备工作，熟悉每一个操作步骤，掌握规划周期并实施优化，并且能具备通过直通车打造爆款的能力。一定要考虑好每一步应该做什么，目的性要非常明确，前期的基础很重要，只有规划好如何去做，才能更有效率地执行。

本章课程介绍了网店的营销方法，分别以日常基础营销、自运营活动营销、官方活动营销、站内视频内容营销、推广营销、老客营销、新媒体营销做介绍，以步骤的形式掌握店铺的

营销方法,学习之后能够具有独立规划店铺玩法的能力。

按成交付费 CPS(Cost Per Sales)
按千次展现付费 CPM(Cost Per Mille)
按点击付费 CPC(Cost Per Click)
按行动付费 CPA(Cost Per Action)
按时间付费 CPT(Cost Per time)
转化率 CVR(Conversion Rate)
投入产出比 ROI(Return On Investment)

1. 不属于店铺营销方法的是(　　)。
A. 官方活动营销　B. 老客营销　C. 内容营销　D. 发活动传单
2. 哪项营销方式是免费的。(　　)
A. 店铺基础营销　B. 推广平台营销
C. 短信营销　D. 与达人合作营销
3. 目前官方推广平台是由(　　)渠道组成。
A.2 个　B.3 个　C.5 个　D.8 个
4. 天猫特殊大型活动除了双 11、双 12、618、年货节还有(　　)。
A. 聚划算　B. 新风尚　C. 女王节　D. 品类日
5. 所有营销方法中,哪种方法更适合提高复购率?(　　)
A. 新媒体营销　B. 推广平台营销　C. 老客营销　D. 官方活动营销

第四章　营销关键点

本章节重点学习关于网店的营销关键点。了解营销关键点都包括哪些，熟悉利用营销关键点来挖掘消费者需求，掌握网店营销过程中的变化及应对策略，具有市场独立分析和营销的能力。在任务实现过程中：

- 了解营销关键点都包括哪些；
- 熟悉利用营销关键点来挖掘消费者需求；
- 掌握网店营销过程中的变化及应对策略；
- 具有市场独立分析和营销的能力。

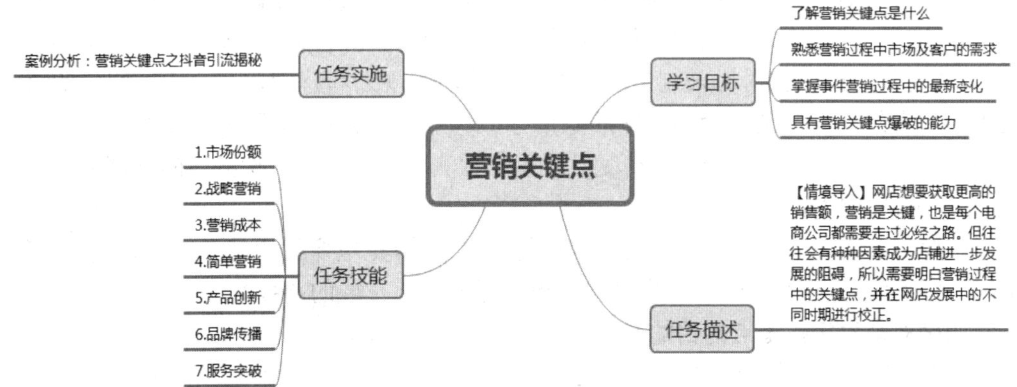

【情境导入】

网店想要获取更高的销售额，营销是关键，也是每个电商公司都需要走过的必经之路。但往往会有种种因素成为店铺进一步发展的阻碍，与此同时店铺也容易迷失方向，所以需要明白营销过程中的关键点，并在网店发展中的不同时期进行校正。

明确营销关键点的目的，就是为了有效分析自身、市场以及客户，从而打响店铺或者品牌的知名度，使其达到高度转化，销售额得以提升，与此息息相关的就是网店的运营和店铺的管理。下面通过战略营销关键点、市场占有率关键点、营销成本关键点、策略营销关键点创新营销关键点、品牌宣传关键点和服务突破关键点这七个技能点来深入学习营销关键点。

技能一　战略营销关键点

1. 战略营销关键点的定义

战略营销关键点是以网店的可持续发展规划作为关键点的营销战略方式。战略营销关键点要求从长远的角度来策划网店每一次的营销活动，运营人员可以分析上次营销活动的效果，并通过复盘的数据对比来制定网店下一次活动的规划和营销玩法。所以网店的营销活动需要深度的战略营销观念和营销战略指导，来促进网店每一个环节工作的实施。运营人员可以利用上一次较为相似的活动复盘数据来预测或者指定下一次活动的营销内容以及产出情况（如图 4.1 所示）。

网店战略营销关键点是传统营销关键点的自然延伸，是电商行业对当代社会快速发展，衍生出新环境所对应的适应产物，也是促进电商行业向前发展的一种源动力。

2. 明确战略营销关键点的目的

（1）网店明确战略营销关键点的目的是持续性整合资源，使店铺大方向统一，网店的营销活动都要在战略规划下进行，使总目标分解，并按计划的进度完成，这样能使网店快速达到目标（如图 4.2 所示）。

（2）网店总体战略营销规划从电商平台的经营结构、资源优势以及店铺的营销目标出发，分析竞争品牌、店铺状况和可接受的风险度，利用网店的内部、外部各种手段，快速达到获取利润的方式，如网店各岗位的规划、产品布局的规划、产品发展方向的规划、市场大盘趋势规划以及企业品牌规划等，都需要站在战略营销关键点的大方向上设定目标值，虽然出发点不同，但其目的性明确并且一致。

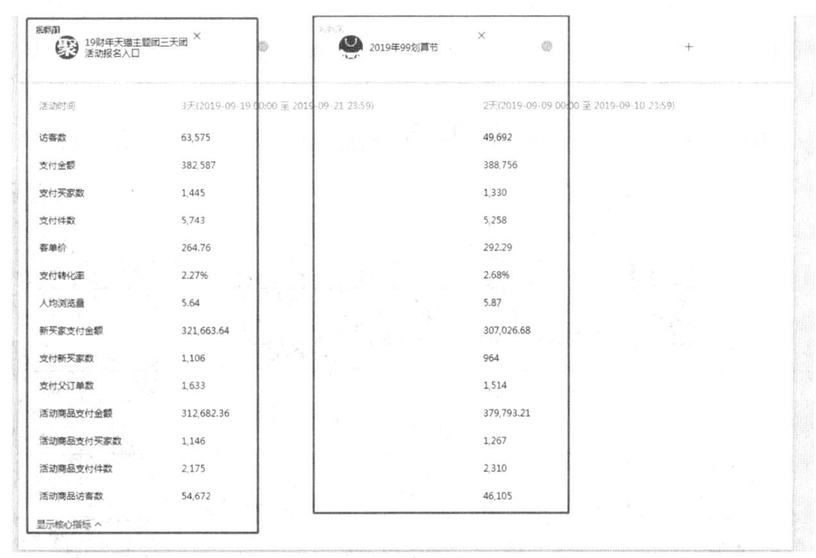

图 4.1　数据复盘对比

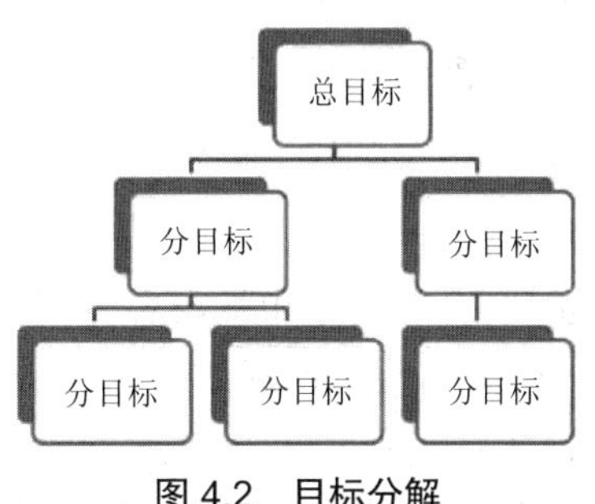

图 4.2　目标分解

如图 4.3 所示，生意参谋后台可以设置整年的目标销售额，可以将年销售额拆解为月销售额和周销售额，店铺运营可以根据销售额制订好计划，集中精力针对目标开展实施。

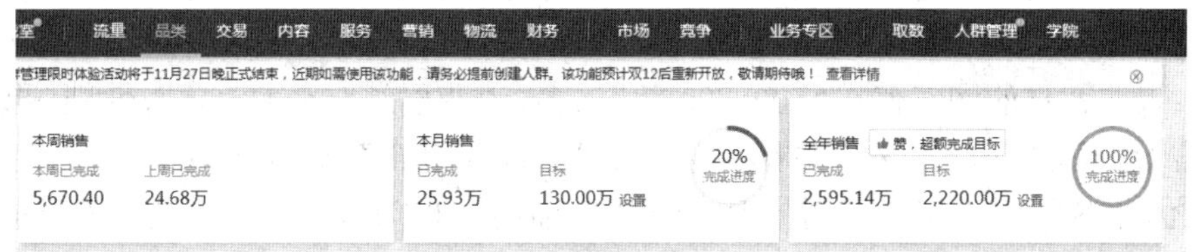

图 4.3　生意参谋目标额设定

比如网店目标是销售额，而产品排名和销售额是有直接关系的，所以就要做产品的排名，关键词搜索结果页的前两排（前 8 名）占据了该关键词约 90% 的搜索流量，因为要获取更多的流量，所以要尽量占据前 8 的位置。

商家需要先预估出“到底需要多少销量才能排到首页前 8 的位置”，而这个问题需要从数据分析的角度及淘宝关键词中找出答案。比如搜索“不粘锅”，行业排名如图 4.4 所示，如果想挤进首页的前 8 名，可以依靠收货量来计算，一般的类目收货量等于销售量的 60%~70%，第 8 名的收货量是 2 万，所以月销量要过 2.8 万才有可能挤进前 8 名。

当分析的结果准确可行后，再开始进行下一步操作，可通过淘宝客、直播、返利等手段提升销量，以达到目标排名，便于下一步提升销售额。因此，网店战略性营销关键点是达成目标的基本方法，是网店相关战略性规划的基础。

图 4.4　搜索页前 8 名

3. 制定战略营销关键点的规划

1）网店战略性营销要以市场为动力

要明确网店在市场中的竞争优势，将需求市场与各类营销活动结合起来，逐步形成庞大的战略性营销体系，竞争优势源于市场，也为网店的未来发展打好基础。

2）注重网店客户群的不同需求

客户群的不同需求促进了市场中的同行业竞争对手的战略营销实施，应定期对店铺的顾客按不同需求进行划分，面对不同人群画像的客户群体，需要通过店内上新的不同产品和对应不同的营销手段，制定更多的战略性营销规划来满足这部分人群（如图 4.5 所示）。

由于外部的因素改变了传统的市场和竞争结构的组成方式，这样更有利于开拓市场和监控竞店。通过客户群体的多样性数据分析，既能快速确定产品，又能决定竞争对手。如图 4.6 所示，店铺客户的淘气值在“500~800 元”居多，消费层级“55~115 元”，性别“男”居多，店铺访客“新访客”居多，这时要保证店铺盈利，就要组合数据并可以开展“新客专享满 68~10 元优惠券”“男士买就送刮胡刀一个”“店铺满 100 元加 50 元送同款”等类似的营销活动。

3）网店要把客户的满意程度当作战略性指标

在战略性营销大方向的关键点下，店铺要持续性获得客户的忠诚度，也就是让老客户对网店产生间歇性的持续购买，并且能吸引更多的新客户关注店铺，最终转变为老客户。店铺要以客户的利益为核心，开展各种营销活动，进而实现网店的长期生存和发展。由图 4.7 可以看出，支付老买家数为 2 416 人，占比总买家数 9 732 人的 25%，新买家数占比则为 75%。由此可以推出店铺的拉新和新客户成交能力较强，但还需进一步将新客户转变为老客户。

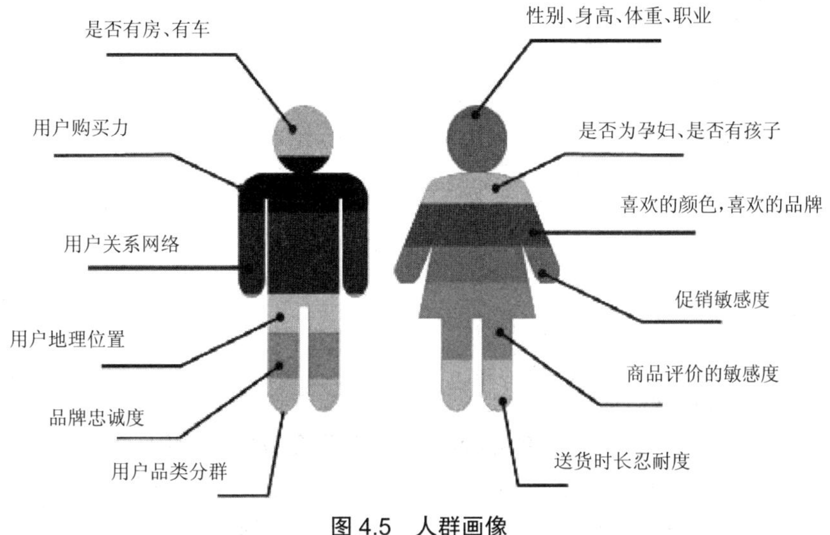

图 4.5 人群画像

特征分布　　日期　2019-09-23~2019-09-23　所有终端

淘气值分布

淘气值	访客数	占比	下单转化率
601-800	5,410	30.31%	2.70%
501-600	4,483	25.11%	1.54%
401-500	2,996	16.78%	1.44%
801-1000	1,980	11.09%	3.33%
1000+	1,611	9.03%	3.17%
400及以下	1,370	7.68%	0.73%

消费层级

消费层级(元)	访客数	占比	下单转化率
55.0-115.0	6,886	38.58%	2.43%
115.0-260....	4,019	22.52%	2.89%
0-25.0	3,726	20.87%	1.05%
25.0-55.0	2,435	13.64%	1.85%
260.0-495....	626	3.51%	2.56%
495.0以上	158	0.89%	1.27%

性别

性别	访客数	占比	下单转化率
男	15,694	87.92%	2.21%
女	1,105	6.19%	2.99%
未知	1,051	5.89%	0.48%

店铺新老访客

■新访客 ■老访客

访客类型	访客数	占比	下单转化率
新访客	11,336	63.51%	1.33%
老访客	6,514	36.49%	3.59%

图 4.6 人群特征分布

运营视窗　服务视窗　管理视窗　　统计时间 2019-05-01 ~ 2019-05-31　日　周　月

整体看板　　同行对比　图表 | 表格

淘宝客佣金	支付买家数	支付老买家数	老买家支付金额	支付子订单数	支付件数	加购人数
13,778.55	9,732	2,416	656,129.38	19,847	46,857	31,797
较上月 78.32% ↓	较上月 1.67% ↑	较上月 2.70% ↓	较上月 9.49% ↑	较上月 5.99% ↑	较上月 13.42% ↑	较上月 36.90% ↑
较去年同期 91.51% ↑	较去年同期 61.93% ↑	较去年同期 53.59% ↑	较去年同期 14.51% ↑	较去年同期 99.31% ↑	较去年同期 43.39% ↑	较去年同期 26.16% ↑

最近12月月均：5.60万

■ 我的　■ 同行同层平均　■ 同行同层优秀

380,000

图 4.7 老买家数据

4）要围绕行业竞品的竞争优势展开

在同行业、同类目中选出了竞品，也就是立下了标杆，目标就是要超越它，规划则从竞品的不足开始展开，并借鉴竞品的缺点，避免自身产品出现类似问题，注重利用网店内外环境的资源和能力获得持续竞争优势。由图 4.8 可以看出店铺的交易指数情况，是低于行业竞品的，那么要仔细思考竞品具备的优势以及欠缺的地方，它欠缺的地方就是店铺需要加强的竞争优势，从而找到计划的实施方向。

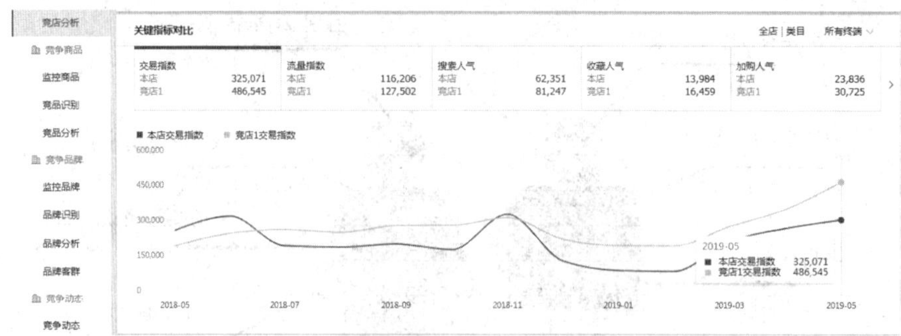

图 4.8 竞争对比

5）以长期目标规划网店未来

战略性营销要求网店执行的营销策略与管理都要突破现状障碍（如图 4.9 所示），并且需要带有长远的战略性规划，如官方活动的影响、产品线的升级、品类的扩张、市场份额、顾客的忠诚度等。网店根据自己在行业中的市场地位以及目标，把握住市场机会和可利用资源，制定网店的营销战略，完善的战略性营销计划是网店长期发展的核心所在。

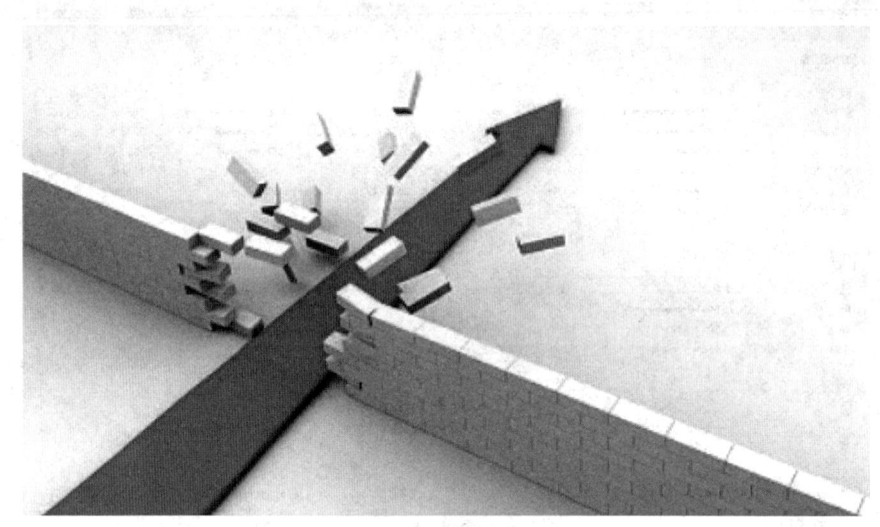

图 4.9 突破障碍

技能二 市场占有率关键点

1. 市场占有率的定义

网店的市场占有率也可理解为网店在行业中的市场份额，它能体现出网店在同行业中的地位。可以说，网店的竞争力越强越有优势，其市场份额与竞争力成正比。市场份额指网店某产品（或品类或店铺或品牌）的销售量（或销售额）在行业同类产品（或品类或品牌或店铺）中所占的比例。如图 4.10 所示为最常用的音乐平台的市场占有率用饼图的形式进行展示。可以看出主流的音乐平台市场占有率：QQ 音乐占比 40.6%，酷狗音乐占比 27.9%，酷我音乐占比 9.5%，网易云音乐占比 8.6%，虾米音乐占比 4.0%，其他音乐占比 9.4%。也可说明 QQ 音乐在音乐平台市场中的竞争能力足够强。

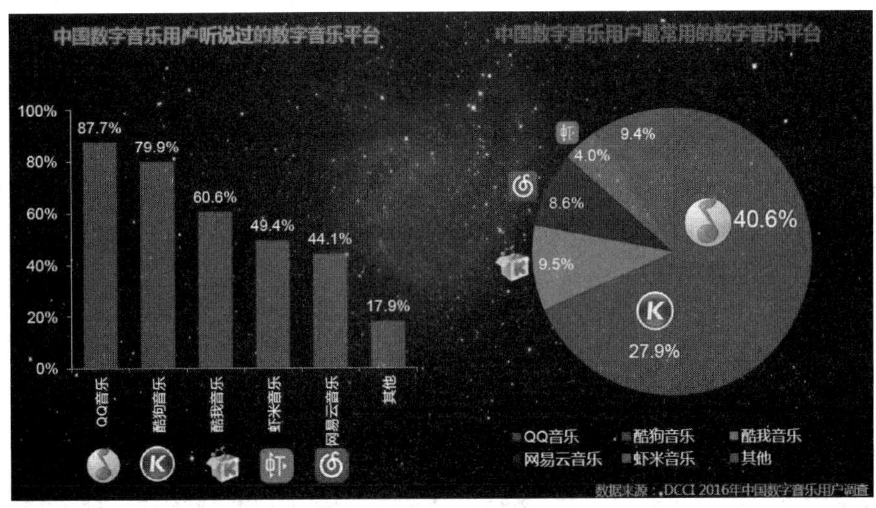

图 4.10　音乐平台市场份额

（1）行业市场占有率：指网店的月 / 年度的销售额 / 量，占同行业大盘整体的比值。

（2）类目市场占有率：指网店的月 / 年度的销售额 / 量，占同类目整体的比值（同类目就是店铺主推款、爆款所服务的相同行业）。比如商品是帐篷，同类目包括帐篷、天幕、帐篷配件等。

（3）相对市场占有率：指网店的月 / 年度的销售额 / 量，占同类目最大竞争者的比值，比值越大，则表明占据的市场份额越高。

举例如下：行业的竞争网店中，本网店的市场份额是 180 万，而 4 个竞争者的市场份额分别为 200 万、150 万、130 万、100 万，剩下的其他店铺一共是 80 万，则本网店的市场占有率是 180 万 ÷（200+180+150+130+100+80）万 ×100%=21%，如表 4.1 所示。

表 4.1　本店市场占有率

店铺	本店	竞店1	竞店2	竞店3	竞店4	其他竞店	合计
销售额	1800000	2000000	1500000	1300000	1000000	800000	8400000
市场份额	21%	24%	18%	15%	12%	10%	100%

如果行业中较强店铺的市场占有率为 60%，则本网店的市场占有率是 21%（如表 4.2 所示），那么本店相对的市场份额 =21%÷60%=35%。一般来说，企业能够拥有 20% 以上的相对市场份额，就表明它在这一行业 / 类目中具备了一定的实力。

表 4.2 相对市场占有率

店铺	本店	较强的竞争店	相对市场份额
市场份额	21%	60%	35%

网店的销售量与市场上最大竞争者的销售量之比，若高于 100%，表明该网店是这一行业的领军店铺。

2. 明确市场占有率关键点的目的

电商网店加大力度抢占或提高市场占有率，是为网店的扩大规模和增加盈利奠定基础，面对一个需求量大的空白市场（如图 4.11 所示），如果能提前抢占市场份额，也就意味着盈取高额利润的机会和概率更高。

图 4.11 空白市场

3. 制定市场占有率关键点的规划

1）了解市场份额实时变化

网店结算的利润较高，但这并不意味着店铺就一定拥有较高的市场占有率。很多网店在扩大市场份额的过程中，忽略了费用问题，虽然销量增多，利润增多可以降低店铺商品的成本，但如果这个类目扩张市场份额的费用增长值远大于生产成本的降低值，再加上行业中竞争激烈，价格战也日益严重，产品利润逐渐归于平衡，最后网店产品的盈利能力下降，即使扩张后也不一定有较高的市场份额。所以要注意店铺的市场份额的变化情况，对于网店的下一步计划要分析清楚再行动。

2）掌握扩张市场份额费用增长的原因

增加网店的运营管理人员是市场占有率扩大过程中的必然因素，如果新增的运营管理人员缺乏工作经验或素质不高，可能会导致费用增加。与此同时，被竞店察觉到也会引起费用增长，因为这个时候敏锐的竞店会察觉到竞争对手的动态，竞争店铺会采取相应的行动，最常见的就是网店加大广告投入（常见的 4 种淘内推广平台——直通车、智钻、淘宝客、超级推荐，如图 4.12 所示）。竞争者也会加大各广告的投放推广力度，如果网店降低价格，那么竞争者也会随势而变，降低价格，甚至比网店降得更厉害。结果是网店花了很大的代价，销售并未显著增长或销售量增长了且市场份额也扩大了，但盈利却下降了。

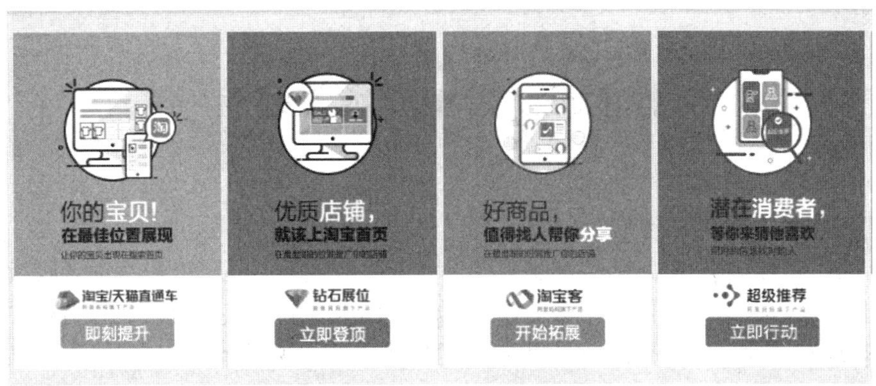

图 4.12 淘内推广平台

3）市场份额是店铺盈利的宏观因素

市场份额的强弱状态，会影响店铺的盈利与扩张，但这只是影响店铺盈利多种因素中的一个，影响因素还包括同行业网店竞争激烈程度、同行业网店平均盈利水平、行业网店的管理能力等。

网店的市场份额和销售额降低，在电商中影响的客观因素很多，其原因可以从产品、人力、店铺营销能力等多个维度进行分析，也有必要把影响销售额的有关因素都考虑进去，进行一一排查，从而找出问题点，分析并解决问题。

如果是产品的原因，例如日本朝日啤酒株式会社（如图 4.13 所示），是一家生产啤酒的公司，由于公司未经客群分析和市场调查，生产的朝日啤酒不受消费者欢迎，导致公司在啤酒行业的市场份额年年下跌，最终在 1985 年跌到了 9.6%。

图 4.13 朝日啤酒

为扭转下跌不止的局面，1985 年公司进行了多达 5 000 人的大规模调查，包括消费者嗜好、口味调查，请消费者体验啤酒，并且收集消费者对啤酒的评价，总结出这个时代的消费者对啤酒的味道喜好。

从此推翻了不符合消费者的公司理念“啤酒美味在于啤酒的美味”，而按消费者的口味新定义的“醇香且可口”理念就此诞生。公司于 1986 年 2 月推出了朝日新生啤酒，成长率比上一年增加了 113%，超越了同行。这种新产品投放市场的当年，销售额猛增，市场占有率止跌回升，到 1989 年就上升到了 25%，排名行业第二。

技能三　营销成本关键点

1. 营销成本关键点的定义

网店的营销成本关键点指的是网店的产品从入库的那一刻到消费者确认收货，整个营销过中的花费成本，这也是网店的必要投入（如图 4.14 所示）。它包括人员成本、设施成本、时间成本、运营成本、税收成本、退货成本与运费成本等。所谓营销成本预算是网店营销成本及各项费用支出计划的统称。

图 4.14　网店成本投入

2. 明确营销成本关键点的目的

1）保证网店正常运作和持久发展

营销成本管理非常重要。店铺的周转资金、产品的库存，都会受到营销成本的影响，各项营销成本增加投入会直接阻碍网店整体营销系统的正常发展。通过营销成本的确定，可预算出在当前市场份额下，组建的团队和推广费应占到的比例，以及指定采购对应成本的产品。

2）预测网店的销售及利润情况

通过营销成本预算采购回来的商品，可以拟定网店产品的销售价格，并能够通过营销成本和产品成本的计算，推算出网店未来的利润水平，以确保网店营销目标的实现。但往往也要结合实际情况进行合理预测。

比如 A 店铺卖不粘锅，库存 500 个，每个锅的成本为 80 元，锅的总成本一共是 40 000 元，假设毛利率是 30%，可以算出每个锅的售价为 114 元，所以库存全清的情况下，其销售额目标可定为 57 000 元，毛利润为 17 000 元（如表 4.3 所示）。

表 4.3　毛利计算(1)

商家 A	进货资金（元）	进货数量（个）	单位（元）	毛利率	售价（元）	预计总销售额（元）	毛利润（元）
不粘锅	40 000	500	80	30%	114	57 000	17 000

若 B 店铺周转资金是 400 000 元，是 A 店铺的 10 倍，因为在厂家一次性进货 50 00 个锅，所以厂家薄利多销，给 B 店的价格为 70 元每个锅，在售价 114 元不变和库存 5 000 个锅全部卖掉的情况下，总销售额为 570 000 元，但由于总成本降低为 350 000 元，毛利率为 38.6% 相对提升，则毛利润为 220 000 元。所以 B 店铺的利润则不只是 A 店铺的 10 倍，如表 4.4 所示。

表 4.4　毛利计算(2)

商家 B	进货资金（元）	进货数量（个）	单位（元）	毛利率	售价（元）	预计总销售额（元）	毛利润（元）
不粘锅	400 000	5 000	70	39%	114	570 000	220 000

3）增加利润，降低营销成本

开网店目标就是获得高利润高回报，而降低了成本就代表着利润的增加（如图 4.15 所示），在网店的经营管理中，降低成本的目标就是实现网店的利润最大化，这也有利于网店的持续发展。网店在利润获取能力强的情况下，降低成本可以使利润更加快速地增长，也等于在变相积累利润。网店在获取利润能力低的情况下，降低成本可以减少利润少造成的损失。

图 4.15　利润增加

在网店的运营过程中（如图 4.16 所示），合理取消无用的环节可以大大降低成本，可以缓解网店外部竞争和内部周转资金的压力，是网店持续发展的重要保障之一。很多网店就是在陷入困境、失去成本控制的情况下，依旧盲目发展，未采取解救的措施，从而导致失败。

图 4.16 取消无用环节成本

从网店运营和决策双重角度来分析，降低成本对一个网店的盈利、生存和发展起着关键性作用。网店降低营销成本，也相当于为网店的产品提供了价格战略的机会，相同的质量、价格更低的产品，将会在市场竞争中赢得更多市场份额，从而有助于网店提高竞争能力，保证网店在经济萎缩的情况下继续生存下来。

市场竞争激烈，可以通过降低价格而扩大销售的方式，开拓更多的销售渠道，为网店经营奠定稳定基础。网店就可以在产品质量、创新设计方面寻找新的发展契机。

3. 制定营销成本关键点的规划

1）控制网店商品的采购成本

如图所示 4.17，对店铺所销售的商品，严格进行成本把控，网店的运营成本中最重要的一项莫过于商品的采购成本，大部分商品都会随着时间的推移而贬值，市场商品的不断革新，新商品具有较高的市场竞争力，会挤压原采购库存商品的价格。因为厂家的生成成本直接影响产品的质量，一般网店无法降低生产成本，所以要严格控制采购成本。

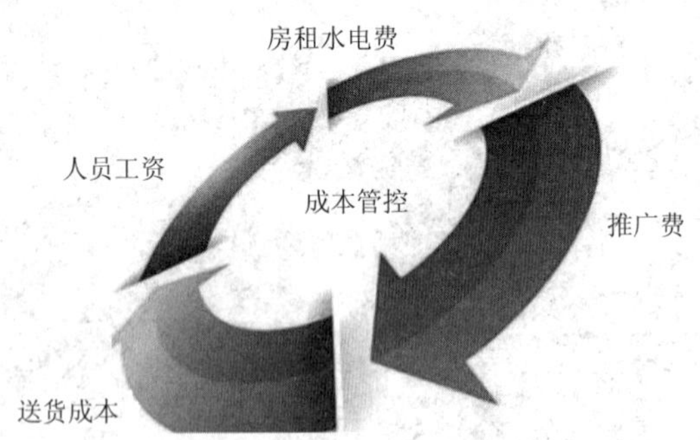

图 4.17 新商品更具有竞争力

（1）要学会分析销售商品的供货季节（如图 4.18 所示）。例如羽绒服类目，我们可以在“阿里指数”的平台查到，从 9 月份供货市场的供货量开始增大，结合季节和产品的性质，供过于求产品的价格会下跌，供不应求产品的价格会上涨，所以要及时调整采购策略，可以在淡季提前采购产品。根据网店的预算，提前合理避开采购的高峰期和高峰区域，通过采购时间差，降低采购成本。

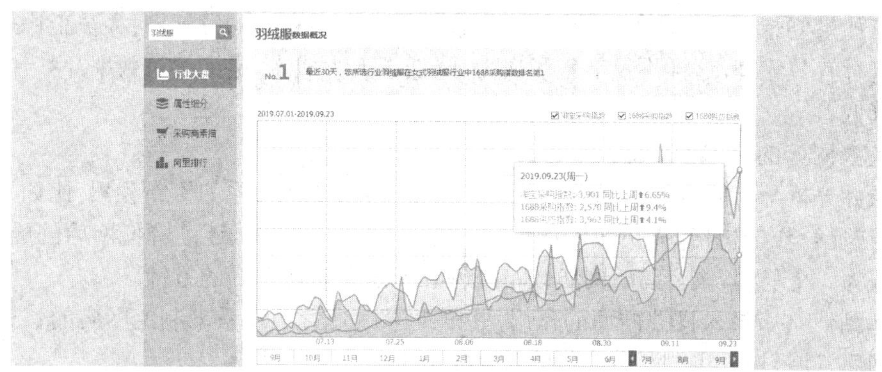

图 4.18 阿里指数

（2）可以通过各类货源平台，如 1688 采购平台等货源网产品（如图 4.19 所示），在市场上多方位比较价格，控制成本预算指标，制定采购目标。

图 4.19 1688 货源平台

（3）要有稳定供货链，产品才能发展的长远。如果找到一些价格合理、质量优、信誉好，且服务周到的货源厂家，可以建立长久合作关系，一旦产品爆起来，采购量增多，便能够在厂家的采购中获得更大的折扣力度，以此来降低成本。

2）人员成本调控

店铺在日常的运营过程中，需要有相关各岗位人员提供劳务工作（如图所示 4.20）。人员成本是因雇佣关系而支付的所有直接费用与间接费用的总和，所以网店的人员成本也是每个企业必要提供的费用。人力成本包括工资成本、保险成本、福利成本以及其他人工成本。

图 4.20 人力成本

网店如果要想在人力成本上进行改变，就要适应电商行业的发展，对人员工作质量和工作效率进行有效管理，这样不仅节省了人力，降低了人力成本，更提高了效率，网店的运营成本就会降低。

3）完善网店的成本管理体系

记录并分析开店的每一次成本体系变革，关注网店成本体系的不断积累，比如采购成本的把控、快递合作的价格、人员成本的调控、推广费用的把控等，逐渐降低网店的成本，使成本管理成为一个稳固、不轻易随网店政策或领导想法左右而改变的方针。

它起到使网店进入良性循环的作用，并围绕着这套管理体系来制定网店的长期规划和近期的网店发展目标，实现网店价值的最大化。

技能四　策略营销关键点

1. 策略营销关键点的定义

网店以消费者需求为出发点是营销策略的关键。刚开店时可根据经验了解消费者的需求，开店一段时期后，要运用数据的维度来判断消费者的购物需求、购物体验以及对产品的期望值，从而有计划地组织各项经营活动。

2. 明确策略营销关键点的目的

明确策略营销关键点的目的是为提高店铺转化率或促成更多成交，让消费者不买的时候记得店铺，要买的时候想起店铺。要让消费者对网店或者对产品逐渐形成认可度。

如图 4.21 所示，这是淘宝网首页的广告推广资源位，目的是通过广告吸引客户点击，通过这种店铺产品与消费者认知的过程，进而能促成买家下单。

图 4.21　淘宝首页付费广告

3. 制定策略营销关键点的规划

1）获取流量人群

营销策略是通过各种渠道获取顾客和维护顾客，以一定基数的人群比例为基础，营销策略才能有更好的效果（如图所示 4.22）。市场不是单一拥有同质需求的顾客，而是多样、有差异化的团体，所以要善于发现新的市场机会，更好地满足市场需求，这样可以更好地发挥网店优势，又能为网店选定目标市场提供条件，奠定基础。可以根据消费者的购买因素和兴趣点等开展工作，获取的流量人群，将决定着市场营销策略。

流量来源排行TOP10　　无线端　店铺来源 >

排名	来源名称	访客数	操作
1	淘内免费其他	5,134	详情 趋势　商品效果
2	手淘搜索	4,586	详情 趋势　商品效果
3	购物车	2,569	趋势　商品效果
4	我的淘宝	1,636	趋势　商品效果
5	超级推荐	1,380	趋势　商品效果
6	直通车	1,141	详情 趋势　商品效果

图 4.22　多渠道获取流量人群

2）分析精准人群

要深度挖掘和考虑消费者的类型，店铺先要结合市场数据和品牌风格的分析，再决定网店产品对消费者制定策略。要知道满足这类消费者的需求，网店产品需要具备相应的条件，并且能够尽量满足精准人群营销过程中的涉及的所有问题（如图 4.23 所示）。户外 / 登山 / 旅行用品类目的客群类型为性别比例“男＞女”、年龄“25~34 岁”较多、职业“公司职员”较多、省份“广东、江苏、浙江”较多的。那么做活动策划的时候就可以依照客群的类型制定营销方案。

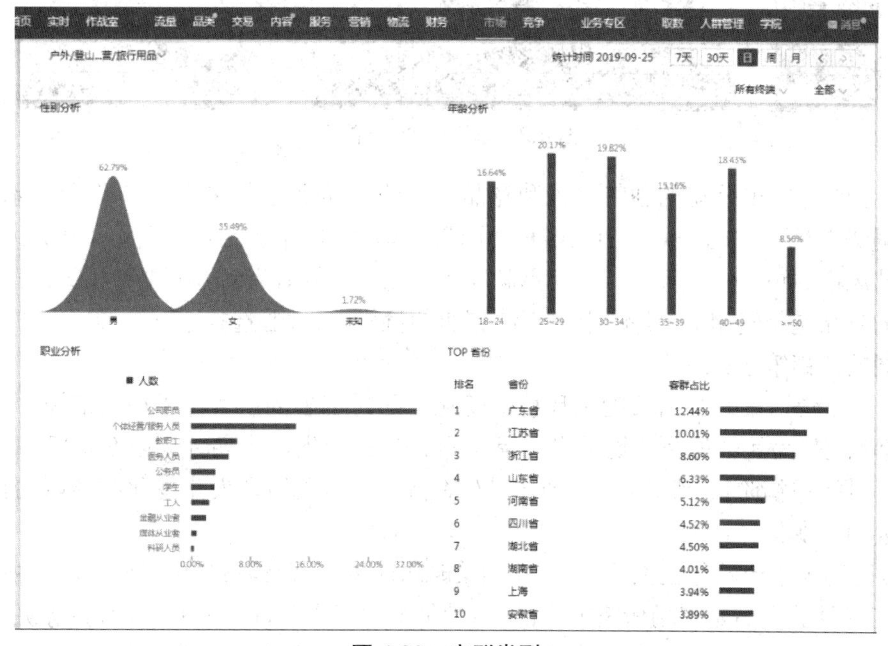

图 4.23　客群类型

即使是一个规模巨大的网店也难以满足所有的市场。但网上不少网店恨不得一口吞下所有的市场，结果适得其反。有的网店对自己产品的卖点是什么根本不确定，也不知道该向消费者诉求什么。总之，一是网店必须有明确的目标市场；二是对于一种产品必须有明确的诉求，有明确的消费群体；三是要抓住主要矛盾，并且要突出重点，即不要向谁都诉求，也不要什么都诉求。

3）制定人群策略

市场的目标群体确定之后，则需要策划好下一步进入该市场的准备工作。首先考虑满足市场需求的问题，那就是巧妙地将产品、价格、渠道、促销等因素策略性地组合起来，但不是几种策略因素的简单相加，网店在进行营销组合时需要考虑以下几点。

（1）要通过收集同行的优秀网店运营信息，来了解它们日常运营店铺的策略活动。如图 4.24 所示，这是阿迪达斯旗舰店的店铺首页，可以看出活动主题为“金秋献礼”，活动利益点为“部分商品 5 折起”，活动时间为“9 月 26 日—10 月 07 日”。收集并整理好内容，通过对自己店铺人群的分析，制定出属于店铺对应人群的活动策略。策略是网店可以控制的，网店可以通过控制策略组合的方式和策略投放的时间来控制整个营销策略。

图 4.24 阿迪旗舰店首页

（2）要重点突出公司的独特之处和竞品店铺的差异化特点，在消费者面前展示网店的优势和强势之处。“THE NORTH FACE 北面”品牌始终贯穿于品牌特点和品牌介绍以及服装的设计风格（如图 4.25 所示），对有品牌需求的登山爱好者有着强烈的吸引力。营销策略与网店的产品是相辅相成的，不同的产品，销售的价格也不同，选择不同的推广渠道，也需要采取不同的营销策略。

（3）产品营销策略是需要随大环境的变化而随时调整的。大环境包括市场占有率、行业的竞争程度等，其中最为关键的是产品生命。产品的生命周期分为四个阶段，即新品阶段、热卖阶段、平衡阶段、滞销阶段，当产品生命周期所处的阶段发生变化时，制定的策略因素也需要随之变化。

（4）因淘宝平台的行业类目不同，营销策略玩法不一，营销策略中受到高度重视的是产品。网店提供的产品是市场所需的产品，能满足消费者需求，解决消费者所要解决的问题，这才是产品的关键所在。只有让消费者满意，营销策略的推动才会更加顺畅。

图 4.25　北面旗舰店首页

4）实施策略

对已制定好的营销策略展开实施，对店铺的消费群体，实施目标策略。战略制定好后要有组织、有计划、有步骤地实施。这样较为精准，通常能有很好的转化，并且还要积极推行革新，在变化中进行决策。同时网店的工作人员也需要有很强的洞察力、识别力和决断力，在后期的推进过程中，不断优化实施策略。

技能五　创新营销关键点

1. 创新营销关键点的定义

创新营销是网店为满足社会进步的市场需求，对网店原有的战略体系进行新内容的补充，使其内容更加完善，能被快速变化的市场需求所接受。网店的产品在原来的基础上升级或研发新产品，用更新换代的方式满足市场和消费者的最新需求。

2. 明确创新营销关键点的目的

该目的是使网店保持高度活力和新鲜度，提高网店产品的市场占有率，获取更多的经济效益。通过网店文化创新、产品创新、视觉创新、技术创新、管理创新、制度创新等各种维度，不断提高产品竞争力。根据市场的需求，给客户提供更高效更有价值的产品，并随着技术的不断创新，减少成本消耗。网店的创新可体现在以下三种方面。

1）网店文化创新

企业文化和品牌文化是网店营销的永恒生命力，没有它们网店等于没有核心的灵魂，将网店文化创新融入品牌、融入现代市场，并得以在终端展示，这是创新的品牌内涵，提高品牌美誉度的极好方法。

2）网店视觉创新

视觉创新有助于获取消费者的点击与转化。网店的视觉包括图文设计和色彩搭配创新等，通过创新不断地将现在市场中符合网店调性的流行元素融入网店视觉中，会使网店产品变得更当代化，更受消费者欢迎。

3）网店产品创新

网店产品创新是网店新经济的发展动力。行业类目中没有一直热销的产品，随着市场产品的不断创新，任何一款产品都有可能在明天的市场中没落。产品的存在都有时间长短之分，这是由产品生命周期理论决定的。产品是为了满足市场上消费者的需求而产生的，不同时期的消费者存在不同的消费倾向，对产品会提出不同的要求。所以不断地进行产品创新也就能不断地满足不同消费者的需求，通过创新的同时，增加了网店在行业的核心竞争力。

迪士尼旗舰店（如图 4.26 所示）将自己品牌的元素融入天猫的家装节活动，可以给看过迪士尼动画片的客户群体一种归属感，一种属于儿时的回忆，直击心灵，并且在产品中赋予品牌文化，可以大大提升产品价值，引导消费。

图 4.26　迪士尼旗舰店产品创新

3. 制定创新营销关键点的规划

1）确认目标

网店创新要从目标出发，第一阶段就是搜集市场的相关信息。分析研讨网店内需要创新的产品，界定所要解决的问题，同时明确客观环境与主观条件。在此基础上，厘清创新的大致方向。

2）创新方案的制定

创新失败的案例比比皆是，为了最大程度降低这种风险，网店要根据本网店内外的实际情况，结合公司的整体发展战略和业务特点，深入探讨后，再制定适合本网店的创新方案。

3）创新实施

经过探讨确定下来创新方案，就要快速且精细化执行，不要疏忽细节。方案没有绝对完善和十全十美的，只有疏与密的完善程度。如果想等到创新方案达到完美的时候再行动，那将是看到别人成功的时候。

4）不断完善

为了使网店在最大程度上避免失败造成无法挽回的损失，创新的时候谨慎而行之。策略方案也需要不断完善，才能有更大的概率取得成功。创新者在开始行动以后要不断研讨，集思广益，对原有方案进行补充、修改和完善。

5）持续创新

从古代茅草房到泥房再到砖瓦房都是创新成功的案例（如图 4.27 所示），再到今天的摩天高楼，这都是持续创新，不断进步的结果。上一轮的创新成功，为下一轮的创新提供动力。创新不能停止，必须要在一个新的起点上实施再创新。即使创新失败，也要在失败中总结，避免下次再出现同样的失误，为创新的成功之路奠定基础。

图 4.27　房屋持续创新

技能六　品牌宣传关键点

1. 品牌宣传关键点的定义

品牌宣传关键点指的是网店以品牌的经营理念为原则，运用各种宣传手段，将店铺品牌曝光出去，以建立品牌形象和消费者的认知度，促进市场销售。品牌传播是网店满足消费者需要，培养消费者忠诚度的有效手段，也是网店告知消费者品牌信息、劝说购买品牌以及维持品牌记忆的各种直接及间接的方法。

2. 明确品牌宣传关键点的目的

让品牌为潜在消费者所认知，让意向消费者购买，让购买的消费者变得忠诚。通过品牌的有效宣传，使品牌在行业市场中迅速发展，可以实现品牌与目标市场的有效对接，为品牌及产品占领市场、拓展市场奠定基础。品牌宣传要通过各种免费或收费渠道在市场上形成品牌噪点，有噪点就有流量。同时，品牌宣传是诉求品牌个性的手段，也是形成品牌文化的重要组成部分。

例如“江小白”白酒的品牌宣传文案非常走心（如图 4.28 所示）。“已经到儿时羡慕的年纪，却没能成为儿时羡慕的人”“我怀念的不是酒，而是散落天涯的老友”。品牌宣传方法阐述的价值观符合当今的年轻人思想，阅读后意味深长，触及消费者内心，使其产生共鸣，进而促进客户群体的消费。

3. 品牌宣传关键点的规划

1）品牌定位

品牌定位是指品牌在市场行业中确定一个较为有优势的位置，这个位置要差异化竞争对手，而且要在消费者心中占据有利位置，品牌定位需要深度挖掘消费者的期望值与兴趣点，最终借助宣传等营销手段，让品牌在消费者心中形成一定的印象。

图 4.28　江小白品牌宣传

2）品牌形象设计

在激烈竞争的行业中，消费者对商品的关注点逐渐侧重于品牌，品牌也是消费者地位、实力的象征。

对品牌而言，形象设计的意义越来越大。品牌形象设计主要包括品牌的名称、标志形状和标志语的设计，通过设计可以清楚地区分于其他品牌。品牌一般为文字、符号、图案三个因素组合构成，涵盖了品牌所有的特征，同时具有宣传、沟通和交流的作用。

标志和标志语能够帮助消费者认知并联想，使消费者产生积极的感受、喜爱和偏好。如果网店产品要在众多商品中脱颖而出，就要利用品牌形象设计，引起消费者的注意和兴趣。因为消费者对品牌的偏好大部分是从视觉中获得的，所以树立良好的品牌形象是十分必要。

（1）品牌形象的一致性。

品牌视觉形象需要有一致性，不能轻易被改动，在日常销售的过程中，品牌将成为吸引消费者的重要条件之一，主要表现在以下四方面。

一是文字的统一。要求品牌设计确定后文字是统一的，几十年甚至几百年都不变。

二是图形的统一。品牌设计要求图形是统一的，不能常常更换图形，这样才有长久的品牌魅力，如“耐克的对号”“苹果公司的苹果”等。

三是颜色的统一。品牌设计要求颜色是统一的，既要有象征性，又要有品牌特征和生命力，如国外品牌麦当劳的黄色和 IBM 的蓝色（如图 4.29 所示）。

四是纯文字、图形、颜色的有机结合使品牌更加耀眼，具有立体的视觉效果。

图 4.29　麦当劳品牌形象

（2）品牌定位的个性化。

没有独特之处的品牌，便容易被消费者忽视，品牌定位需要体现出整个品牌的个性特征。品牌之所以成为名牌商品是因为其所营造的品牌个性影响着消费者。凡是成功的品牌都有准确的定位，如耐克品牌的高品质、高价定位（如图 4.30 所示），添柏岚的“踢不烂”的鞋子等会对消费者产生影响。因此在品牌设计时，首先要对品牌进行定位，为其寻找到一个有利的位置，然后符合运用品牌所有的营销要素去占据和适应这个位置与市场的变化。

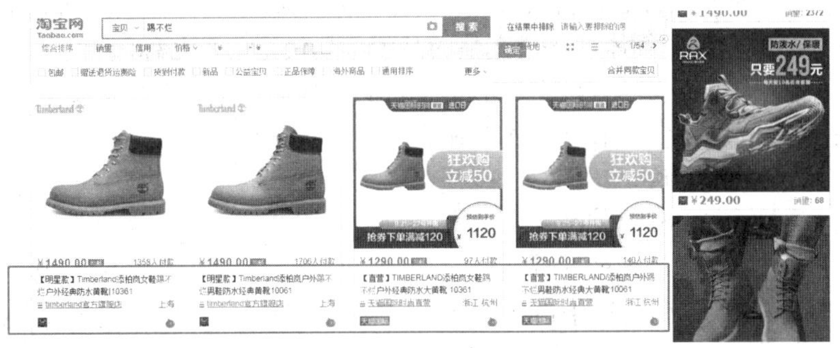

图 4.30　添柏岚个性黄靴

（3）品牌的创新与文化。

①品牌创新是品牌开拓市场和扩大销售的动力所在。品牌创新包括创立品牌和更新品牌。一方面，想成为名牌产品都需要创立品牌，品牌相当于一个大型容器，可以对它进行精美的包装，产品具有品牌特征和特色才能吸引消费者；另一方面，已经创立的品牌也有升级更新的问题。同时，品牌文化也是一个不可忽视的问题，一个品牌文化宣传和取向是网店品牌塑造的重心所在。

如图 4.31 所示，这是苹果 Logo 的设计方案、苹果 Logo 不断创新后的样式，以及官网中的品牌 Logo 与品牌名称。苹果品牌以简单、高档的风格，倍受电子产品爱好者的青睐，加上产品的性能与质量卓越，更是让这个品牌在行业中占据优势。

图 4.31　苹果品牌不断创新

②好的品牌文化，可以深入人心。它能与消费者的心理和购物需求产生共鸣。这也是品牌最重要的因素之一。品牌的文化是一种象征，象征着品牌消费者的心理价值取向。它

也能体现出品牌与文化的融合能力。

3）品牌形象宣传

（1）品牌形象宣传要以网店的战略规划为大方向，在大目标一致的情况下向前推进，要根据品牌的发展进程来开展品牌形象整合宣传，它是市场竞争的结晶，是在竞争产品同质化（功能、质量、价格雷同）的情况下产生的。在品牌宣传的战略环境下，品牌越来越成为影响消费者购买选择的重要因素。

（2）品牌不仅是网店标志，它深深地吸引着消费者对产品营销价值的感知，它也是一个承载所有有关品牌形象的载体。一个完整的品牌不仅仅是一个名称，它含有丰富的信息，包括产品形象、文化形象、服务形象、视觉形象等。把这些信息统一进行资源整合，得到价值点并利用起来，这样品牌价值和形象才能更好地展示给消费者。

4）品牌形象建设及维护

（1）为品牌形象调整错误。

新开的网店，对品牌管理的实践较少，塑造品牌形象的能力明显不足，导致品牌形象偏离轨道，在产品最初的品牌设计中可能因考虑不周，没有兼顾设计、品名等有关因素，致使品牌名称不利于品牌宣传。这对产品的销售、企业的发展是十分不利的，企业只有更新原有的品牌形象，才能取得进一步的发展。

市场上产品与品牌形象不相符现象屡见不鲜，例如，当初的“万宝路香烟”本应是面向男士的香烟产品却找女明星做广告（如图 4.32 所示）导致产品销量停滞不前，后来意识到品牌形象的错误并及时更换了西部牛仔形象，使得“万宝路”品牌重新成为香烟行业的领军品牌。

图 4.32　万宝路香烟广告女士代言

（2）更新老化的品牌形象。

品牌形象老化与产品的生命周期是同样的道理，是行业竞争和消费者需求变化下，品牌发展的自然规律，影响品牌形象老化有内部和外部两种因素。内部因素是品牌视觉不统一、管理不善、产品缺乏创新、产品质量、推广不及时等；外部因素是随着科技与信息的快速发展，消费者的价值观与生活形态也在不断变化，过去的产品已能不能满足消费者变化的需求。企业要适时、适当地更新品牌，改变品牌形象老化的局面。

陈旧的品牌形象需要改变和更新，除此之外，品牌形象要配合网店的整体战略。网店在发展到一定规模后，随着市场竞争和消费者需求的变化，可能会重新规划战略和其销售的产品。

例如，十几年前耳熟能详的“蜂花”牌日用品以性价比高的优点深受广大消费者的喜欢，但随着时间的流逝，它一直沿用一贯的包装，不迎合当今的消费诉求（如图 4.33 所示）。

图 4.33　蜂花牌产品

（3）丰富品牌形象。

不少网店凭借一个爆款产品成功热卖，便作为店铺的长期竞争手段，而且这些网店的宣传手段通常也比较单一，送赠品和打折是惯用的营销方法。然而在激烈的市场竞争中要具有创新意识，产品更迭换代是市场所需，也只是单纯的时间问题。通过丰富品牌形象，如开发新产品、采用新包装等，为品牌注入新的活力，树立丰富的品牌形象，才能吸引消费者的眼球，提高品牌竞争力。

伊利公司（如图 4.34 所示）虽然只提供奶制品，但公司追求产品成分的多样化，为其客户提供多种选择，客户可以选择的“伊利”系列包括伊利金典牛奶、伊利安慕希酸奶、伊利舒化奶、伊利谷粒多，还有针对伊利的雪糕产品，如伊利巧乐兹、伊利冰工厂等，这些产品的推出极大地丰富了产品的组合，为伊利家族注入新的活力。

图 4.34　伊利品牌

（4）防止竞争对手的模仿

虽然品牌形象比产品和服务难以模仿，但随着网店在行业中市场份额的增加，知名度也会不断扩大，这时在市场中就会出现一批品牌效仿者。他们往往想站在巨人的肩膀上，借助模仿手段，有意模仿市场占有率高、品牌知名度好的产品来混淆消费者，在一定程度上威胁着网店的市场份额。

如图 4.35 所示，我们在央视频道经常看到的广告品牌“豆本豆”豆奶，已在市场中形成一定的品牌知名度，这时就会出现假冒品牌来模仿，借“豆本豆”在市场中的知名度，销售冒牌产品。因此，适当地更新品牌形象，保持与竞争对手的距离，防止被竞争对手利用或钻空子，才能保护原有的品牌形象。

图 4.35　央视报道的假冒品牌

技能七　服务突破关键点

1. 服务突破关键点的定义

服务突破关键点即通过网店的优质服务屡屡突破之前对消费者的服务水平。服务突破关键点以自觉主动做好服务的工作观念为前提，目的是为增加店铺在行业中的市场份额，与行业竞争店铺相比，形成不断完善和突破自我的过程。

2. 明确服务突破关键点的目的

通过服务的不断突破，可以让网店员工在工作中具备较强的服务意识，全面做到具有人无我有，人有我优的能力。面对客户，首先要站在客户的角度思考问题，给予客户提供优质的服务与帮助；其次推出的营销活动，要简单高效地满足目标客户群体，直接提升店铺转化率和老客的复购率。

3. 制定服务突破关键点的规划

1）建立网店消费者服务体系

（1）服务营销的体系规划。

要站在整体战略营销的高度上，建立全方位的服务营销体系。要掌握消费者对店铺产品产生的质疑和需求，建立对应的服务解决方案，然后对网店服务进行全面的实施，无论其中涉及运营岗位、美工岗位、客服岗位，都需要培训和激励。同时结合消费者满意度和投诉制度等有效的监控手段，达到服务突破关键点的持续改进，使之成为网店参与市场竞争的利器。

（2）以消费者满意为服务宗旨。

网店的服务突破点要以消费者对店铺和产品的满意度作为经营基础。网店要在服务上找到突破口，也要以此为核心。如果缺乏这方面的服务意识，在实施消费者满意的服务营销战略时，战略就是无本之木，不是流于形式就是毫无特色可言。这要求网店全体员工都要牢固树立"消费者至上"的服务经营理念，树立"使自己服务的对象感到满意"的意识，一切从消费者的利益出发，围绕消费者的满意开展各项经营活动。

在竞争如此激烈的餐饮市场中，众口难调，海底捞在营销中的各个细节方面的贴心服务，超越了顾客对餐饮业的饮食需求和服务的基本期望，是一种超出客户期望且满足客户潜在需求的服务，这种服务是差异化的"客户感动"（如图 4.36 所示）。

图 4.36　海底捞品牌

当感动不断重复出现时，顾客就在一定程度上形成了对该产品和服务的固定认识，对服务的评价与认识也就随之提高到相应的水平，从而成为忠实的消费者。

2）服务流程和操作规范

（1）站在消费者角度，设计服务流程。

在店铺的日常销售过程中，设计品牌营销时要符合预期的消费者维度（如图 4.37 所示），或者要远超过消费者的预期。网店要站在消费者的角度，考虑消费者的心理变化、参与度、需求、偏好和特点，针对消费者个性化需求，制定服务的标准应对措施，更好地提高服务质量。网店要保持精干的组织结构，才能提高服务效率。网店灵活掌握和变通分权管理，让直接对接消费者的客服承担更多的职责，面对消费者的各种疑难问题，能够独立作出决策并有效解决。

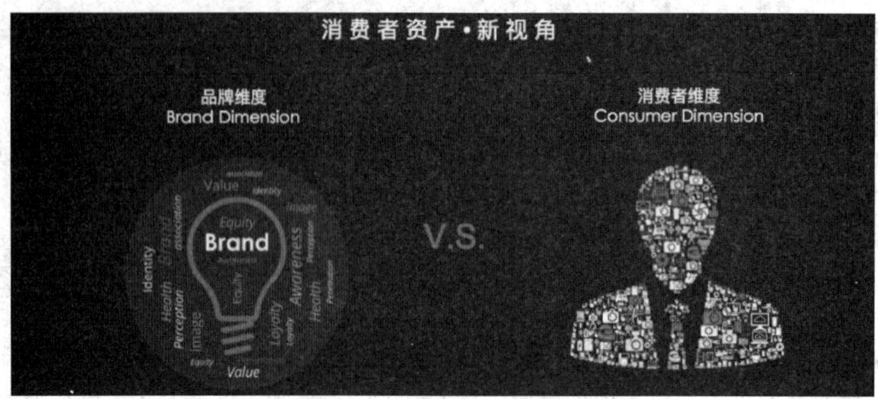

图 4.37 品牌与消费者维度

（2）把握住询单时刻，提高服务质量。

①消费者了解产品时会与服务者进行的简短询单沟通。给消费者提供服务并不是连续不断的，而是由众多“简短询单”组成的，“简短询单”存在于消费者兴趣、意向、购买、纠纷、申诉等时间段。大多数客户也会凭借这种“短暂的沟通”的感受来评价一个网店的服务水平和服务质量、网店文化、网店形象、网店信誉。

②网店要建立售前的服务标准，客户在询单的同时，把控好客服的言行，对客服进行沟通技巧的培训，使客服通过有效的沟通和互动，了解消费者对于服务的期望，也要进行解决问题技巧的培训，提高员工综合应变和现场处理问题的能力。要对客服充分授权，并在网店内部建立跨部门合作机制，提高客服对消费者需求和问题的解决能力。

③积极接受消费者的反馈意见，商品在售出的同时，有来自消费者的好评，也有中差评以及投诉的情况发生。网店需要重视消费者提出来的中差评以及投诉问题，要经常查看店内的评价曲线趋势（如图 4.38 所示），接纳客户反馈的相关意见。为消费者到货的满意度作出积极努力，网购后消费者会因为各种突发情况产生不同程度的不满，这时接待的客服要对消费者积极引导，从而能够进行服务补救，最终变消费者不满为满意。如果网店消费者不满却又不告诉店铺人员，他们可能会直接购买网店竞争对手的产品，并宣传对本网店不利的信息，或严重影响网店的形象和口碑。

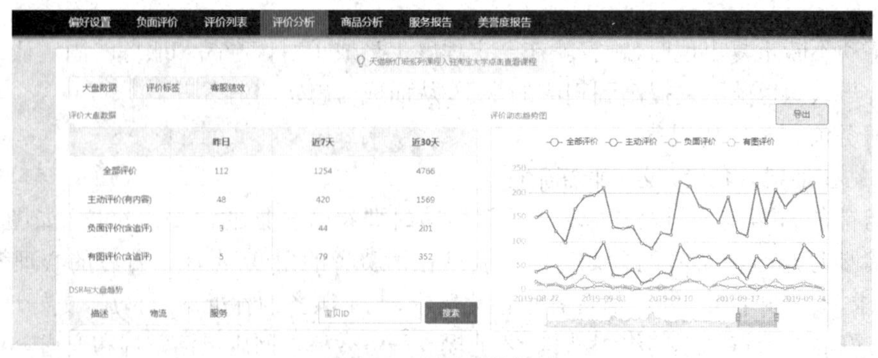

图 4.38 评价曲线趋势

3）整合团队，形成聚能效应

（1）好马配好鞍，高品质服务搭配高品质员工。公司所提供的服务质量，只有当经营链上的同事都对工作负责、作出努力时，才能发挥出店铺最大的优势。所以网店要整合团队的合作精神，使各岗位人员为共同的目标一起努力，让每一个人都成为问题的解决者，形成聚能效应，赢得消费者满意（如图 4.39 所示）。

图 4.39　团队精神

（2）整合运营团队，网店应该做到以下几点：

一是整合管理体系，需要有相互信任的上下级关系，增加同事对组织的认可度；

二是整合团队的大方向，让个人目标融入团队目标，通过实现团队及个人的目标，激发团队成员较强的事业心和责任感；

三是整合团队的行为习惯和行事规范，使团队合作起来更有效率。

4）持续改进服务措施

（1）网店与消费者保持良好的关系是实施消费者服务战略的重要保证。网店可以推行客户关系管理（CRM）系统，可以利用不断积累的消费者信息，建立消费者档案。通过筛选，统计分析消费者的类型，找出不同的消费者群体，加强与消费者的交流与沟通，针对消费者需求实时动态调整网店行为，进行服务创新，开发多样化的增值服务。网店服务人员可以与每一位消费者进行一对一的沟通（如图 4.40 所示），明确把握每一位消费者的需求，以最人性化、个性化的服务让消费者满意。

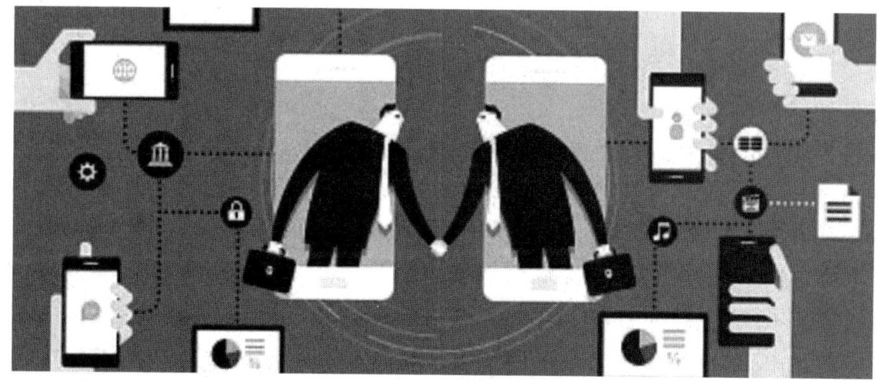

图 4.40　一对一沟通

（2）网店想要在服务中突破，需要做到“从消费者的需求开始，在消费者的满意结束”，真正做到满足消费者的需要，并超越消费者的期望，从而在运营过程中形成服务体系闭环。这个池子会随着积累越来越大，有了客户的信任，才能获得长久的竞争优势。

案例分析：营销关键点之抖音引流揭秘

火遍天南海北的两款短视频 App 软件——抖音和快手，是当今主流的手机应用。这几年网络带货一直是电商中的热门流量话题，网红、KOL 也是层出不穷，争抢获得曝光的机会，曝光流量越多，带来的商机也越大，“线下引流，线上种草”的两相结合推广方式，小到百货，大到家电、风景推荐、小吃门店，试图获得利益的人都在寻找更多的曝光机会。如果网店想突破平台流量的瓶颈，可以选择在短视频平台获得更多流量，所以应该知道短视频的引流机制、规则及玩法。

平台上的账号属于初期阶段，上传视频时，平台会给一个初始流量，初始流量后根据抖音推荐机制反馈的数据，包括点赞、评论和转发来综合判定视频的受欢迎程度。如果短视频连续多次反响平平，抖音平台就不会继续推荐，曝光流量的机会也就少之又少，流量是决定销售额的基础，它背后之所以能带来巨额利润，要归结于细分抖音最大程度获取流量的方法。

下面通过商品橱窗分享的开通、了解推荐机制、视频发布、橱窗商品常见问题、热门视频蹭热度、种草方法、抖音营销方式、粉丝展示价值、粉丝维护九个知识点来学习如何让新媒体“抖音”成为帮助网店打造爆款的利器。

1. 商品橱窗分享的开通

想要开通橱窗功能需要有几个要求提前设置好（如图 4.41 所示）。发布 10 条以上视频，通过实名制认证，淘宝店铺需要开通淘宝客，设置淘宝客商品，这里除去定制类目，定制类目是有一定的限制，10 天之内发布 10 个视频完成新手任务，如果 10 天内没有添加商品，7 天后商品分享功能会被收回。

完成任务后返回电商工具，点击更多权益，开通视频电商，解锁需要人工审核，等待时间可能稍微久一点，可以直接退出，等审核通过的消息即可。

2. 了解推荐机制

了解推荐机制的目的是为了要视频爆发的效果更快更猛，可以在拍摄视频时，尽量多地制造热门点或者是话题点，视频曝光率越高，粉丝涨得越快，并且想要达到推荐机制，必须要持续产生曝光机会，而且中途不能中断，下面介绍如何获得抖音推荐机制。

（1）视频平均播放时间：如果视频播放时长为 10 秒，第一个人只看 1 秒，第二个人看完 10 秒，该视频的平均播放时间按百分比来算就是 50%。

（2）视频跳出百分比：发布一个 10 秒的视频，系统会分配一定基数的人数观看，一般为 100~200 人，当 80% 以上的观看者浏览时长在 5 秒以下时，说明视频的跳出百分比高，以后获得流量的概率就会小。

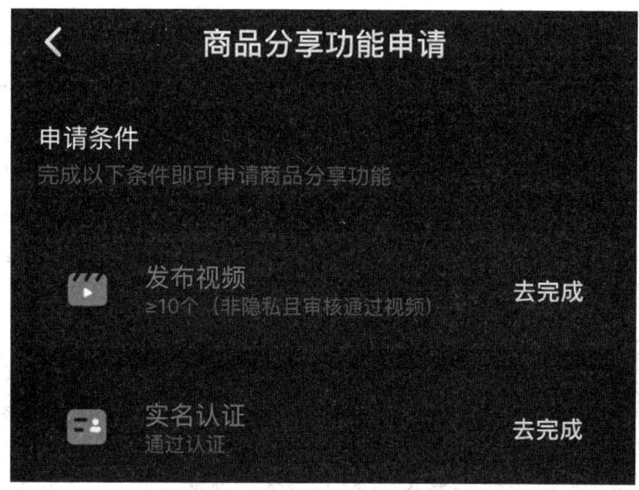

图 4.41　橱窗商品分享功能申请

（3）视频点赞数量：点赞量的多少代表视频受欢迎程度，抖音官方给出的比例是 3% 为正常点赞数量，一百个播放量有 3 个以上的点赞，说明视频受欢迎程度高，以后获得的流量也就更多，流量越多粉丝关注度也越大。

3. 视频发布

发布短视频的同时要注意 BGM（背景音乐）的适合度，BGM 的热门程度直接影响视频的播放质量和获取流量的能力，虽然抖音上很多视频同质化严重，被模仿的比例也很高，但 BGM 使用的次数越多，对于视频发布账号来说，获取流量的能力也会增加（如图 4.42 所示）。DOU 听音乐榜单是抖音用户选择歌曲的首选，榜单上的音乐是排名靠前的热门音乐，品牌方可以通过抖音热度、官方榜单内容、官方热门音乐等选择音乐，从而有机会获得相应的优先推荐权限，容易打造热门短视频。

（1）在视频发布之前，把信息填写得越完善越好，可以根据作息时间分析，也就是消费者下班或者吃完饭在玩手机的时间段，每天在固定时间更新两条，并且间隔时间不超过 4 个小时，发布时间一般是中午 11:00—13:00，下午 17:00—19:00，20:00—22:00。

（2）竖屏视频是目前更符合大众的观看方式，所以要按照官方建议的比例 9∶16 进行视频拍摄，视频规格可以通过设置功能调整画面尺寸。

（3）画质分辨率不能低于 720×1 280 像素，严禁出现非抖音的 App 水印。

通过清单或者展示试用产品的方式吸引客户关注与转发，同时设置商品橱窗功能，可以有效提升品牌产品的知名度和销量，熟练使用营销手段与活动玩法，另外每天发布 3~5 个精心拍摄的视频，可以增加账号权重。

4. 橱窗商品常见问题

如果添加不了橱窗商品，请按照以下原因逐个梳理。

（1）提示内容为不支持描述或者低于行业平均水平的商品推广：代表商品的综合指标（DSR）比行业平均水平低，并且低于 4.7 分，也就是没有达到抖音标准，可以另挑选其他商品进行添加。

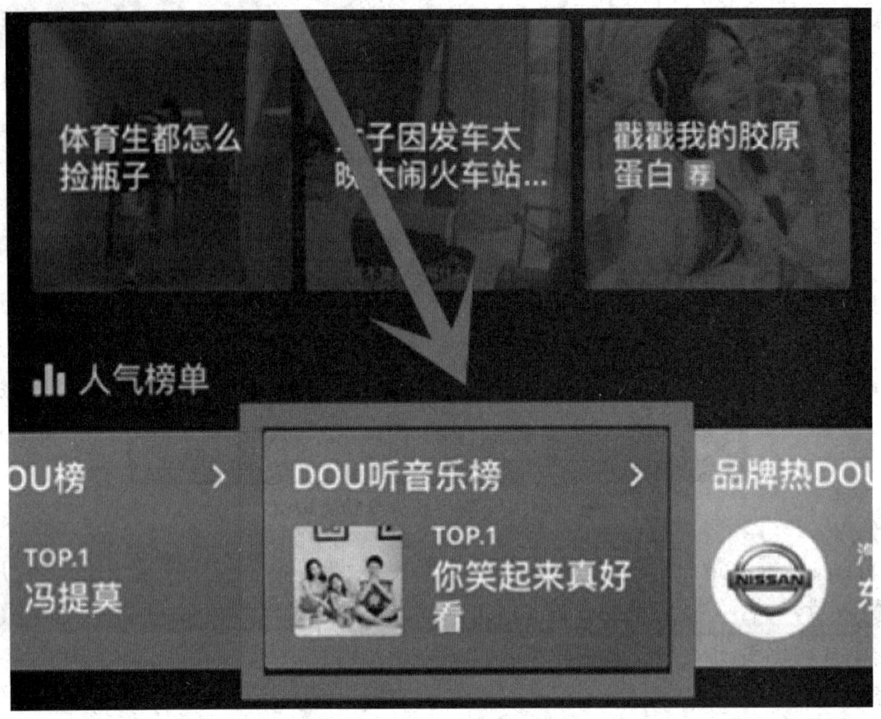

图 4.42 DOU 听音乐榜

(2)提示内容为该商品没有加入淘宝客:目前抖音要求只有加入淘客推广中的商品才能申请入驻,并且加入淘客 24 小时以上才能够申请。

(3)提示内容为该商品无法添加:同样是因为没有加入淘客,加入淘客后即可添加。

(4)提示内容为不支持商品的标题推广:此提示是因为标题中含有非法词,需要重新编辑标题,核查非法词,编辑后再重新添加。

5. 热门视频蹭热度

找到抖音推荐的热门短视频,它们的浏览量会很大,并且具有大量的点赞和评论(如图 4.43 所示),抖音在推送的同时,也令热门视频具有传播性。可以在热门视频下评论一些跟自己售卖产品相关的评论,比如某宝搜某产品,评论不要太明显,不然系统会直接过滤这些广告,反倒没有效果,严重的还会直接做封号处理。

可以多申请一些抖音账号,这样可以方便宣传,另外蹭热度可以做一些引导词,在筛选关键词时选取一些偏门、搜索量比较少的词,通过搜索基本上只能搜索到自己店铺的关键词,抖音也会根据账号平时的浏览习惯推荐一些视频内容,所以平时可以多浏览跟自己产品相关的视频,这样系统推荐的视频基本会是所属行业的热门视频,也方便做评论或者其他方式蹭热度。

6. 种草方法

种草是当下营销过程中很流行的方法,通过视频中产品的使用、介绍等展示(如图 4.44 所示),让消费者产生购买意向并心动购买,抖音种草包括美食吃播、穿搭展示、开箱体验、试玩分享、抖好货等多种种草方式,从在收到包裹后完整记录,分析产品功能,亲身体验后对产品进行的评价,可以有效提升买家好感度,在视频中可以做产品、背景,以及奖品等植入方式达到种草的目的。

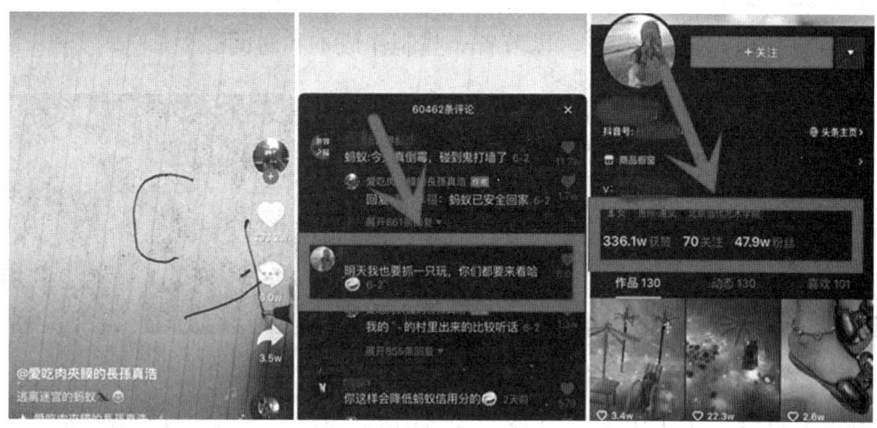

图 4.43　关注与评论量

（1）产品：通过设定好的产品简介直接通过视频表述，让买家简单明了。

（2）背景：通过把产品融合到背景当中，使产品自然暴露给买家，是最隐形的广告植入方式。

（3）奖品：通过点赞、转发、关注、评论等多种方式宣传店铺优惠活动，达到要求后可以领现金券、满减、赠送礼品，从而达到宣传效果。

图 4.44　直播种草

7. 抖音营销方式

目前抖音还是急需流量支持的 App，所以现在大品牌或者小规模店铺乃至个人，都可以通过抖音来进行营销，比较火的抖音内容主要有以下几种：搞笑视频、才艺视频、情感视频、挑战视频、宣传正能量视频、影视剧情视频、网红景点、萌宠、吃喝玩乐以及平台自己推出的活动（如图 4.45 所示）。不同类目的营销方式也不同，所以尽量细分一些类目的营销方式，有些类目可以直接用淘宝主图，也可以节省一些制作成本和时间。

图 4.45 营销方式

（1）服装类目：将衣服的风格作为服装类目的展示方式。风格对应展示场景，可以找同事同时穿着比对效果，每人展示不同风格的服装，西装对应办公场所为例，找到服装所属的展示场景。

（2）鞋子类目：将鞋子的功能及样式作为鞋子类目的展示方式。不同风格的鞋子有不同的功能，运动鞋主要展示舒适度以及穿搭效果，可以直接展示鞋子的主打优势，例如防脏、防滑、防折痕、百搭等多种多样的优势，直接展现给买家。

（3）食品类目：将食品的颜值和制作过程作为视频类目的展示方式。可以通过两种方式来展现，一种是直接拍摄食品制作过程，另一种是拍摄成品，要拍得有食欲，无论是直接食用，还是单纯展示视频，都要让买家参与其中，感受产品的诱惑力。

（4）代购类目：将代购的产地作为代购类目的展示方式。代购普遍为国外代购，最好的方法是直接展示代购地点，让买家第一时间相信宝贝产地，好的视频可以快速提升买家的信任度，视频中也要解决买家的所有疑惑，提前做好陈述文稿。

（5）美妆类目：将美妆的效果作为美妆类目的展示方式。视频展现主要以亲身体验以及使用效果为主，可以做个加速处理的视频，用最短的视频让买家看到最好的上妆效果。

（6）家电、家具、家居类目：应以性价比、功能、设置方法作为这个类目的展示方式。在视频中可以加入一些日常维护的小窍门，或者直接展示产品的功能、性价比，或者一些装修方案，如何把销售的东西用在日常生活中，可以做几个使用方法。

8. 粉丝展现价值

抖音粉丝的展现价值在于可以跟电商平台结合完成引导粉丝变现（如图 4.46 所示），内容营销、微信营销和平台支撑是抖音发展到后期的必经之路。一是把粉丝引导到微信上做产品直营；二是把粉丝导入到电商平台进行购买，导入电商平台购买切忌不要以单一搜索关键词的方式购买，很容易被系统稽查。

10. 粉丝维护

以粉丝的作息时间为主，设定粉丝活动时间，可以将店内的某些产品设置成幸运大礼包，用于转发后的抽奖和点赞活动，给粉丝分享随时可以使用的店铺优惠券，或者是礼物赠品。另外在朋友圈中也可以经常展示店铺动态、产品优势、会员等级，同时还可以引发当下热门话题，引导粉丝参与互动。

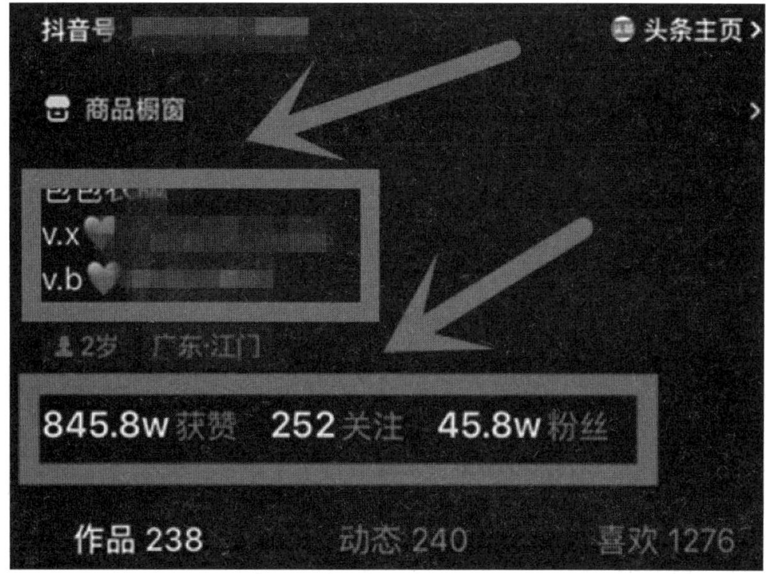

图 4.46

目前的抖音属于当下的热门 App，在同类 App 中占据着较高的优势，想要增加销售额就要努力去尝试，一切以提升销售额为目的，多一种销售渠道，也就多一个提升的机会。

本章课程介绍了战略营销、市场份额、营销成本、策略营销、网店创新、品牌宣传、服务突破等关键点。以步骤的形式掌握网店的七大营销关键点，学习之后能够具有利用营销关键点来挖掘消费者需求和市场独立分析和营销的能力。

点击量 CLICK
点击率 CTR（Click Through Rate）
关键意见领袖 KOL（Key Opinion Leader）
商家服务评级系统 DSR（detail seller rating）
电子商务 EC（Electronic Commerce）
软件服务 SAAS（Software as a Service）
平台服务 PAAS（Platform-as-a-Service）
基础服务 IAAS（Infrastructure as a Service）

1. 小明的网店规划的很好，但客服的询单转化率却很低，下一步应该从哪项关键点着手优化？（　　）

A. 战略营销关键点　　B. 营销成本关键点

C. 品牌宣传关键点　　D. 服务突破关键点

2. 市场份额越大，哪个方面越没有优势？（　　）

A. 销售额　　B. 流量　　C. 转化　　D. 对手

3. 网店策略营销关键点应以哪项为出发点？（　　）

A. 点击率　　B. 转化率　　C. 消费者　　D. 竞争对手

4. 不属于品牌传播关键点的是哪项？（　　）

A. 促进品牌销售　　B. 满足消费者需要

C. 培养消费者忠诚度　　D. 突破自我

5. 小明是年销过亿的老板，面对市场上同质化严重的产品，小明应马上从哪方面进行改变？（　　）

A. 服务提升　　B. 品牌推广

C. 不择手段，打击同行　　D. 产品创新

第五章　盈利关键点

本章节重点学习网店的盈利关键点。了解网店盈利的核心关键点是什么，熟悉天猫各权重对店铺及产品的影响，掌握产品提炼卖点的方法，具有使店铺盈利的能力。在任务实现过程中：

- 了解网店盈利的核心关键点是什么；
- 熟悉天猫各权重对店铺及产品的影响；
- 掌握产品提炼卖点的方法；
- 具有使店铺盈利的能力。

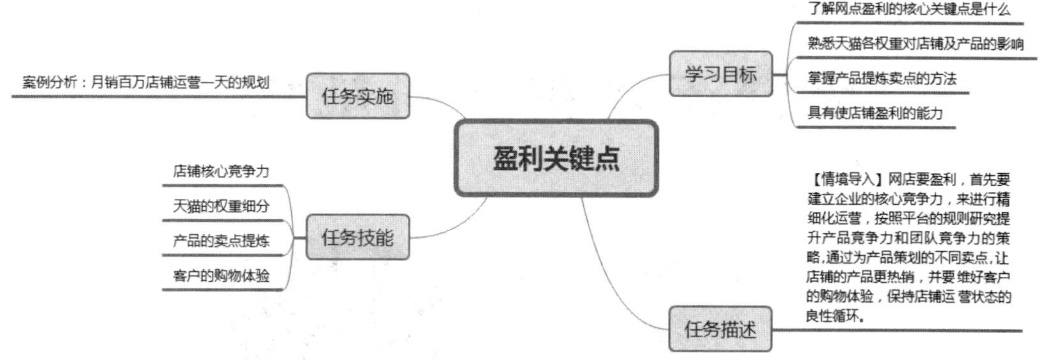

【情境导入】

腾讯集团在 2005 年 9 月成立了腾讯电商，也就是 C2C 模式的拍拍网（如图 5.1 所示），并开始对外试运营。在 2011 年 12 月，腾讯电商建立了独立的 QQ 网购平台，2014 年 3 月，QQ 网购和拍拍网全部被京东 100% 收购。2014 年 7 月，京东重塑拍拍网，更名“京东拍拍”。同年 9 月，QQ 网购更名“京东网购”。

Paipai 拍拍

腾讯旗下购物网

图 5.1 腾讯拍拍网

腾讯电商的流量来源主要是当时腾讯的社交软件，在电商方面并无强大的运营团队支撑。其实际问题是自身运营能力无法提高，并且当时的电商属于新兴行业，并没有太多第三方服务，它仅仅依靠简单粗暴的运营方式，不足以让腾讯的电商平台得到良性发展，所以出让股权与京东公司达成战略合作（如图 5.2 所示）。

JD.COM 京东 + Tencent 腾讯

电商未来更多可能性

图 5.2 腾讯与京东合作

随着电商行业的日益发展，电商人才辈出，营销手段也是五花八门。但网店数量逐渐增多，竞争强度也在持续增加，如果要在这种竞争环境下更快、更多地获得盈利，那么就要掌握网店盈利的关键点。通过QQ网购的案例可分析出，网店要盈利，首先要通过建立企业的核心竞争力来进行精细化运营，按照平台的规则研究提升产品竞争力和团队竞争力的策略，通过为产品策划的不同卖点、利益点，让店铺的产品能更热销，并要维护好客户的购物体验，保持店铺运营状态的良性循环。

本章节主要通过对店铺核心竞争力、天猫的权重细分、产品的卖点提炼以及客户的购物体验来学习使网店盈利的关键点。

技能一　店铺核心竞争力

网店想要盈利，就要在经营管理方面下心思，具有核心竞争力的店铺，是盈利的关键点。面对经营与管理，首先要了解店铺应该具备的核心竞争力，核心竞争力是网店长期竞争优势的源泉，战略执行力是网店决胜的关键。从网店的角度来说，店铺的核心竞争力分为五个部分，下面通过店铺的思考力、信念力、凝聚力、决策力和执行力来深度学习店铺的核心竞争力。

1. 思考力

1）思考力的定义

思考力是可以通过表面现象，发现问题根本所在的能力，它是对问题不断探索解决方式的过程，在探索过程中会产生积极性和创造性的作用力，也是促使网店业绩提升的基本能力（如图5.3所示）。

网店运营的过程中，思考力是决策的前提，用思考力衡量网店的未来发展方向，就是要看店铺管理者的思路、眼界和格局。不但要思考问题，而且还要结合数据分析以及从市场行业现状的角度出发，一个网店的思考力高度决定了网店的发展速度，同时也决定了网店的健康程度。

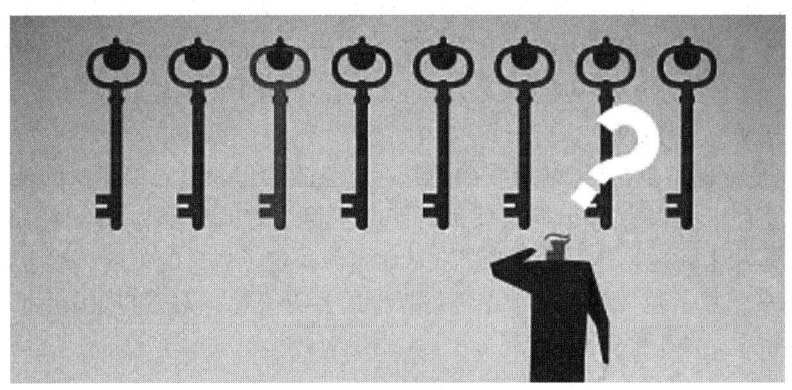

图5.3　思考问题的解决方式

如图 5.4 所示，假如店铺是销售大闸蟹的，从数据分析的角度来看，市场的销量在 6 月末和 7 月初开始上升，但结合实际情况思考，大闸蟹的成熟时间段一般在每年的 9 月 20 日—10 月 31 日。那么通过思考，可以选用定制礼卡的方式进行预先售卖，等到大闸蟹成熟后，再重新发货。这样既可以优先抢占市场，也可以提前获得周转资金。每个类目的情况不一样，涉及具体的类目也要具体分析。

图 5.4　交易指数趋势

2）思考力能为网店做什么

针对发现的不同问题，按严重性依次思考出根本原因所在，并合理解决。出现问题会阻碍网店的发展，所以解决问题可以使店铺保持良好的发展状态。随着现今社会的日益进步，经济、企业等各个领域也要随着社会的进步而发展，要紧跟社会的脚步，所以网店更需要通过思维的深度、高度、速度以及广度的不断开拓来推动网店的发展。

同时，在发展的过程中往往会出现按照以往惯例和经验无法解决的问题，这就需要店铺运营人员具备独立思考力和解决问题的能力。思考力是网店最廉价的生产力，让网店与众不同的不完全是努力，而是深度的思考力。

拿当下电商平台举例（如图 5.5 所示），各电商平台公司发展迅速，且平台不断增多，竞争激烈，不断蚕食原有市场。电商平台需要通过不断提高思考力，总结出不同的平台玩法，提前思考新一轮市场的玩法与应对策略，巩固其在行业中的竞争位置。

3）思考力应具备的要素

（1）知识信息储备量：是指网店掌握的思考对象的知识和信息储备量的多少（如图 5.6 所示），如果没有相关的知识和信息，就不可能产生相关的思考活动。一般情况下，知识量和信息量越多，思考就越具体、全面和完整，从而也就决定了思考的维度。然而，这并不等于说，知识量越多信息量越大越有利于思考；相反，太多的信息和无关的知识反而会分散注意力，导致思路混乱，不利于思考力的充分发挥。

图 5.5　电商平台

图 5.6　知识信息储备量

（2）目的性：思考力是潜在的挖掘探索过程，并且是受某种价值观的引导，有计划地体现出它的目的性、方向性和一致性。漫无目的的思考难以发挥强有力的思考力，常常会把思考引进死胡同，导致思路夭折和无果而终。目的性、方向性、一致性和价值导向，决定着思考的角度。

思考的目的性非常重要。做电商要明确自己店铺和竞品的差距，知道销售额低的根本原因是流量少、客单价低还是转化率低。如果流量少，看竞争对手的流量渠道分布，知道到底是免费流量的模块少，还是付费的少。如图 5.7 所示，可以看出店铺单品与竞品的访客数的差距主要差在“手淘搜索”和“付费推广直通车”这两个方面，所以就要通过思考，制定这两个流量入口的方案来提升店铺的流量短板。

以网店长期发展的角度，仔细思考方向和方法。如果流量差距不大，但是销售额差距较大，那么就应该思考是否由客单价较低导致。客单价低的优势是可以获得更高的转化率，客单价不易提升，那就想办法优化图片、思考文案，通过提升转化率的方式提升店铺销售额。

（3）找准问题点：将思考力集中于需要解决的问题点上，并把握其中的要点，思考时将所有关联的可能性全部收集起来，这时分析问题的思绪犹如泉涌一般，解决问题的能力也会大大增强，效率也会提高很多。如果找不准思考的着力点，就会精力分散、思维紊乱、胡思乱想，出现“东一榔头西一棒”的现象，思考就会停留在事物的表面上，无法深刻认识事物的本质。思考问题点上的集中性程度，决定思考的强度。

入店来源 无线端

对比指标 ⊙ 访客数 客群指数 支付转化指数 交易指数

流量来源	本店商品访客数	访客数	操作
手淘搜索	13,834	37,037	趋势
淘内免费其他	10,326	13,535	趋势
直通车	8,722	21,606	趋势
智钻	5,763	5,250	趋势
聚划算	3,831	861	趋势
我的淘宝	3,462	4,754	趋势
手淘首页	3,038	3,631	趋势
购物车	2,674	3,176	趋势
淘宝客	2,471	5,032	趋势
手淘其他店铺商品详情	2,211	4,104	趋势

图 5.7 流量差距分析

举个例子，如果在双 11 活动前期，问题点是要使网店提前大量吸引流量，然后集中在双 11 活动期间爆发，那么问题就在于如何吸引大量潜在客户群体进入店铺。通过思考，可以通过广告投放的方式吸引更多客户进入店铺（如图 5.8 所示），卖家可以选择钻石展位和超级推荐两个引流利器着重推广。如果想让单品在双 11 当天爆发的销量更高，则可以用直通车、钻石展位推单品，进行大力度的广告推广，同时对单品的收藏数据作出一套详细的优化。所以找准问题点是关键，确定目的，利用自身的知识信息储备量，再集中展开实施。

图 5.8 钻石展位与超级推荐

4）提高思考力的方法

（1）培养店铺洞察问题的能力，敢于质疑别人未质疑的问题。

①洞察问题就是为了让店铺的运营人员找到现实情况与目标情况的差距。如图 5.9 所示，为减少特定差距，从而寻找引发差距原因的过程，靠近其本质，就可以找到通往解决方案的路径。也就是说，所谓的问题，就是目标与现状的落差。

有些网店安于现状，因为没有合理明确的目标，所以也无法发现问题。当店铺想扩大发展的时候，建议先思考一个目标，集中于思考目标，相关的不确定性都会减少，阻碍发展的原因也会慢慢被解决。当心中的大方向越来越清楚，就可以看见与现状的差距。

②敢于质疑别人未质疑的问题，明确问题的多样性，也是提升思考力和解决问题的基础，问题的解决方案是否切中要点，是决定最终解决方案的可行性、方向性和效果的关键。

无论下多少功夫都无法收到成效的时候，建议首先试着重新质疑问题本身，问题若能足够明确，解决方案的准确度就能大幅提升。

图 5.9　洞察

(2)培养店铺善于解决问题的能力。

面对发现的店铺问题，要想尽办法运用观念、规则、尝试等方法(如图 5.10 所示)，对问题进行分析并提出解决方案，无论问题是否得到真正的解决，思考力都会得到提升。

图 5.10　思考问题的解决方案

①首先要将问题归类，并且将其分解为不同原因的空间模型，再通过各个应对策略和击破方法来解决。这个方法在实践中非常有效，适用于解决大部分的问题。

②对店铺存在的问题进行多维度分析，然后一项一项地排查这些问题是否是目标与差距的根本，从而顺利解决没有答案的问题，除此之外还应该具备能够灵活应对意外状况的思考力。但是在很多网店运作的过程中常常会忽视这个问题。有时候要放纵自己的好奇心，带着好奇心挑战不同的问题，使得思维更加自由，视野也将得到拓展，遇到问题也会用完全不同的角度来审视和解决。

(3)培养店铺永不言弃的能力。

没得到结果之前决不懈怠，要坚持从根本上解决问题，直至找到解决问题的方法。

①永远不要怕挫折和失败(如图 5.11 所示)。这些才是成长的资本和动力，网店如果不去挑战更高的高度，那么永远也无法知道网店自身到底有多么优秀。直面挫折，才能更好地了解网店自身，知道如何调整，也更知道什么问题是需要马上去解决的。当然，网店需要有

这种能力，内部员工也应该有这种能力，我们不仅需要思考，更需要力量。

②不要纠结于短期成果。在店铺的运营过程中经常会有些一时半刻找不到答案的问题，虽然会耗费大量的时间和精力，但努力并非毫无作用。不要半途而废，目标是确定的，过程可以另辟新径，哪怕果断地回到起点，重新站在根本上思考面临的问题。阻碍我们重返原点的恐惧是我们心里的壁垒。珍视自己的好奇心，打造从容的心态，并珍视一切小小的疑问。出现错误并不意味着所有的努力都徒劳无功，因为在试错过程中，我们一直在向着问题的本质不断前进。

图 5.11　不轻言放弃

2. 信念力

1）信念力的定义

信念力是网店对该事物必将成为事实的判断、观点、看法或坚信不疑的想法（如图 5.12 所示），是对某人或某事信任、有信心或信赖的一种思想状态；是情感、认知和意志的有机统一体。在电子商务中，信念力是网店建设的前提，企业要对创建的电商公司有信心和信念，有信心才能大刀阔斧地做店铺，有信念才能抵挡杂音、力排众议、坚定立场。

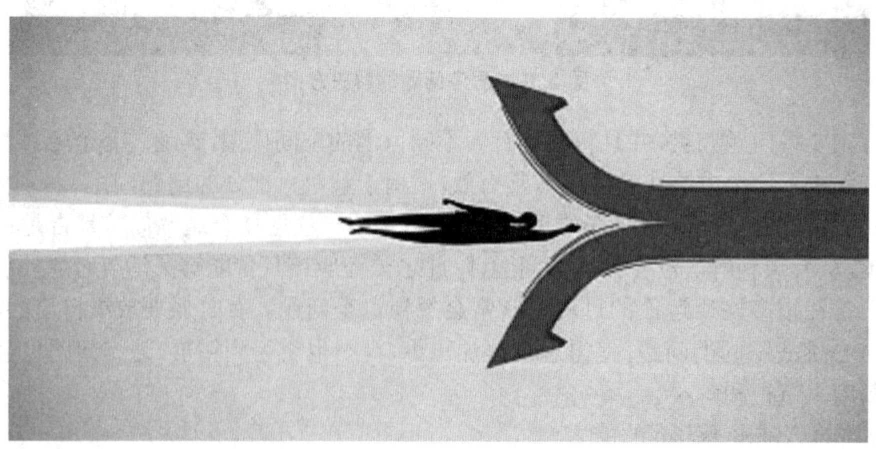

图 5.12　坚信不疑

2）信念力能为网店做什么

信念力是网店坚持发展的影响力。做网店，两年知进退、五年见高低。在网店的经营发展中，开弓没有回头箭，将会遇到很多意想不到困难和问题（如图 5.13 所示）。这时有人会坚持，有人会放弃。在这过程中，拼的是意志，这些就是信念。一个没有信念力的店铺，是朝令夕改的，是不能坚持到底的。做店铺不能没有魄力和霸气，在某种程度上说，魄力和霸气就是信念力。

图 5.13 坚持信念

3）信念力具备的要素

（1）坚固性：信念力形成后是不容易撼动的。信念力是经过长期总结和思考之后所得出的结果，所以是坚固的。

（2）态度性：信念力的坚固部分会由生活中的态度组成。这种态度既可能是正确的，也可能是错误的，但从运营店铺来说，大部分店铺都会认为自己的信念力是正确的，因为态度是由平时接触的大环境日积月累而形成的，通过态度形成的信念力很难发生改变。

（3）多样性：不同的类目，不同的经营地域、思想观念、利益需求都会形成不同的信念力乃至截然相反的信念。不同的人，由于众多的原因，会形成各不相同的信念，这是客观存在的。

（4）亲和性：是指店铺运营者通过对网店长时间的维护与运营，与店铺产生情感的表现。一个人对和自己信念相近或相同的人会产生极大的兴趣和热情，志同道合就是信念亲和性的表现，相互之间有共同语言，感情上比较接近。

如图 5.14 所示，“anta 官方旗舰店”是一家 10 年天猫店铺，店铺员工全年的工作时间可能要比陪伴家人的时间还长，每逢大促“618”“双 11”大节，店铺人员都会主动加班维护网店，之所以会作出这种举动，说明他们之间产生了信念情感，如果不具备信念力，店铺会处于不确定状态，将会很难运作下去。

3. 凝聚力

1）凝聚力的定义

凝聚力指的是店铺工作人员以最初计划的经营目标为核心关键点（如图 5.15 所示），愿意付出共同行动的力量，表现为员工对企业的经营目标和企业管理的认同程度。企业凝聚力包括以下几个因素：员工对管理制度的满意程度，企业和员工的双方认可度，员工间的和谐程度，员工的工作主动性、积极性、创造性、发挥程度等。企业凝聚力是企业文化建设重要组成部分，是企业发展的重要基础。企业的凝聚力，决定着员工的精神状态，员工主动性、积极性、创造性，配合程度和工作效率，直接影响企业目标实现。

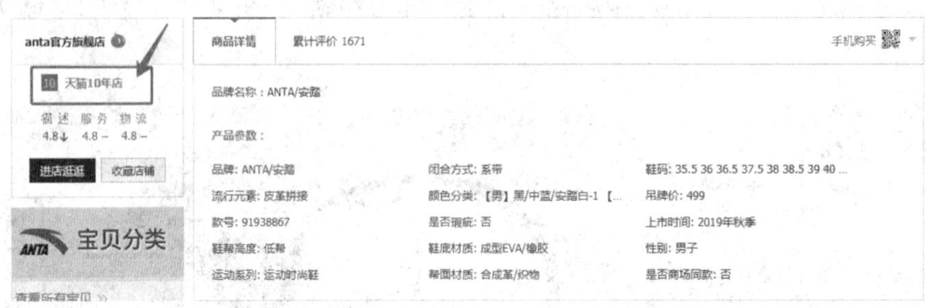

图 5.14 10 年天猫店铺

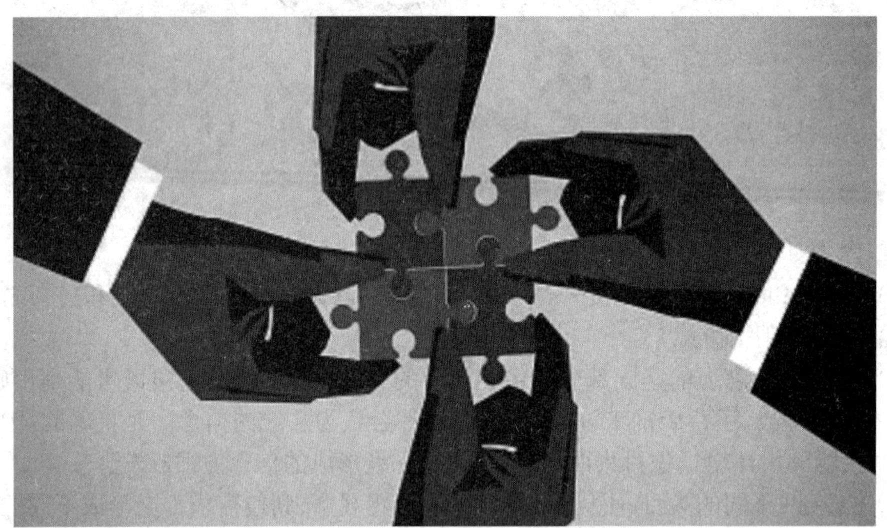

图 5.15 凝聚共同的力量

2）凝聚力能为网店做什么

凝聚力是支撑网店存在的必要条件，并且对网店潜能的激发有着重要作用。店铺如果没有凝聚力，就无法扩大规模，也不容易完成决策的目标。凝聚力是高效率网店成功之路上必不可少的因素，是员工间的互帮互助、相互协作、取长补短，凝聚力将为网店的发展起到资源整合的作用。

3）凝聚力应具备的要素

店铺凝聚力有内外两大要素。内在要素来自工作人员与店铺本身，外在要素来自市场行业的压力。店铺凝聚力可以是店铺员工关于情境的理解与反应趋向一致的过程，可以是员工对他人行为的附和，也可以是员工共同持有一种特定的价值观。这种价值观要遵循四条基本原则。

（1）鼓励原则：店铺的未来规划方向要经常与店铺员工讨论，让他们在潜意识的支配下进行自我设计。员工看重未来，更看重创造未来的机会。如图 5.16 所示，对他们追求的这种境界，要鼓励，要尊重，要珍惜他们的创业激情。

（2）公平原则：薪酬应按业绩分配，应取消薪酬平均分配的制度，员工都需要接受同事彼此有不同的收入，多劳多得，激发员工的积极性。

图 5.16　互相鼓励

（3）公正原则：在规则面前人人平等，不拉帮结伙，不亲此疏彼。这种现象会严重影响员工的工作热情和店铺的形象。

（4）认同原则：店铺要有共同的发展目标，共同目标则需要通过每位员工的努力来实现。将店铺的共同利益与大家描述清楚，便于让员工与店铺快速达成共识。面对社会上现实的收入反差，大家容易形成对共同利益的认同，认同的员工会维护大局自觉行动。对于个人利益与集体的根本利益方向不同的员工，要给予选择机会。

4）凝聚力提高的方法

（1）增强网店文化，树立店铺形象：网店文化具有增强店铺形象和培养员工归属感的凝聚作用。不同的店铺拥有不同的文化背景，有价值的店铺文化将对店铺的发展起到积极作用。

（2）实施人性化店铺管理：目的是为了让员工以更加饱满的热情投入到工作中，人性化的管理要以员工利益为出发点，合理制定员工的工作时间。这样切实从员工利益出发，制定合理的管理制度、薪酬制度，对员工赏罚分明，可大大提升店铺的凝聚力。

（3）优选高素质人才：从新员工入职开始注重员工的综合素质（如图 5.17 所示），店铺发展的过程，人才是关键。不断提高员工的整体素质，使员工的素质能够融合到店铺文化中，适应店铺不断变化发展的需求。店铺不仅仅要在技术上培训，更主要的是培训员工的职业素质、道德水平等方面，稳定的心理素质有助于在危急时刻厘清思路，找到一条适合店铺发展的道路，凝聚力在这个过程中也就形成了。

（4）尊重员工意见：做决策的时候，应该广泛搜集员工发表的意见，让员工们积极参与。员工是店铺举足轻重的伙伴，是店铺发展不可缺少的力量。一个人的能力是不可限量的，当一个人得到激励以后，凝聚力也随着这种鼓舞而逐步增强。

（5）注重个人发展：对有能力的员工提供个人发展的空间是一种认可，并能促进其工作的动力，金钱满足的只是欲望，个人的发展则是它的升华。一个店铺如果能够为员工充分提供一个发展空间，使员工的才能得到充分发挥，他们对店铺就会产生一种归属感和认同感，这种感觉越强，凝聚力也就越强。

（6）合理化薪酬制度：薪酬作为一种很重要的激励因素是不可忽视的。如图 5.18 所示，稳定的收入才能更好地调动工作地积极性。在收入的分配上如果太平均主义，会造员工工的懒惰，从而造成员工士气低落，会引起为店铺作出贡献的员工的不满，使得人心涣散，降低凝聚力。因此在收入的分配上应该实行“按劳分配”，当员工看到付出和回报成正比时，员工会对店铺产生一种信任。这种信任有利于调动员工工作的积极性、主动性，增强店铺凝聚力。

图 5.17 选拔人才

图 5.18 合理化薪酬制度

4. 决策力

1）什么是决策力

决策力指的是店铺在作出重大决定时对不同方案择优选择的能力。网店为达到目标，进行了不同方案的策划，不同方案进行择优选择的过程就是决策力（如图 5.19 所示）。决策力是网店或个人为了实现某种目标而对未来一定时期内有关活动的方向、内容及方式进行选择或调整的过程，也是通过分析、比较，在若干种可供选择的方案中选定最优方案的过程。

从网店的角度来说，决策是实施发展的前提。它对网店的能力要求是快速判断、快速反应、快速决策、快速行动及快速修正。决策能力是网店为维持网店生存而要具备的基本素质。

图 5.19　决策力

2）决策力能为网店做什么

具有较强决策力的网店，可以更快速准确地帮助店铺找到下一阶段的工作方向，不会决策的店铺做到哪里算哪里，会决策的网店总是有思路、有方法、有步骤、有策略，即有好的决策。决策力是网店长期发展的战略性决定，也是网店经营的指导方针。

3）决策力应具备的要素

（1）确实了解问题的性质：如果店铺出现的问题是经常发生的，可以建立相关的原则，如果再发生类似的问题，都可以基于原则或规范进行决策，用相同或相似的方法来解决，最终达到机制内对问题的根治。如果是偶然性的问题，那就应该按客观情况个别处置。认真考虑解决问题的方案，这些方案需要满足的条件，然后再考虑必要的妥协、适应及让步事项，以便决策能被接受。管理者在做决策时，都要考虑周全，既要考虑决策本身，也要考虑决策之外的细枝末节。

（2）要落地实施：对决策后的方案要同时执行落地实施措施，让决策力变为可执行的行动。化决策为行动，则是最费时的一步。但从决策之初，就应该考虑行动方面的问题，否则只是纸上谈兵（如图 5.20 所示）。

图 5.20　落地实施

(3)重视反馈:反馈在方案实施后至关重要,反馈既可以提出错误点加以改正,又可以加强方案中的短板。如果缺少反馈,网店对决策的执行就会缺乏正确合理的认识。好的网店管理者应该时时牢记,要重视反馈的作用,并且常常做好反馈。在执行的过程中重视反馈,以验证决策的正确性和有效性。

4)提高决策力的方法

(1)化繁为简:将店铺目前的问题,切割成数个更小的问题,这样才能看清楚问题的原貌。每个小问题的完全解析需要花费时间,在决策的过程中,有可能因为新资料的发现而有了不一样的看法,因此问题的定义是一个持续的过程,经过不断调整,重新解释,一次比一次更为完整,更为清楚。不同类型的问题有不同的处理方式,因此要事先区别清楚。属于一般性的问题,比如网店从开始到现在一直都存在的问题,那么就需要重新全盘考量。如果属于突发状况,则需要花费时间与精力深度挖掘问题点,完成所有决策的步骤再作出决定,则会提升决策力。

(2)设立预期目标:例如网店拟定对新产品销售方案之前,提前考虑好达成的目标期望。是希望由这项产品提升店铺的营业额,提高市场占有率,打响公司的品牌知名度,还是建立网店形象。当然同时达成所有目标的可能性并不大,比如某人既是全公司表现最杰出的员工,同时又是全世界最伟大的父亲或母亲的可能性不大。所以网店要设定优先顺序,有所取舍,方便提升决策力。

(3)搜集相关资料:在开始搜集资料之前,要先评估网店有哪些资料是已知的,不必再浪费时间,有哪些是不知道的或是不清楚的,才能确定自己要找什么样的资料。资料不是越多越好。有时候过多的资料只会造成困扰,并不会提高决策的成功机会,因此都要依据资料决策目标之间的关联性以及相对重要性。这个阶段最常听到的抱怨就是"想不出好的解决方法。"事实上,不是想不出来,只是因为考虑得太多,觉得什么都不可行。但是这个阶段的重点在于大家"头脑风暴",提出各种想法。这时候提出的点子越多越好,先不要作出任何的价值判断,越是突发奇想的点子越好。

当涉及有关问题点的想法全部形成方案之后,找出比较有可能执行的,然后针对每一个想法再详细讨论使其更为完整(如图 5.21 所示),并试着将不同的想法整合成更好、更完整的方案,最后决策出最有可行性的方案。

5. 执行力

1)什么是执行力

执行力是网店竞争力的核心,是在网店长期盈利发展的角度上实施的战略意图,为完成预定目标而体现出的实际操作能力。执行力是把店铺战略、规划转化为效益、成果的关键。

网店是一个完整的、有计划、有目标的组织,执行力是店铺管理成败的关键。只要店铺有好的管理模式、管理制度(如图 5.22 所示),就可以充分调动全体员工的积极性,执行力就会得到最大的发挥。执行的效率越高,完成的质量越好,也就会更快地实现预期的目标。如果要打造有口皆碑的店铺和产品,首先就要解决管理中存在的问题。一个执行力强的店铺,必然要有一支高素质的团队,而具有高素质团队的店铺,必定是充满希望的店铺。

图 5.21　整合方案

图 5.22　执行力

2）执行力能为网店做什么

如果网店没有执行力或者执行力不够强，也就代表着之前做的一系列策划全部都失去了意义，即使通过思考力、决策力制定了非常周全的计划，因为执行力不足，无法得到实际的效果，之前的努力都可能成为泡影。想要改善员工的执行力，需要找出执行力差的原因，在管理过程中做到目标明确，监督到位，流程还要合理。执行力就是贯彻意图，去完成目标的操作能力，是把店铺战略转化成为效益、成果的关键，执行力决定一个团队的效益，一个店铺的发展。店铺的执行力可以使店铺目标得以实现，整体的管理制度得以落实，运营过程中的各项工作按质按量完成并且可以保证店铺长期有序地发展。

3）执行力应具备的要素

（1）强烈的责任心：责任心是衡量店铺员工工作态度的基本条件，具备责任心，工作中就会用心、热心、尽心，就会积极主动地想办法，精力就会集中在发展上，出主意、拿措施，精益求精地抓落实，执行就会没有任何借口。用心去做好本职工作，不但是对店铺、对社会、对国家负责的表现，同样也是对自己、对家庭、对事业负责的表现。

（2）拥有执行的能力：团队综合素质的高低，决定执行力的效率。执行力不是一个简单的管理问题，而是一套提出问题、分析问题、采取行动、解决问题、实现目标的系统流程。在这个流程中，店铺员工的因素是第一位的。工作任务、目标明确后，最终需要店铺员工去执行。部署工作、安排任务要因人而异，把工作分配给适合的并具备执行该工作能力的员工，并发挥其潜能。

（3）合理的激励措施：培养团队的执行力是以现实的激励措施为基础，如果没有一个好的激励约束机制，就会造成执行力的缺失。所以要在建立合理的工作制度的基础上，建立相应的激励制度和有效的约束制度。

4）提高执行力的方法

（1）循序渐进：千里之行，始于足下，要有耐心，比如有多年烟瘾的人一般不会一下就戒烟成功。只有从小事入手，逐步改变，慢慢去形成一个高效的习惯。很多店铺半途而废，就是没有根据实际状况设立合适的目标，到头来没有培养出执行力，还增加了许多挫败感。

（2）竞争提醒：培养执行力是一个比较难熬的过程，店铺需要找一个“竞争伙伴”，时刻提醒自己，这样会大大提高店铺成功的概率，还可能会有意外的惊喜。

（3）时间约束：店铺想要达成目标，离不开详细的计划（如图 5.23 所示），在任务计划后面设定完成的时间期限，这样也可以大大提升执行力。

图 5.23 时间约束

技能二 天猫的权重细分

权重是盈利的基础，是一种基于店铺或产品的分值。权重分越高，展现机会就越大，店铺盈利的可能性也越大，把握好天猫的权重，店铺就会形成一种良性循环。下面通过店铺权重维度和商品权重维度来学习天猫的权重细分。

一、店铺权重维度

店铺要盈利，首先要明白，电商平台给予了店铺存在的价值，所以也需要店铺为平台创造价值。如果店铺吸引并促成客户成交，给客户带来满意的购物体验，平台就会认为店铺的产品比较好，相对就会得到更多的权重。下面通过千人千面、店铺的层级、店铺违规、全店动销率、动态评分、千牛软件相关指标、售后服务指标、天猫消费者保障服务和店铺持续上新能力来学习店铺权重的相关维度。

1. 千人千面

千人千面是基于淘宝 / 天猫搜索排名的一种排序算法，系统会分析消费者的需求特征（如图 5.24 所示），在展示的页面为消费者提供个性化的宝贝展示，目的是让每个人看到的商品都是自己喜欢的宝贝，更高的提升客户体验和转化率。随着平台千人千面系统机制的完善，人群化标签显得尤为明显。店铺标签越成熟，平台推送的消费者也就越精准，接下来通过基础个性化标签分类、行为个性化标签的形成、标签权重占比逻辑和个性化标签对自然搜索的影响来学习千人千面。

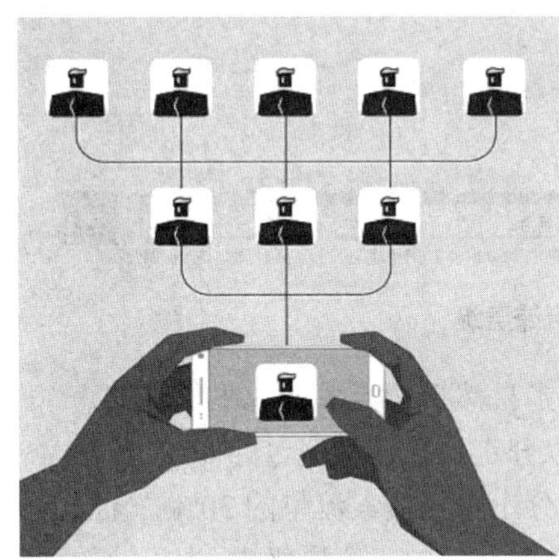

图 5.24　千人千面

1）基础个性化标签的分类

（1）用户标签：地域、性别、年龄、购买偏好（地域偏好、价格偏好、类目偏好、使用偏好、品质偏好）等。

（2）店铺标签：地域、价格区间、年龄段、档次、风格、使用环境等。

2）行为个性化标签的形成

（1）消费者个性化标签的形成：若携带基础个性化标签的消费者在天猫网上产生购买行为、加购行为、收藏行为和浏览行为，都会形成消费者的行为个性化标签。

（2）店铺个性化标签的形成：类目、店铺基本信息、简介、商品属性、产品价格、标题关键词、详情页设计，以及消费者的购买行为、加购行为、收藏行为和浏览行为，都会形成店铺标签。

3)标签权重占比逻辑

(1)类目:竞争激烈的大类目权重高于小类目和冷门类目。

(2)标/非标品:非标品类目权重高于标品类目。

(3)端口:无线端的权重高于PC端权重。

(4)强弱标签:强标签权重高于弱标签权重(强个性化标签指购买过的店铺、加购收藏的店铺、浏览过的店铺;弱个性化标签指猜你喜欢、大数据推荐)。

4)个性化标签对自然搜索的影响

(1)强个性化标签会优先展现。

(2)有明确标签的店铺在上新时所得到的展现机会更多、更精准。

(3)当搜索人群画像跟店铺标签相吻合时,相关搜索行为会优先展现。

2. 店铺的层级

店铺层级是天猫官方对同类目商家,选取近30天按销售额排序的七个层级的排名情况的展示(如图5.25所示),销售额越高层级越高,带来的权重值也就越高。不同的店铺层级,获取到的流量上限也不同。要想获得更高的流量,突破层级可谓是不错的办法。毕竟天猫决定是否扶持店铺,终究要看到店铺带来的流量和产值。

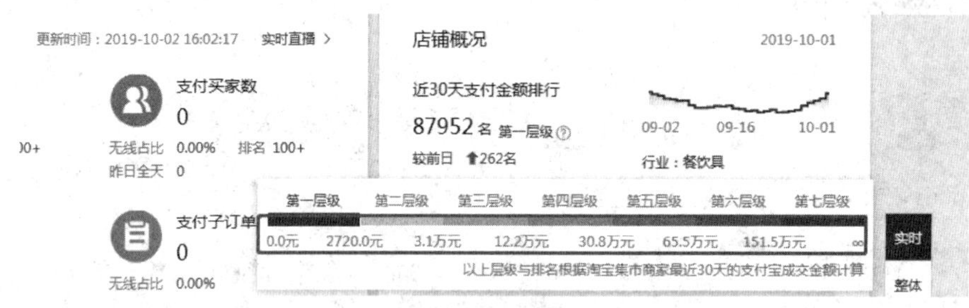

图5.25 店铺层级

(1)约70%的卖家在第一、二层级,可以分走自然搜索流量的30%左右。

(2)约25%的卖家在第三到第五层级,可以分走自然搜索流量的40%左右。

(3)约5%的卖家在第六到第七层级,可以分走自然搜索流量的30%左右。

当店铺的层级提升时,对应的店铺流量也会提升。同一个层级内,当店铺的层级上升或者下降时,也会影响自然搜索排名,不过同层级内的流量变化会比较小、不明显。但从二层级到三层级,从五层级到六层级,提升的会比较多。标准化商品店铺层级的影响大于非标准化商品,小类目及冷门类目大于竞争激烈的大类目。

店铺的二、三层级要求的销售额不高,3 000元、30 000元的销售额就能达到突破层级的条件。前边的层级门槛低,越到后边门槛越高。

要经常查看行业店铺的数据情况,如果竞争店铺的流量增加,那么同层级的店铺相应地就会减少,这时就要用各种方式尝试拉流量。粉丝要好好维护,做老客户维护是重点,老客户越多,复购率越多,店铺的层级也会越来越高。

3. 店铺违规

店铺违规顾名思义就是违反了天猫的相关规则(如图5.26所示),店铺将会受到对应的惩罚,不管会不会被扣分,都会影响宝贝的正常运营,甚至降权(包含隐形降权)。常见的情况有商品虚假交易、滥发商品信息、产品售假、详情页盗图、违背承诺等店铺违规，对店铺的权重会有直接影响，会根据天猫和处罚规定扣分降权或者全店商品降权。

图 5.26　店铺惩罚

天猫官方反作弊系统机制完善，由于各项问题造成店铺违规的店铺也不少，被扣分的细节也是层出不穷。并且店铺在官方有监管记录备案，也会因店铺经营异常、产品异常的问题进行降权，所以要按照天猫的规则操作店铺，减少问题的出现。在天猫平台开店铺，就要熟悉天猫的规则，天猫有它的容错率，容错率太高的话机会就没了。

4. 全店滞销率

连续 30 天没有销量，并且没有对宝贝进行任何操作的商品，被称为滞销商品，滞销商品占商品总数的比例就叫作滞销率。滞销率越低店铺权重值越高。但对于新品来讲，在新品加权期没有销量，没能破零，就会认定是滞销商品。动销率低会严重影响店铺的综合质量得分，进而影响全店的自然搜索，上新比较频繁、竞争激烈的类目，比如服装、鞋、食品类目等，这个动销率的影响要更大。

如图 5.27 所示，可以通过“商家后台”—“生意参谋”—“品类”—“异常预警”进行滞销宝贝的查看，并开展优化操作。“品类罗盘”需付费购买，才会展示出对应的店铺及单品销售情况。

图 5.27　异常预警

5. 动态评分——DSR

动态评分是买家购买产品后最终体验的描述(如图 5.28 所示),针对宝贝的描述相符、卖家的服务态度,以及物流服务的满意度进行评分。相比较来说,动态评分飘红的会比飘绿的权重高。

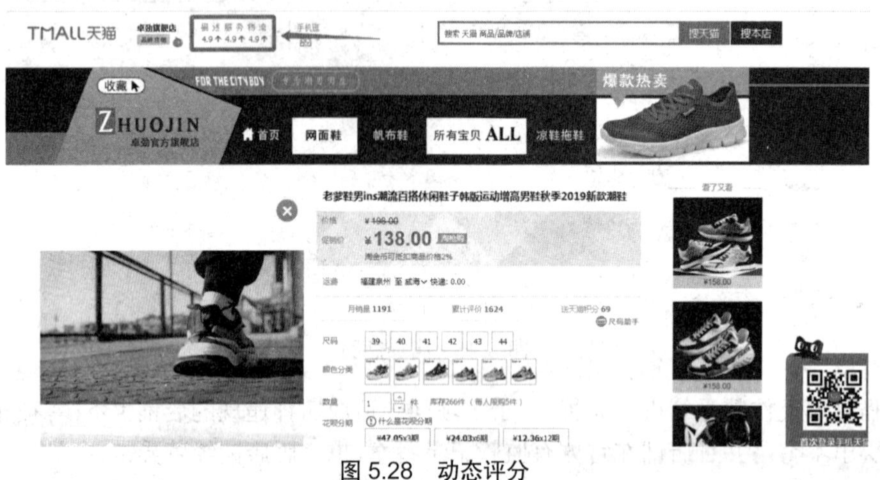

图 5.28 动态评分

动态评分的每一个点,都是针对店铺在产品和服务层面是否优质的考核。被买家认可才是平台支持的店铺。对自然搜索的影响,持续上升会提高自然搜索排名;相反,持续下降会降低自然搜索排名。店铺前期在于销量和信誉的积累,不只是产品的质量,优质的服务也是必不可少的一项。现在的天猫就像实体店的营销一样,不只是卖产品,还在拼服务。

6. 千牛软件相关指标

(1)千牛咨询转化率越高,获得的权重越高。

(2)千牛响应越及时,指标越好,权重越高排名越靠前。

(3)千牛在线时长越长,权重越高,排名越靠前(不包括手机在线)。

千牛的相关指标查询,可通过"商家后台"—"我购买的服务"—"服务订购"—"绩效",订购相关软件,比较专业的绩效查询软件(如图 5.29 所示)。搜索关键词"赤兔"立即订购,订购后,可查看绩效考核的相关数据。

7. 售后服务指标

售后服务指标包括纠纷退款率、仅退款自主完结时长、退货退款自主完结时长和退款自主完结率(如图 5.30 所示)。

(1)纠纷退款率 =(最近 30 天纠纷退款笔数 / 最近 30 天支付宝成交笔数)×100%,相比于同行,纠纷退款率越低,权重越高。

(2)仅退款自主完结时长 = 近 30 天自主完结(售中 + 售后)仅退款申请到退款完结总时长 / 近 30 天自主完结(售中 + 售后)仅退款完结总笔数。相比于同行,仅退款自主完结时长越短,权重越高。

(3)退货退款自主完结时长 = 近 30 天自主完结(售中 + 售后)退货退款申请到退款完结总时长 / 近 30 天自主完结(售中 + 售后)退货退款完结总笔数。相比于同行,退货退款自主完结时长越短,权重越高。

图 5.29　订购绩效软件

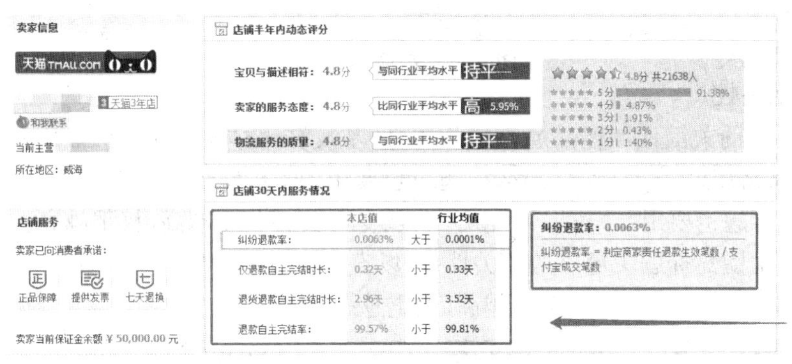

图 5.30　售后服务指标

（4）退款自主完结率 = 自主完结退款的笔数（近 30 天内）/ 退款完结总笔数（也是近 30 天内）。相比于同行，退款自主完结率越高，权重越高。

8. 天猫消费者保障服务

天猫商城权重＞消保集市店权重＞无消保集市店权重。能提供的服务尽可能地提供，货到付款、信用卡支付、退货运费险、七天无理由退换货、公益宝贝等尽量都开通，如果都有开通的话，那么也是有加权的。

9. 店铺持续上新能力

店铺产品持续上新，店铺也是有一定的加权的，不要一次性把所有的产品给上架，先保证店铺 10 件以上，后面的可以定期上架。持续稳定的上新计划可以给搜索引擎良好的印象，也有助于店铺标签权重的形成。

二、产品权重维度

产品权重可以理解为天猫平台对产品的青睐程度。通过宝贝的数据反馈，如果产品很受客户欢迎，也就代表产品可能会为天猫带来更多的成交，所以平台会给产品更高的权重值和更好的排名促使更多客户的购买。

下面通过类目匹配度、文本相关性、点击率、产品的收藏加购率、转化率、增长率、复购率、自然搜索成交百分比、宝贝销量、宝贝评分 / 好评率、宝贝退款率、七天上下架、是否有无线详情、成交覆盖区域、收货的速度、市场价格定位、作弊记录、支付宝使用率以及是否新品来学习产品权重的相关维度。

1. 类目匹配度

产品上架时选择的产品类目（如图 5.31 所示），类目与产品的属性越匹配，获得的权重值就越高；如果产品类目匹配不准确，权重就会非常低，很有可能搜索不到。

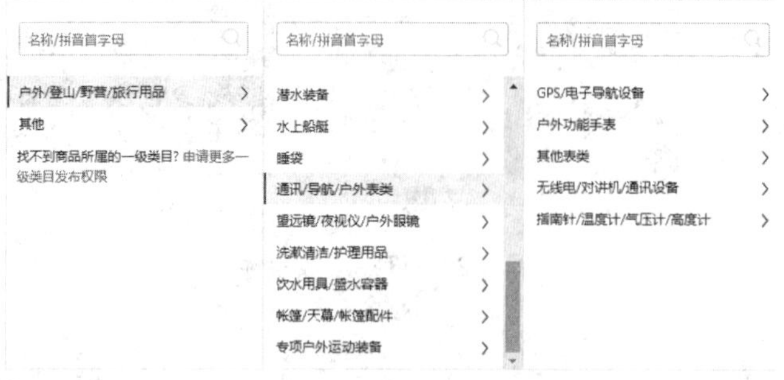

图 5.31　产品上架类目

2. 文本相关性

（1）标题中的关键词与产品属性的相关性：拿皮鞋来举例（如图 5.32 所示），宝贝的属性里填写的风格属性是“商务”，那么标题里也要用“商务”，而不能用“英伦”；宝贝属性是“牛皮”，那么标题也要用“牛皮”，不能用“鳄鱼皮”，其相关度越高，权重越高。

（2）产品主图与标题关键字的相关性：可以直观看到的主图展示的属性风格信息，需要与标题的关键字保持一致，其相关度越高，权重越高。

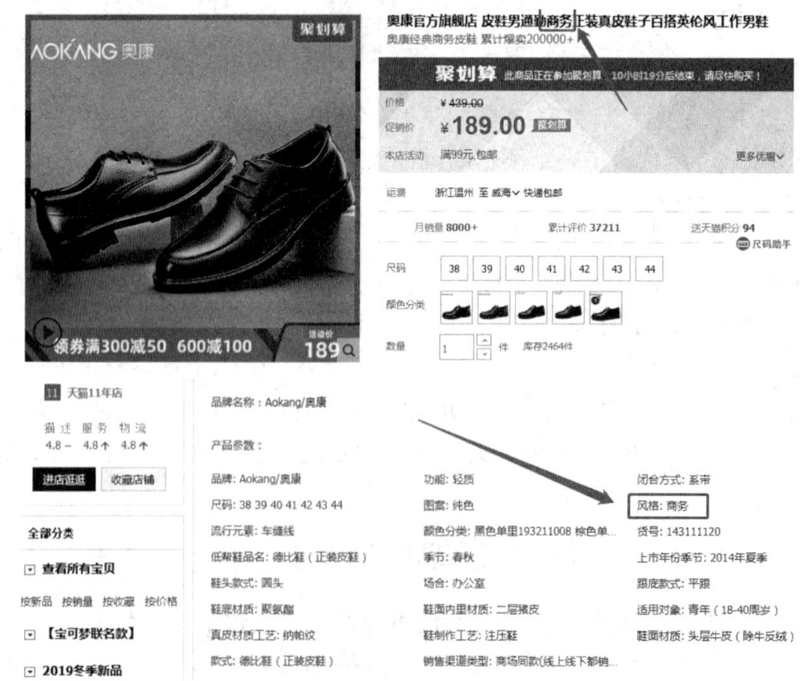

图 5.32　文本相关性

3. 点击率

产品如果是新品，通过系统给予的新品加权期，只能获得展现扶持，展现并不是流量，点击才是流量。特别是在新品期，针对两个相同的产品，天猫会通过点击率来判定给产品的流量扶持，也就说明点击率越高，获得的权重也越高。

如图 5.33 所示，同类目下的两款不同的 T 恤，假如除点击率维度以外的其他维度数据全部都相同，第一家 T 恤点击率为 20%，第二家 T 恤点击率为 10%，天猫对比后，会继续给第一家 T 恤流量扶持，而会逐步地淘汰第二家。产品前期点击率至关重要，设计主图时要多花点心思，比较好的办法就是用直通车测图，点击率最高的图定为主图，后期不断地优化主图，继续提升产品的点击率。

图 5.33　点击率比较

4. 产品的收藏加购率

如果行业中的产品都拥有比较不错的点击率，那么接下来天猫对产品的考核指标就是人气值了，换句话就是点击进来的买家对宝贝的喜爱度如何，也就是通常说的收藏加购率，收藏加购率 =（收藏人数 + 加购人数）/ 总访客数 ×100%。有访客进来，但是收藏加购率很低，天猫也会判定宝贝不及格，从而逐步减少扶持。店铺的日常销售中，客户对产品的行为，这些都属于人气值，人气值越高，权重值就越高。

5. 转化率

行业产品的点击率和收藏加购率都比较平均，天猫会按照流量价值最大化的理念来考核产品，也可以说所有的工作都是为了最后的转化，产品最重要的考核指标就是转化率。如果宝贝有高于同行业的转化率，在不考虑其他价格等因素的情况下，天猫会给这款宝贝很多扶持，这样的宝贝也很容易做起来（如图 5.34 所示）。

首页　实时　作战室　流量　品类　交易　内容　服务　营销　物流　财务　市场　竞争　业务专区　取数　人群管理　学院　消息

统计时间 2019-10-02　　7天　30天　日　周　月

商品	商品访客数	商品加购人数	商品收藏人数	支付转化率	操作
1997635　较上周同期	1,253 -12.32%	83 -20.19%	21 -30.00%	1.04% -17.46%	详情　关注
142906　较上周同期	2,372 -18.74%	79 -34.17%	21 -30.00%	0.89% -41.06%	详情　关注
136536　较上周同期	1,422 -12.33%	66 +40.43%	24 -17.24%	0.70% +2.94%	详情　关注

图 5.34　收藏加购、转化率

6. 增长率

天猫会对增长率持续提升的产品进行加权。有了高转化，接下来就是保持高增长了。比如说产品今天成交 30 单，明天成交 80 单，后天成交 150 单，那么在做直通车拉宝贝自然搜索流量时可以递增预算。产品表现比较好的时候，快速地增加预算，1 000、2 000、5 000、8000 这种大幅度地递增，宝贝销量保持高增长率，才有机会被系统抓取到，从而得到更多自然搜索流量。

7. 复购率

维系老顾客是比较重要的，他们重复购买宝贝，天猫会认为产品的品质、服务以及给买家的体验等不错，这样能够引导更多的老客户回流。在提升单个宝贝的同时，还增加了客户对天猫的忠诚度，天猫会非常喜欢。同时老客户复购，能够强化宝贝的标签，标签越精准，得到的流量也就会越精准，精准的流量会提高转化率，从而为产品加权。

8. 自然搜索成交百分比

自然搜索关键词成交百分比越高，权重值越高，产品排名越靠前。

9. 宝贝销量

按销量排序，产品有效销量越高，权重值越高，排名越靠前。销量权重相比以前弱化了权重值，但在整个单品权重中还是比较重要的一个因子，所以想要综合排名靠前，销量也需要快速地提起来。

10. 宝贝评分、好评率

宝贝评分、好评率越高权重值越高，宝贝评分、好评率就是买家对产品的认可程度（如图 5.35 所示），而天猫主要就是把好的产品推荐给买家。如果产品宝贝评分和好评率低，则会给消费者留下不好的印象，所以天猫很少会把产品推荐给买家。

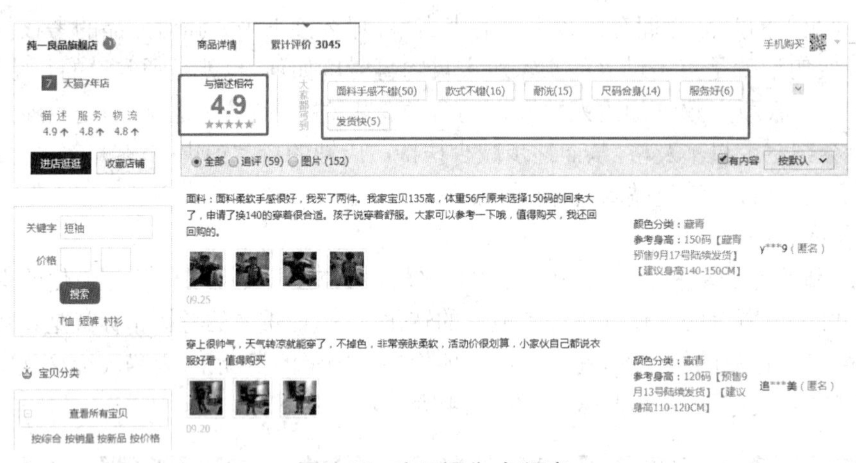

图 5.35　宝贝评分、好评率

11. 宝贝退款率

产品售出后，买家的退货退款率越低权重越高。退货退款率 = 总退货订单数 / 总订单数，总退货订单数与退货退款率成正比，在总订单数一定的情况下，总退货订单数越高，退货退款率也就越高，权重也就越低。

12. 七天上下架

从产品上架的时间开始自动记录，七天为一个周期，系统会自动上下架，产品距离下架时间越近，权重越高，特别是靠近下架时间的两个小时之内。如图 5.36 所示，临近双 11 大促的时候，可以将爆款设置为 11 月 4 日 0 点上架，因为 7 天后就是 11 月 11 日大促活动，在靠近大促前，可以通过系统的上下架，实现产品加权，抢占流量。

图 5.36　定时上架

13. 是否有无线端详情

宝贝的电脑端和无线端的详情是需要单独设置的，要想获得无线端的加权（如图 5.37 所示），就需要到产品后台单独设置无线端详情页。

图 5.37　无线端详情

14. 成交覆盖区域

店铺产品成交覆盖的区域越广泛，权重越高，排名越靠前。

15. 收货的速度

买家确认收货速度越快，排名越靠前。

16. 市场价格定位

如图 5.38 所示，产品的定价越符合市场买家需求的价格带，权重越高。

17. 作弊记录

产品被系统抓到的虚假交易、作弊行为越少，权重越高，排名越靠前。

18. 支付宝使用率

用支付宝支付客户越多，产品权重越高。

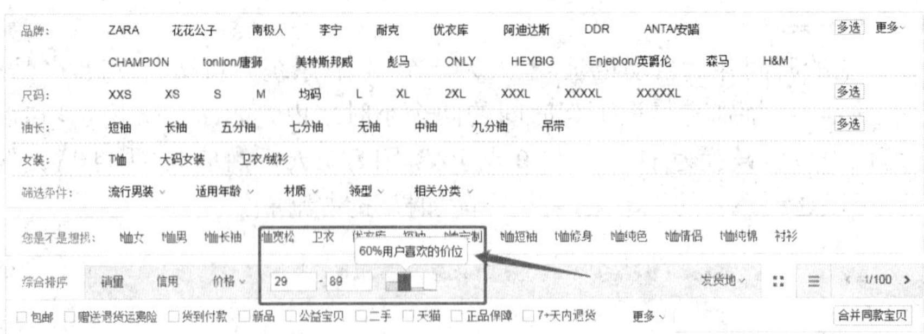

图 5.38　价格带

19. 是否新品

对于新品的判定，系统会自动检测店铺的产品在全网是否有同款。由属性、图片信息等进行判定。如图 5.39 所示，获得新品标后，产品会被加权，平台会对产品给予展现的扶持机会，额外增加新品的曝光，对于新老商家来说都是值得不断跟进的。

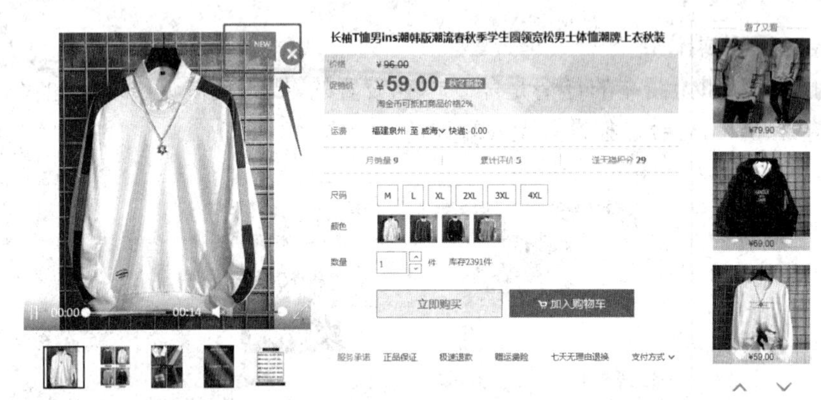

图 5.39　新品标志

技能三　产品的卖点提炼

如图 5.40 所示，产品的价值点是人群趋势与盈利关键点的重要环节，卖点是一个店铺创造品牌价值的直接方式，而“产品”的好坏直接关系店铺以后的发展。产品上承店铺定位风格，下启店铺运营推广，电商的激烈竞争要求我们作出好产品，更要给好产品穿上一件好衣服，这样就如虎添翼，否则到处是“狼”的世界应该如何突围？

通过提炼的卖点，符合产品本身的特点，并且能迎合客户的需求，让消费者认同，并产生购买行为，达到产品畅销、拓展品牌的目的。卖点其实就是消费理由，最佳的卖点即为最强有力的消费理由。为产品寻找、发掘、提炼卖点，是电商运营人员的常识，也是每个卖家店铺面对每个产品都要仔细研究的问题。

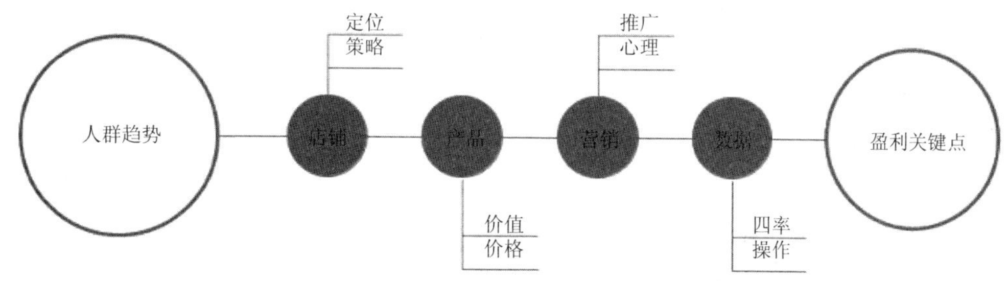

图 5.40　产品是盈利关键点的重要环节

产品的卖点要放大、突出，从产品体系中形成别具一格的亮点，也可以把它放到营销推广中，形成口碑的标志。产品卖点是市场营销的前哨战和突破站。通常情况下，一个新产品的卖点要比广告词出现得更早，更有传播性。所谓卖点，无非是指商品具备了前所未有、别出心裁或与众不同的特点、特色。这些特点、特色，一方面是产品与生俱来的，另一方面是通过策划人员的思考力"无中生有"创造出的。下面通过三个分析卖点原则、四个要素归纳卖点以及四个步骤提炼卖点来深入学习产品的卖点提炼。

1. 三个分析卖点原则

（1）三大数据分析模型为市场及竞争对手分析、目标人群分析、店铺及产品自身分析。电商运营过程中很多问题都可以通过这三个方面一层层地分析并找到原因，比如一个产品流量明显下降，那可以从这三方面分析，是有新的竞争对手出现价格更低吗？是目标人群标签打乱了么？是搜索需求变少了么？是自己产品出现中差评多了还是改标题出现了问题？按照这样的思路很快就能找到问题的根源并有针对性地解决（如图 5.41 所示）。

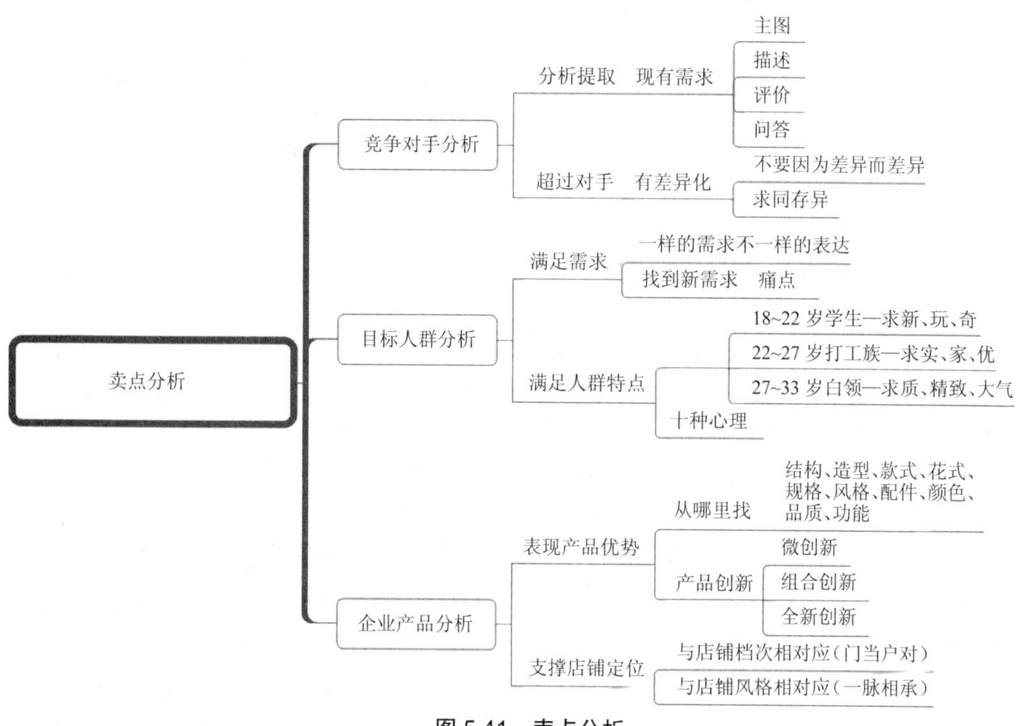

图 5.41　卖点分析

（2）通过思维导图的分析，了解卖点提炼的三个原则：

①差异化原则；

②符合目标人群需求和爱好心理的；

③能表现产品本身优势及支撑店铺定位的。

如果宝贝本身就符合这三项原则，则可通过运营手段顺势而打造爆款。但也有很多商家考虑不周全，要不就是完全不考虑产品本身，要不就是卖点从其他产品搬过来不符合人群本身，要不就是好的卖点不会表达，与店铺风格定位不相符等等，下面学习归纳卖点的要素。

2. 四个要素归纳卖点

（1）产品的卖点一定要突出，并且能够体现本身的价值，卖点与价值性相结合，产品的价值分为使用价值和体验价值，而使用价值又分为可用性和功能性，体验价值则分为情感性和内容性。

通过简单的分析，归纳卖点的四个要素就得出来了，卖点仅需围绕这四个要素提炼就可以了，它们分别是可用性、功能性、情感性、内容性。根据这四要素共总结出 100 多种卖点，针对不同的类目、品牌性质、产品特点，运用不同的卖点，看似简单，但却能在关键时候帮助店铺提升转化率，实现快速打造爆款的目的（如图 5.42 所示）。

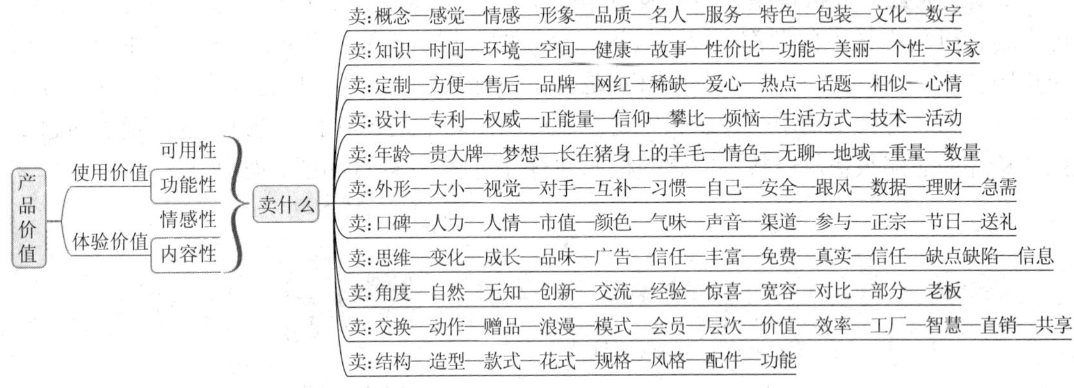

图 5.42　归纳卖点

（2）很好的验证方法是在看电视的时候，通过弹出的广告对比总结的卖点，也许会得到很有意思的论证。除去卖“产品”我们还能卖什么？

卖：概念—感觉—情感—形象—品质—名人—服务—特色—包装—文化—数字—舒服；

卖：知识—时间—环境—空间—健康—故事—性价比—功能—美丽—个性—买家；

卖：定制—方便—售后—品牌—网红—稀缺—爱心—热点—话题—相似—心情—轻松；

卖：设计—专利—权威—正能量—信仰—攀比—烦恼—生活方式—技术—活动；

卖：年龄—贵大牌—梦想—长在猪身上的羊毛—情趣—无聊—地域—重量—数量；

卖：外形—大小—视觉—对手—互补—习惯—自己—安全—跟风—数据—理财—急需；

卖：口碑—人力—人情—市值—颜色—气味—声音—渠道—参与—正宗—节日—送礼；

卖：思维—变化—成长—品味—广告—信任—丰富—免费—真实—信任—缺点缺陷—信息；

卖：角度—自然—无知—创新—交流—经验—惊喜—宽容—对比—部分—老板；

卖：交换—动作—赠品—浪漫—模式—会员—层次—价值—效率—工厂—智慧—直销—共享；

卖：结构—造型—款式—花式—规格—风格—配件—功能—复古—老土等。

比如产品是澳大利亚原产地生产的牛奶（如图 5.43 所示），那么卖点可以重点突出地域，“澳洲养牛的宝地”“每一滴的牛奶都来自澳洲高宝河谷天然牧场”；如果突出篮球鞋的弹性好，可以通过鞋底切面的技术突出；如果产品都是原创设计，那么卖点就可以突出设计的功能优势；韩都衣舍首页全是韩国明星，那很明显卖点的是明星；而小米手机的十余项黑科技、OPPO 手机的“充电五分钟通话两小时”、USB3.0 传输速度提升 82% 等都是突出卖点。为了满足不同人群对更好生活的需求，归纳好了卖点的要素，就可以提炼卖点。

图 5.43 澳大利亚牛奶

3. 四个步骤提炼卖点

产品卖点的提炼也是有技巧的（如图 5.44 所示），通过简单的四个步骤：分析行业中的同类宝贝、分析目标人群的需求、分析宝贝自身的优势以及卖点，学会快速提炼卖点。

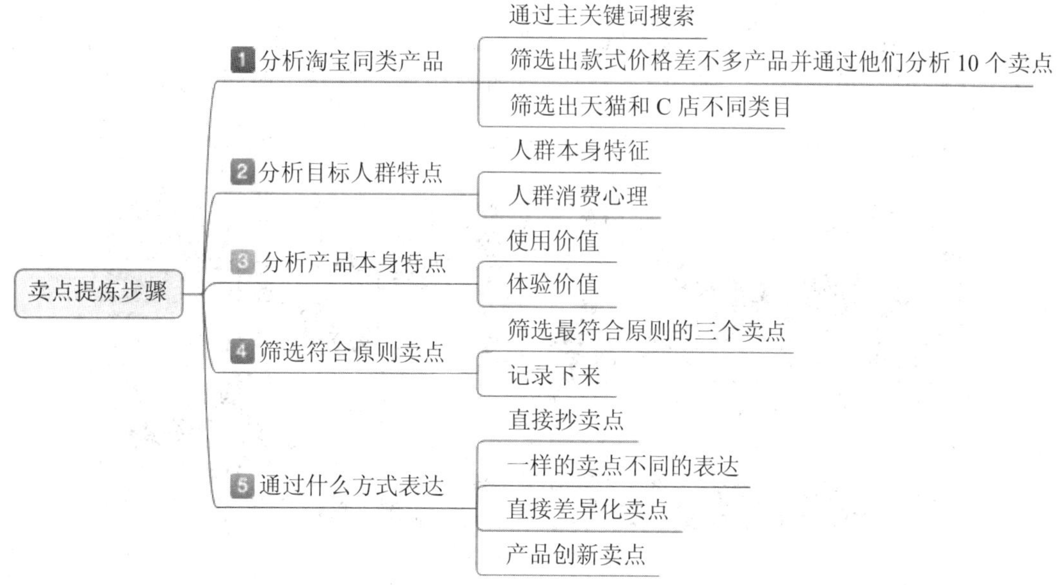

图 5.44 提炼卖点

（1）分析行业中的同类宝贝：通过关键词的搜索找出类似的宝贝，然后筛选款式和价格相仿的宝贝，按销量和综合排名找出多个产品，从这些筛选的产品中通过主图、描述、评价、问答四个方面找出现有的卖点。

（2）分析目标人群的需求：真正找到消费者的需求，并利用产品的卖点，结合产品的实际价值来满足消费者。不同的人群拥有不同的爱好及消费观念，提炼的卖点也要根据目标人群的需求来制定。比如：18~22 学生求新、玩、奇；23~27 打工族求实、家、优；27~33 白领求质、精致、大气。那么目标人群是学生，卖点上突出新奇会比突出品质来得好。再来说“工作鞋女”，目标人群基本是打工族了，那么她们消费水平是比较中端的，喜欢的是实惠又优质的产品，而工作的性质要求鞋子应该简单、大气、正式而不是过多的花哨，而产品使用场景呢？空姐、银行、服务类女性人群，她们工作性质要来回走动，因为站得比较久，所以她们对鞋子要求都应该会集中在舒适度上。

（3）分析宝贝自身的优势：要明确店铺宝贝的优势和特点，通过对优势的了解比对前面分析的两个步骤，仔细考虑店铺宝贝的差异化优势是竞争店铺不具备的，并且这些差异化优势还可以满足有需求的消费者，把能想到的特点和优势都写下来。比如真皮、做工好、纯手工、透气、无气味、平底、柔软、防滑、质检、轻、一线品牌、简单大气、按摩功能，把自己产品本身有的、能想到的都写下来，可以先从产品本身的结构、造型、款式、花式、规格、风格、配件、颜色、品质、功能等这些特点去找，然后再对照前面的 100 多种卖点进行筛选，同时注意卖点要符合店铺定位风格。

（4）利用技巧突出卖点：可以直接抄别人现有的，自己产品也有的卖点，如卖点“久站不累”；当然还可以一样的卖点差异化表达，如卖点“站着工作不脚痛”（从“站着说话不腰痛”中来）；还可以选直接差异化卖点，比如纯手工真皮；如果产品有创新性就直接拿来做卖点，比如可拆式鞋子、按摩功能等。确定卖点后可以通过主图、标题、描述、操作问答和评价买家秀来突出卖点。

如图 5.45 所示，一样的卖点却用了不同的表现方式。先看看其中一个的描述：鞋子、158 元，卖得不错，描述比较真实接地气。直通车推广位也有宝贝在做推广，因为它的标题包含工作鞋，所以可以被索引到。但它没有展示痛点需求，难以第一时间吸引顾客的注意。

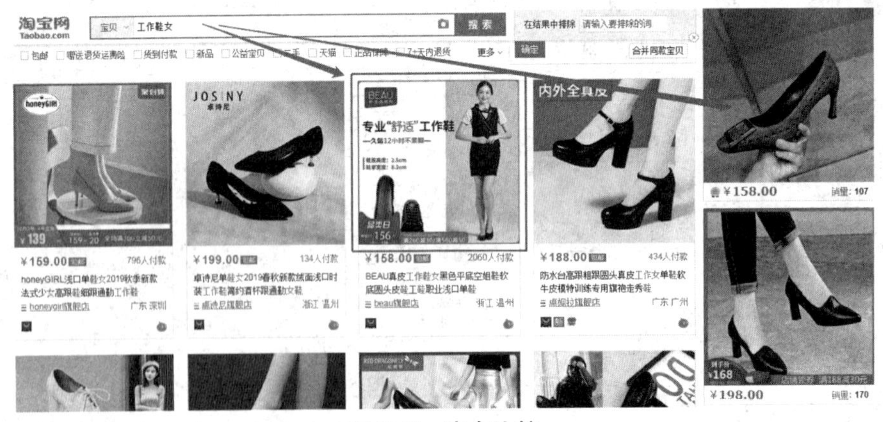

图 5.45 卖点比较

卖点与文案结合会发挥更好的效果，特别是在主推款上更应该花时间去优化产品卖点。一样的产品也能提炼和竞争对手不一样的卖点，一样的卖点也可以有不同的表达方式。

技能四　客户的购物体验

客户体验是网店长期性盈利的关键点，它由附加于产品或服务之上的事物组成，鲜明地突出了产品或服务的全新价值。它强化了店铺和品牌的专业化形象，促使消费者重复购买或提高客户对店铺品牌的认可。所谓网店的客户体验，就是网店以服务为舞台、以商品为道具进行的令消费者难忘的活动。久而久之形成一种正面的、积极的消费者体验，消费者才会源源不断地对店铺产生购物行为，从而使卖家从中获得盈利。

客户对店铺印象和感觉是从他开始接触到其广告或是第一次访问该店铺就产生了，此后，从接触到销售的产品，到使用产品，接受其服务，这种体验得到了延续。因此，客户体验是一个整体的过程（如图 5.46 所示），客户体验的好坏会直接反馈到消费者对店铺的评价和打分上。一个理想的客户体验必是由一系列未知、好奇、舒适、欣赏、赞叹、回味等心理过程组成，它带给客户以获得价值的强烈心理感受。

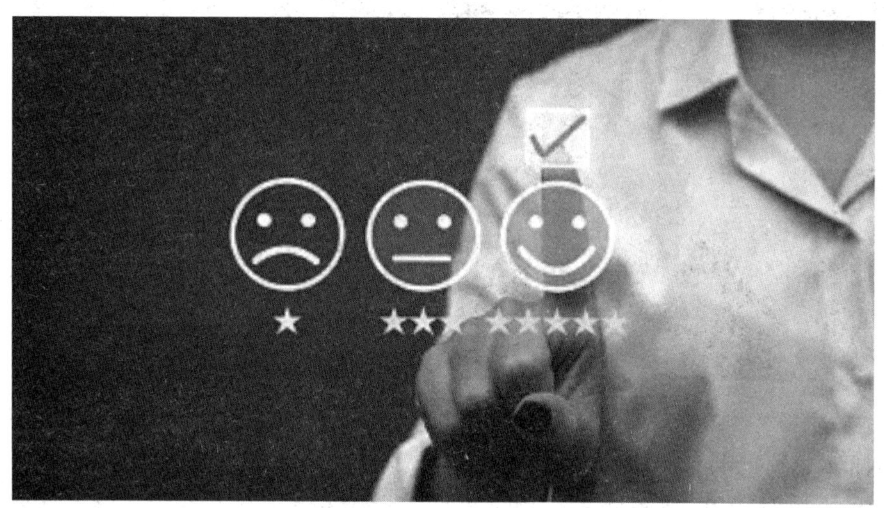

图 5.46　店铺评价

店铺应以提高客户体验为出发点，客户通过图片产生兴趣点击，浏览详情页、评价、看视频，进行了收藏加购行为，接着到售前、售中和售后等各个阶段，各种客户接触点，或接触渠道，最后产生的购买行为。有目的、无缝隙地为客户传递店铺和品牌信息，创造匹配品牌承诺的正面感觉，以实现良性互动，进而创造差异化的客户体验，实现客户的忠诚，强化感知价值，注重与客户的每一次接触，从而增加网店收入。

近年来电子商务发展迅速，性价比高的产品是商家提升市场份额、赢得消费者的主要手段，随着电商市场的不断成熟，竞争愈加激烈。而消费者对于网购的诉求也在潜移默化地发生着改变，个性化的购物体验依然是消费者最终的需求所在。接下来通过影响客户体验的关键因素和客户体验的提升关键点来深入学习客户的购物体验。

1. 影响客户体验的关键因素

网店应试图向客户传递差异化的客户体验，从而提高自身品牌在客户心中的地位，体现差异化价值。因此，优化顾客体验，就成为电子商务营销举足轻重的部分，而服务细节则直接决定了给客户怎样的购物体验。顾客体验对于网店来说是非常重要的，优化客户体验之前，需要通过核心竞争力中的思考力，想出问题以及解决策略，通过决策力找出最优质的解决办法，并通过执行力实施。卖家要站在买家的角度来看问题，思考并罗列出以下几个影响客户体验的关键因素。

1）视觉体验

电子商务是在网络平台的市场购物（如图 5.47 所示），消费者看不到更摸不到商品的实物，只能通过文字和图片信息来判断商品。而在实体店购物不一样，消费者可以处在实体环境中了解产品，而这个了解的过程很大一部分是通过触手可及的产品来传达。电商传达的视觉信息以及描述的方式，会直接影响消费者在购物时的判断。

图 5.47　视觉体验

2）时间因素

线上的购物时间相对于线下的购物时间要更长，支付需要通过线上支付工具来实现，货物从商家仓库运送到消费者手中，又要经过快递分拣派送。如图 5.48 所示，消费者对付款、货运的感受会直接转嫁到对卖家的整体评价上。消费者从购买商品到商品送到手中，有一段时间差，在这段时间差里，会影响消费者对产品、店铺的主观感受。很多时候消费者选择商品时很冲动，但经过发货、送货流程，到手的时候已经没有了当初的新鲜感，这样也会大大降低客户体验。

3）优惠因素

电商平台以互联网技术为支撑，很多环节是依托互联网技术来实现的，而有些人性化的环节往往是互联网无法实现的。如图 5.49 所示，促销时的买赠活动，并不是像实体店那样随意操作，不同店铺之间的积分使用也无法按人性化设置，优惠券的使用限制，退换货都要按流程等待很久才会完成等。如果消费者在购物过程中没能通过便捷的方式享受到促销优惠，那么消费者对购物的感受将不会很好。

4）沟通体验

客户如果产生了疑问，在产品详情页寻找不到答案，就会与店铺的客服进行沟通，客服的服务态度、专业知识往往会影响客户最后的购买决策（如图 5.50 所示），客服除了做到让买家下单付款外，还需要让客户能够记住我们，感觉我们和其他的店铺不一样，加深客户对我们的印象。因此，做好电子商务的顾客体验需要有针对性地对以上几点做好优化。

图 5.48　时间因素

图 5.49　优惠因素

2. 客户体验的提升关键点

1）四个原则提升视觉体验

在线下实体商场购物，店铺环境舒适轻松的程度对于消费者来说非常重要，商品合理的陈列，让消费者快速地找到所需的商品，并且将他们想要的产品摆放到最引人注目的位置非常重要。同样在线上购物中，购物环境相当于店铺页面和单品页。网店设计的重要元素包括商品的展示、页面的设计等，主要是根据网店所针对的目标消费群体的喜好另有偏重。而对网店的设计而言，不论是 B2B、B2C 还是 C2C 模式，简洁的页面是大多数用户所青睐的。

产品页面应该把握以下四个原则。

(1)页面应该整体干净利落,主次分明,轮廓清晰,重点展示用户最急需了解的产品信息。能填补消费者需求,网页设计才有价值。不是说不能向用户提供大量信息,而是要注意页面元素的逻辑布局、视觉重点。

图 5.50　沟通体验

(2)网页设计还应注意减少消费者操作次数,消费者页面打开的速度越快越好,弹出的网页越少越好,买家购物流程越简单,下单的概率就更大些,这与消费者体验的好坏息息相关。简而言之,展示产品应当避免无关的干扰,推动消费者的购买进程。

(3)产品分类要井然有序、简单清晰,和实体店产品划分不同区域是同样道理,线上店铺的产品品类划分也要清晰明了,甚至要更优于实体店,能让消费者很快找到想要购买的产品。

(4)网店设计要重点突出,并且排版得体,整体气氛、颜色搭配、字体、标题等都要统一风格。而在实际操作中,包括颜色、风格、功能等,都需要结合产品以及目标人群的特点进行设计。

2)注重时间因素,降低消费者购物复杂度

从消费者选购好商品到完成付款开始,就需要准备好售后服务流程。等待货物到手的漫长过程很容易让消费者心理产生变化。从货物发出后每一环节都能够通知到消费者,让消费者在整个购物过程中对每一个环节的信息能掌握到,对自己购买的商品能跟踪到,从而使消费者跟卖家的联系更加紧密,更能够感受到卖家对消费者的关心和关注。

当店铺处于活动期间,订单大量增加、成交额快速增长时,很容易忽略的就是物流配送信息及时跟进的问题。卖家可以购买一些第三方短信软件,发货后可以第一时间发信息给消费者,提醒关注物流信息,让消费者感受到效率和关怀。客服团队及时跟进发货,有派送延迟、失误的情况在消费者发现问题之前及时跟快递沟通解决。将因物流导致的问题尽力控制在最小的范围内,会避免消费者产生不满。购物的过程包含了从数据、服务沟通、物流配送、售后服务等多个体验环节，看似看不见摸不着，但也正因为电商的每一个环节的细小差错都会辐射到其他的环节，破坏整个流程的客户体验，所以需要优化和完善每一个环节的消费者体验，从细节着手，从细节去改善。

3）尽量满足消费者优惠需求

日常营销中往往会出现买家前一天购买了产品，第二天产品就出现活动降价的情况，这对客户体验很不好，容易被客户理解为欺骗。那么就应该利用线上能用得到的一切方法来挽救这种损失，出现这种问题，客户前来沟通，可以做些小幅度的让利，些许赠品就可以换来客户的好评，活动优惠的价格的差价一定要补给客户，避免客户投诉，造成不必要的影响。

4）坚持有技巧的沟通体验

（1）消费者进店选购商品时，看到的都是图片，看不到真实的商家情况，通常会产生距离感和怀疑感。这时客服在网上的交流互动，可以让消费者切实感受到商家的服务和态度，客服的一个笑脸或者一个亲切的问候，都会让消费者感觉他不是在跟冷冰冰的电脑打交道，而是和一个善解人意的人在沟通。这样会帮助消费者放下开始的戒备，从而在消费者心目中树立店铺的形象。当消费者再次购物的时候，也会更优先选择他所了解的商家。

（2）专业知识和销售技巧共同具备的客服，可以帮助消费者快速地找到他们需要的宝贝，促进购买行为，从而提高成交率。如果把网店客服仅仅定位于和消费者的网上交流，那么这仅仅完成服务消费者的第一步。一个有着专业知识和良好沟通技巧的客服，可以给消费者提供更多的购物建议，更完善地解答消费者的疑问，更快速地对买家售后问题给予反馈，成为消费者的“购物顾问”。

（3）在消费者收到宝贝后，要对消费者提供完善的跟踪和贴心的售后服务。线上购物除了和线下一样的口碑传播，能够展现给其他消费者的评价是区别于线下的非常重要的一个环节。要有专门的客服，每天观察店铺评价，凡是有负面的评价，一定要作出处理，而且要电话沟通。只要消费者能接电话，哪怕是无理批评，只要能够挽回，就一定要挽回。出问题不要紧，最关键的是出问题后的解决问题的态度和手法，这是最能够赢得消费者忠诚的。

案例分析：月销百万店铺运营的一天规划

案例内容来源于一家运动户外类目的天猫店（如图 5.51 所示）。从 2 月份日销额 1.5 万左右到 6 月份，这四个月时间日销突破 6 万并持续稳定增长。这期间没有做任何的“技术性突发手段”，只是合理规划改变了之前的运营习惯，并且随着市场行情变好，数据稳定增长。

事实证明合理安排工作时间，对待工作不拖拉，是对业绩有帮助的，但还需要真正地将基础的细节工作做到极致，并且养成习惯。下面以日常工作的“朝八晚五”八小时工作制，来分解一下运营一天的工作内容。

一、8 点 30 前：日常工作分配（每天）

1. 跟进之前安排任务完成的进度

（1）与推广运营沟通：昨天要推哪些产品，数据表现怎么样，昨天的产出、点击率和转化率如何，哪些计划表现得好，活动与非活动期推广费比例控制等等。

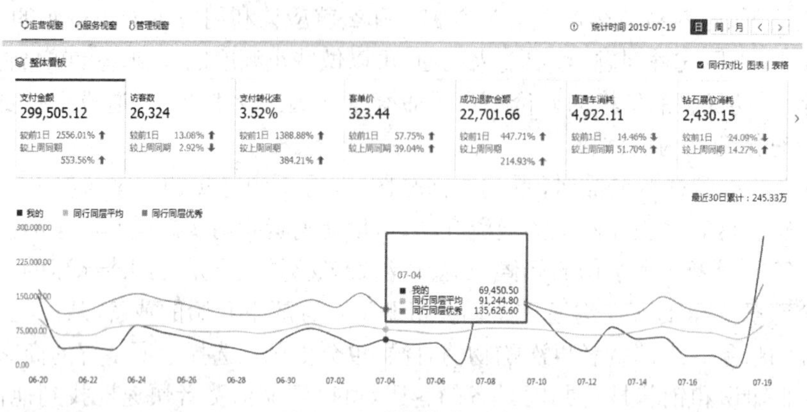

图 5.51　店铺整体看板

（2）与活动运营沟通：昨天开始的活动与上次类似的活动效果比较怎么样，利益点够不够，店铺收藏加购情况怎么样，官方及自运营或营销平台的活动报名情况，活动利益点策划的大方向等。

（3）与视觉部门确认今天及本周的相关图片制作工作以及出图完成时间。跟视觉部门交接工作的时候一般要遵循两个原则：

①大框架：最终目标的统一（店铺整体风格定位、产品调性的确立）；

②小细节：表述过程的准确（文案 + 排版 + 示范举例图片）。

（4）与客服沟通评价回复和中差评删除的情况。

2. 安排今天的工作内容

（1）新的产品是需要优先上架的，分配给同事，安排文案、摄影、美工协作完成。

（2）安排优化店内哪些产品图片、标题、关联销售。

（3）进一步完成老库存的清理，安排各部门对新渠道进行拓展。

3. 讨论这几天工作中出现的问题

（1）产品库存不足，断货情况。

（2）推广计划优化过程中出现了哪些问题，具体落实到点上。

（3）活动无法报名的原因，是优惠力度太大，还是店内评分过低。

（4）图片没有品牌的视觉感，是字体不搭，还是色调不协调。

（5）出现中差评的原因是客服的态度问题还是产品的质量问题。

二、10 点之前：数据报表分析（每天）

1. 全店报表数据分析

（1）全店整体数据分析。

（2）爆款单品销售数据分析。

（3）活动效果数据分析。

2. 竞店 / 竞品报表数据分析

（1）竞店 / 竞品的销售数据、引流数据、流量来源数据。

（2）竞店 / 竞品价格波动、活动波动。

3. 市场报表数据分析

（1）市场大盘趋势（如果店铺整体数据波动幅度比较大，这时要看行业大盘的对比，是行业整体都波动还是只有自己店铺波动）。

（2）市场 TOP 产品以及店铺（主要看的是近期增长幅度较大的产品和店铺，很有可能会从这些产品中发现我们的机会）。

三、11 点之前：店铺基础维护

1. 交易 / 纠纷管理

（1）纠纷订单应该很好理解，就是被投诉、举报一类的。

（2）未付款订单及时安排客服催付。

（3）退款的订单要将退款原因做一个统计。

2. 评价监督管理

监督中差评的处理进度，并记录差评原因，看一下“问大家”里面是否有不好的问答，并及时回复（退款以及评价是发现产品问题以及卖点的最佳位置，如有问题可以及时止损，灵活地作出相应的调整方案）。

3. 日常优惠活动排查

（1）店铺优惠券、单品优惠券、店铺满减、折扣到期时间排查。

（2）主图、详情相关活动海报、价格替换排查。

四、12 点之前：推广平台监控

1. 直通车 / 钻展数据分析

（1）监控账户余额，防止无余额。

（2）直通车 / 钻展全店报表数据分析。

（3）单品计划数据报表（日限额是否需要调整，昨天有没有提前下线，关键词位置出价，创意图是否需要更换，人群溢价是否需要调整，尤其是大促前后直通车的调整布局需要提前计划）。

2. 淘宝客 / 品销宝 / 超级推荐

（1）淘客和团长计划数据的分析以及佣金查看。

（2）筛选靠谱的淘客资源，并进行沟通合作。

（3）品销宝和超级推荐的数据分析，查漏补缺，给推广运营提供建议。

五、14 点之前：平台活动报名

（1）查看平台营销活动：店铺自主活动、官方活动报名、平台营销活动。这里不仅仅只是报名，而是报名后根据活动开始的时间提前作出相应的活动计划、内容以及预期效果。

（2）安排美工作对应图片：提前安排美工作图，一切准备工作走在前面才能保证活动开始时不手忙脚乱。

六、14 点 30 之前：内容营销策划

可以通过店铺后台的“生意参谋”看到店铺的粉丝属性：性别、年龄、职业、学历、偏好等等，需要根据自己店铺的人群定位作出相应的内容规划，并且在设定不同的时间发布。现在店铺流量较大的内容营销板块其实就是微淘，很多店铺觉得微淘就是发布新品、转发买家秀等，其实不仅仅局限于此。

七、15 点 30 之前：客服管理监控

（1）监控客服的接待量、平均响应时长、转化率、在线时长等相关数据。如果下一场活动开始报名，作为运营需要提前通知客服，因为客服是第一时间面对消费者的人，不要等活动开始，流量猛增的时候让客服措手不及；还需要根据活动计划看是否需要增加客服的排班人数，发现客服某一项数据并不太好时，我们要及时沟通作出调整。

（2）抽查消费者相关聊天记录，以及汇总高频次的咨询问题，并在客服的自动回复中做相应的调整。

（3）客服在团队中是一个受工作影响情绪波动幅度特别大的一个岗位，因为不知道今天会遇到什么样的“上帝”。如果遇到刁钻的消费者，作为一个团体可以主动安抚一下客服，并且如需帮助，尽可能地出谋划策。

八、16 点 30 之前：宝贝管理优化

（1）对爆款产品的库存进行数量核实（爆款的库存充足可以避免因库存拍完导致产品下架的情况，如缺货是否能上预售、预售周期多少等等）。

（2）新品产品规划（详情排版、主图车图排版）。

（3）标题 / 副标题优化（根据前期的数据统计以及行业词变化看是否需要进行调整，频率不需要太高，7~15 天即可）。

九、17 点 00 之前：数据跟踪分析

（1）当日实时数据的监控、店铺整体和爆款的数据，要知道这一天是否有异常波动，做到心中有数。

（2）上午根据数据诊断，对付费推广直通车 / 钻展如果做相应优化。下午也要查看一下数据，看是否有较大的异常波动。

十、17 点 30 之前：制定明日规划

（1）思考：今天没有完成的工作是什么原因导致的，非人为干预和人为干预的情况下最快多久可以完成。

（2）规划：明天需要安排和工作的内容。

(3)记录:好记性不如烂笔头,早有准备总比临场发挥更全面。

这就是一天完成的时间表,其实这是根据每天的"朝八晚五"比较理想的规划,实际在执行过程中可能某一个板块需要更长的时间来完成,不过所付出的都将会有回报。

本章课程介绍了电商核心竞争力、天猫的权重细分、产品的卖点提炼、网店的消费者体验等关键点。以步骤的形式掌握网店的四大盈利关键点,知己知彼,百战不殆,知彼之前要先知己:有积极稳定的团队是盈利,找到产品突破方向是盈利,概念包装的附加值是盈利,留得住消费者、有稳定的客源更是盈利,通过学习本章内容,能够具备使店铺盈利的能力。

基站定位服务 LBS(Location Based Service)
电子邮件营销 EDM(Email Direct Marketing)
社会性网络服务 B2S(Business to SNS)
商品到个人 P2C(Producton-to-Consumer)
社会性网络服务 SNS(Social Networking Services)
移动电子商务 Mc(M-Commerce)

1.DSR 内容不包括的选项是(　　)。

A. 发货速度　　B. 宝贝描述相符　　C. 服务态度　　D. 宝贝质量

2. 下列说法不正确是(　　)。

A. 天猫上卖得最多的产品售价是适中的价位

B. 做电商必须赚钱,一定要有利润空间

C. 只需要一个让消费者信服的购买理由

D. 只有低价才能销售

3. 以下电商名词缩写不正确的是(　　)。

A. CPM:每千次展现成本　　B. CPC:每点击成本

C. CPS:即销售分成　　D. CTR:转化率

4. 以下有关店铺首页视觉阐述,说法不正确的是(　　)。

A. 商品越多展现越好

B. 商品分类表达清晰

C. 单个商品展示清晰,减少不必要的元素

D. 分类别、多商品展示可以不拘泥于一种展示形式

5. 详情中讲述品牌或宝贝故事的核心原因是（　　）。

A. 仅单纯就只为故事分享

B. 增加店铺特色，打动人心，进而为店铺的转化率提升提供基础

C. 增加详情长度

D. 增加详情内容，提升店铺停留时间